현대 영어학의 이해

임종성 · 윤태진 · 장경철 공저

신아사

머리말

이 책은 영어학에 입문하는 사람들을 위해 집필되었다. 영어학 혹은 언어학이라는 이름 아래 국내는 물론 외국에서 이제까지 많은 책들이 출판되었고, 이런 책들이 영어학을 다루는 많은 강의실에서 사용되어 왔다. 필자들도 이런 책들을 이용하여 강의를 해왔으나, 기존의 책들에 대해서 몇 가지 문제를 발견하였다. 가장 대표적인 문제는 책의 규모가 강의 일정과 일치하지 않는다는 점이다. 대부분의 책들이 담고 있는 내용이 방대해서 1학기 15주 동안 이루어지는 수업으로 충분히 소화하기는 어려운 형편이다.

또 하나의 문제는 특히 외국에서 만들어진 책들 속에서 종종 발견되는 것인데, 내용의 전개 순서가 학습에 적절한 순서와 일치하지 않는 문제이다. 예를 들면, 저자의 관점에 따라 화용론(Pragmatics)이 제일 앞에 나오는 경우가 있는데, 이런 경우 영어학에 입문하는 학생들에게 문장 수준(sentence level)을 넘어 담화 수준(discourse level)의 자료를 분석하고, 이해하게 강의하는 것은 힘든 일이었다. 또 하나의 대표적인 예는 음성학(phonetics)이나 음운론(phonology)을 강의하기 전에 형태론(morphology)을 강의하는 것이었다. 왜냐면, 형태음소론(morphophonemics)을 다룰 때 음소(phoneme)에 대한 지식이 전제가 되어야 하는데, 형태론에서 음소론을 다루자면 음성학과 음운론을 강의해야 하고, 그 결과 형태론과 이 두 분야가 모두 섞이는 상황이 발생하여 학습자들에게 많은 부담을 갖게 만들 수 있기 때문이다. 이런 이유 등으로 인해 이 책은 다음과 같이 구성하였다.

1. 1학기 15주 강의에 적합한 교재를 만들기 위해 영어학의 기본이 되는 분야에 초점을 맞추고, 대신 다른 교과로 독립해 있는 '영어

사'와 '영어교육' 등과 같은 분야는 배제했다.

2. 학습자들이 기본 개념부터 익힐 수 있도록 언어를 구성하는 기본 단위인 음성을 분석하고 연구하는 '음성학'에서 시작하여 담화 맥락에서의 언어를 분석하고 연구하는 '화용론'으로 끝을 맺었다.

3. 이 책은 '영어학'에 대한 자료를 중점적으로 다루고 설명하지만, 영어는 물론 언어 전반에 관한 이해를 돕기 위해 영어가 아닌 우리말이나 다른 언어에서 발견되는 현상들도 포함시켰다.

끝으로 출판계의 어려운 사정에도 불구하고 흔쾌히 출판해주신 신아사 정현걸 대표님과 한규갑 상무님, 그리고 복잡한 원고를 잘 편집해주신 편집진 여러분에게 감사드린다.

2013. 12월

임종성*, 윤태진, 장경철

*이 저서는 2011년도 서울시립대학교 연구년교수 연구비에 의해 연구되었음.

Contents

Chapter 4 형태론(Morphology)

Chapter 5 통사론(Syntax)

Chapter 6 의미론(Semantics)

Chapter 7 화용론(Pragmatics)

Chapter 1

언어와 언어학(Linguistics)

1. '언어(language)'란 무엇인가?
2. 기호로서 언어의 특징
3. 언어의 규칙성
4. 언어와 표현
5. 언어학과 언어 연구 분야

1. '언어(language)'란 무엇인가?

인간은 지구상에 살고 있는 많은 동물들 가운데 하나임에 틀림없지만, 여타 동물들과 다른 존재로 인식되어 왔다. 예를 들면, 사람들은 흔히 동물과 대비해서 '인간은 도구를 사용하는 동물'이라고 말한다. 이것은 능동적으로 도구를 사용하는 존재가 이 지구상에는 인간밖에 없다는 관점에서 나온 것으로 인간에 대한 주요한 '정의(definition)'가 될 것이다. 이외에도 많은 개념들이 인간을 규정하는데 사용되어 왔지만, '인간은 언어를 사용하는 동물'이라는 말이 아마 가장 대표적으로 인간을 여느 동물과 다른 존재로 구분하는 말이 될 것이다.

그렇지만 '인간의 언어란 무엇인가?'와 같은 질문을 받거나 '동물에게 언어가 있느냐?' 혹은 '인간의 언어가 동물의 언어와 어떻게 다른가?' 등과 같은 문제에 봉착하면, 우리가 평소에 별로 부담 없이 사용하는 '언어'를 간단히 설명할 수 없기 때문에 당혹감을 느끼는 경우가 종종 있다. 이것은 우리가 호흡하는 공기를 평소에 잘 의식하지 못하고 있다가, 아이들의 질문을 받거나 혹은 실험을 하는 과정에서 공기에 대한 정의를 내릴 필요가 있을 때 느끼는 감정과 비슷할 것이다. '인간의 언어'에 대한 가장 흔한 정의는 '언어는 의사소통의 도구'라는 말이 될 수 있을 것이다. 그러나 이런 답은 언어의 본질에 대한 설명으로 보기에는 다소 부족한 느낌이 있다. 예를 들면, 글을 쓰기 위해서 사용하는 컴퓨터의 프로그램들을 보자. 메뉴 바에는 많은 아이콘들이 있다. 어떤 아이콘은 '프린터' 모양으로 만들어져 있고, 또 어떤 것은 지금은 잘 사용하지 않는 플로피 디스켓 모양을 하고 있는데, 이것들은 각각 '인쇄'와 '저장'을 나타내는 기능을 하고 있다. 또한 스마트폰에 사용되고 있는 수많은 아이콘도 나름대로 '의미'를 전달하는 역할을 하고 있다. 이런 것들은 컴퓨터나 스마트폰과 사용자 사이에 의미를 통하게 하는 역할을 하기 때문에 '의사소통'을 하는 매체가 될 수 있다. 그러나 과연 이런 아이콘들을 '언어'라고 부를 수 있는가? 아마도 긍정적인 답변을 얻을 수는 없을 것이다.

이런 정의 외에도 인간의 언어를 설명하는 개념으로, '언어는 생각을 하게 하는 도구'라는 말도 한다. 그러나 여기에도 분명한 한계가 있다. 왜냐면, 말을 하지는 못하지만, 사고를 하는 사람들의 예를 우리는 주변에서 흔히 볼 수 있기 때문이다. 그런데 왜 이런 정의들이 '언어'를 설명해 주지 못하는가? 이런 정의는 '언어 그 자체'에 대한 정의라기보다 언어의 '효용성'에 입각한 정의인데, 이런 것들은 근본적으로 한계를 가지고 있다. 예를 들면, 아이들에게 '망치'를 정의해 보라고 하자. 어떤 아이는 '못을 박는 도구'라고 정의하고, 또 어떤 아이는 '호두를 깨는 도구'라고 답을 한다. 그러면 망치가 아닌 돌덩이로 못을 박거나 호두를 깬다면, 이 돌덩이를 '망치'라고 할 수 있을까?

1.1. 전통적인 언어관

언어에 대한 연구의 역사는 고대 그리스로 거슬러 올라갈 수 있을 정도로 오래 되었다. Bloomfield (1984)는 서양 역사학의 아버지라고 할 수 있는 Herodotus와 언어에 얽힌 일화를 소개하고 있고, 철학자 플라톤이 낱말과 그것이 가리키는 대상 사이의 관계에 대해 주장한 바를 소개하고 있다. 또한 로마가 서구세계를 지배하던 시대 이후는 라틴어에 대한 연구가 활발하게 이루어졌고, 그 전통은 근대에까지 이어졌다. 이렇게 오랜 시간동안 언어에 대한 연구가 지속되었지만, 언어의 본질에 대한 과학적인 연구의 역사는 비교적 짧다. 왜냐면 고대시대는 물론 18세 이전의 언어의 연구는 언어 본질에 대한 연구라기보다는 '수사법'을 연구하기 위한 수단이었거나 '어떻게 하면 문법에 맞는 표현이 되는가?'와 같이 주변적인 요소 등에 주로 초점이 맞춰졌기 때문이다.

Bloomfield가 지적한 바와 같이 진정한 의미에서 언어의 본질에 대한 연구는 19세기부터 시작되었다고 볼 수 있다. 이것은 '언어'에 대한 학문을 의미하는 용어의 변천을 통해서도 볼 수 있다. 과거에는 언어를 연구하는 학문인 '언어학'을 'philology'라고 불렀다. 이것은 그리스말로 'love, affection'을 의미하는 'phil-'과 'word, articulation, reason'을 의미하는 'logos'를 합성한 말이었다. 그러나 이제는 대신 'linguistics'라고 부르는데, 이것이 바로 '언어에 대한 과학적 연구'를 의미하는 용어가 된다. 19세기 이후 언어의 특성을 규명하고자 하는 노력은 여러 가지로 결실을 맺고 있다. 예를 들면, 비교언어학(comparative linguistics)의 발전은 유럽어들과 인도어의 비교를 통해서 이런 언어들이 같은 언어에서 기원했다는 이론을 제시하게 해주었다. 또, 글자가 없는 미국 인디언들의 언어나 호주 원주민 등의 언어들에 대한 연구도 활발하게 이루어졌다.

또한 언어의 본질과 관련된 연구의 결과들도 속속들이 제시되었다. 예를 들면, Ferdinand de Saussure는 'language'와 'human speech'를 구분하고 있을 뿐만 아니라 'diachronic approach'와 'synchronic approach'의 구분을 통해서 언어 연구의 방법론도 제시하고 있다. 특히, Roman Jakobson과 Wilhelm von Humbolt와 같은 유럽 출신 언어학자들이 언어학 연구와 발전에 많은 기여를 하게 되었는데, 그런 사람들 가운데 한 명인 Edward Sapir는 '언어'의 본질에 대해서 다음과 같은 설명을 제시하고 있다.

(1) Walking is an inherent, biological function of man. Not so language. It is of course true that in a certain sense the individual is predestined to talk, but that is due entirely to the circumstance that he is born not merely in nature, but in the lap of society that is certain, reasonably certain, to lead him to its traditions. Eliminate society and

> there is every reason to believe that he will learn to walk, if, indeed, he survives at all. But it is just as certain that he will never learn to talk, that is, to communicate ideas according to the traditional system of a particular society... The way is now cleared for a serviceable definition of language. Language is a purely human and non-instinctive method of communicating ideas, emotions and desires by means of a system of voluntarily produced symbols.
>
> (from *Language* by Edward Sapir)

이 글을 통해서 그는 언어와 인간의 본능적인 행동의 차이점을 설명하고 있다. 즉, '걷는 것(walking)'과 같은 행동은 '선천적이고 생물학적인 것으로 본능적인 행동'이지만, 언어는 '비본능적인 의사소통의 방식(non-instinctive method of communicating)'이라고 정의하고 있다.

언어의 본질에 대한 Sapir의 생각의 핵심은 "... he will ... learn to talk ..."에서 찾아 볼 수 있다. 이 말을 해석해 보면, '언어'란 '배우는(learn)' 대상이 된다. 그의 이런 견해는 구조주의 언어학자인 Bloomfield의 주장에서도 찾아볼 수 있다. 그는 "... we must not forget that language is a matter of training and habit..."라고 말하고 있는데, 이것은 바로 언어는 학습의 대상으로서 '훈련과 습관'이 그 성취를 결정한다는 의미를 내포하고 있다. 이런 의견을 종합해본다면, '언어'란 'something to learn with training'이라고 정의할 수 있는데, 이런 언어관은 20세기 초반까지 많은 연구의 철학적 기반이 되었다. 예를 들면, 통사론(syntax) 연구도 사람이 배워야 할 문법을 '분류학적인 접근방식(taxonomic approach)'을 통해서 설명하려는 시도를 했다. 또한 언어습득이론도 '무엇을' '어떻게' 배워야 할 것인지와 같은 주제에 초점을 맞췄다.

1.2. 언어와 본능

구조주의 시대에 정립된 언어관이 오랫동안 언어를 설명하는 기초로 작용을 해왔으나 그 후 이런 이론에 대한 여러 가지 반증적인 현상들이 발견되었다. 이런 흐름을 정리해 보면, 대략 2가지로 요약할 수 있다. 첫째는 인간이 언어를 습득하는 과정에서 나타나는 여러 가지 특징들이 과거의 이론을 충분히 뒷받침하지 못하고 있다는 점이 부각되었다. 또 하나 언어 외적인 분야에서 이루어진 과학적 연구 결과는 과거의 언어관에 대해 회의적인 생각을 갖게 하는 동기를 제공해 주었다. 19세기 후반부터 시작되어 20세기에 좀 더 활발하게 이루어진 인간 두뇌와 언어 사이의 관계에 대한 과학적 연구와 인간의 언어와 동물의 언어에 대한 비교 및 인류학적인 연구 등이 바로 그것이다. 이런 2가지 방향에서 얻어진 연구의 결과들은 기존의 '언어의 정의'에 포함되어 있는 중요한 문제점을 지적하였고, 그 결과 새로운 대안이 탄생하는 계기를 마련하였다. 이 섹션에서는 이런 흐름을 차례로 살펴보기로 한다.

현대의 언어에 대한 연구는 과거의 언어 이론이 언어 습득과정에서 보편적으로 나타나는 몇 가지 특징을 논리적이며 이론적으로 분명하게 설명하지 못하는 것을 지적하고 있다. 즉, 만약 언어가 '훈련을 통해 배우는 대상'이라면, '수학'과 같은 과목을 배우는 것과 유사한 습득과정이나 결과를 보여주어야 하는데, 그렇지 않다는 점을 현대의 많은 연구들은 지적하고 있다. 왜냐면 '언어'와 '수학' 과목의 습득은 많은 차이점을 보여주고 있고, 기존의 언어관으로는 특히 다음 3가지 사항에 대한 설명이 불가능하기 때문이다.

(2) a. uniformity
b. rapidity
c. critical period

'일률성(uniformity)'은 학업의 성취도와 관련된 것이다. 예를 들면, 학습자의 적성과 학습량, 그리고 지능 등에 따라 '수학' 과목의 학습은 천차만별한 결과를 보여준다. 같은 교실에서 같은 선생에게 배운 학생들 가운데 어떤 학생은 좋은 성적을 거두는 반면에, 어떤 학생은 전혀 진도를 따라 가지 못하고 지진한 성취도를 보여주는 경우가 있다. 어른의 경우도 마찬가지이다. 어떤 사람은 수학을 잘 하지만, 수학을 전혀 못하는 사람들도 있다. 그러나 언어에서 '모국어(native tongue)' 습득의 경우에는 이런 차이를 발견할 수가 없다. 즉, 아이들과 어른들 모두 '유의미한(meaningful)' 차이 없이 언어를 자유자재로 구사하여 의사소통이 가능하다.

두 번째 문제는 모국어 습득의 '속도(rapidity)'의 문제이다. 다시 '수학'을 학습하는 경우를 보자. 어떤 아이들은 남보다 빨리 수학적 지식을 습득하여 소위 '영재'라는 소리를 듣는 것을 볼 수 있다. 그와 반면에 어떤 아이들은 초등학교 수준에 해당하는 수학 문제들을 고등학교에서는 물론 성인이 되어서도 풀지 못하는 경우를 볼 수 있다. 그러나 언어의 경우는 그런 현상을 관찰하기 어렵다. 특별히 신체적 또는 지적 장애가 없는 아이들은 일정한 나이에 이르면 모국어를 배우기 시작하고, 다른 아이들과 시간적인 차이 없이 언어를 습득하는 것을 본다.

마지막 문제는 습득 '시기(period)'와 관련된 것이다. 예를 들어, 학생시절에 '수학'을 배우지 않은 사람이라도 '성인'이 되어서 학습을 하면, '수학'에 대한 능력을 쌓을 수 있다. 비단 이 과목만이 문제가 되는 것은 아니다 대학입시에서 보아야 할 '물리, 화학, 생물, 지리, 역사' 등의 과목도 마찬가지이다. 그래서 우리는 이런 과목을 공부하고 대학에 합격하는 60대 노인들에 대한 언론보도를 종종 접할 수 있다.

그러나 언어는 이런 학습이 불가능하다. 대략 생후 1년 6개월부터 모국어를 습득하기 시작하여 사춘기를 전후로 이 과정이 완성된다. 이 과정을 지나면 모국어 습득이 거의 불가능하다. 이런 현상을 보여주는 불행한 예가 Genie의 경우이다. 이 소녀는 1970년 미국의 Los Angeles에서 발견된 소녀로 보통의 아이들이 언어를 습득하는 기간 동안 홀로 작은 방에 갇혀 있었기 때문에 언어를 배우지 못했다. 이 소녀가 구출된 이후 이 소녀의 언어습득에 대해 많은 사람들이 관심을 갖고 있었는데, 그녀가 보여준 결과는 언어를 다른 사람들처럼 습득하지 못한다는 사실이었다.

이것은 바로 습득 시기에 대한 하나의 예증이 될 수 있는데, 이런 시기를 'critical period'라고 한다. 이 시기를 지나면 언어의 자연스런 습득이 불가능하다. 또 하나 이런 가설을 뒷받침해 주는 것은 외국어의 습득이다. 예를 들어, 이런 시기가 지나기 전에 외국으로 이주한 아이들은 그 나라에서 쓰는 언어를 습득하는 것을 볼 수 있다. 그러나 어른들의 경우 외국어를 습득하는 것은 극히 드문 현상이다.

인간의 언어와 두뇌의 관계에 대한 연구도 마찬가지로 과거의 언어관이 언어에 대한 과학적 설명을 하지 못한다는 점을 보여주고 있다. 프랑스 출신의 외과의사인 Pierre Paul Broca(28 June 1824–9 July 1880)는 1861년 다음 그림 (3a)에 표시된 두뇌 부위와 '언어 발화(speech production)'에 대한 관찰을 발표했다. 또한 독일의 신경병리학자이자 의사인 Carl Wernicke(15 May 1848 – 15 June 1905)는 1874년 다음 그림 (3b)에 표시된 두뇌 부위가 '언어 이해(language comprehension)'와 밀접한 관계가 있다는 학설을 제시했다.

(3) a. Broca's area

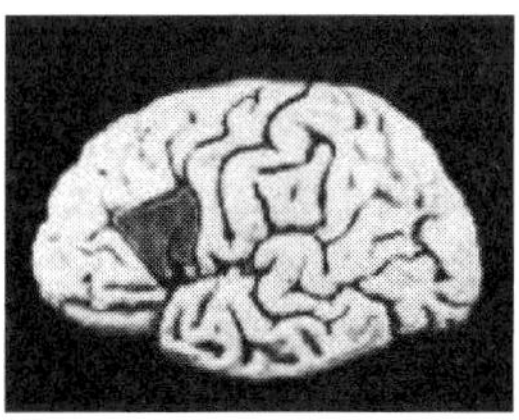

b. Wernicke's area

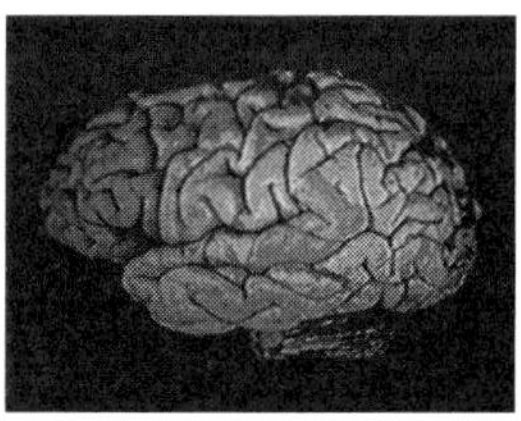

Broka의 발견에 따르면, '왼쪽 두뇌(the left hemisphere of the brain)'에 손상을 입은 사람들은 일종의 실어증(aphasia) 증상을 보여주고 있는데, 특히 문법적으로 복잡한 문장을 이해하지 못할 뿐만 아니라 그런 문장들을 만들 수 없는 것으로 나타났다. 즉, 그들은 문장을 만들지 못하고 거의 '내용어(content word)'들을 발화하는 수준의 언어를 구사하였다. 이와 반면에 Wernicke's area에 손상을 입은 환자들은 '내용어'들을 들어도 무슨 뜻인지 이해하지 못하는 현상을 보여주었다. 특히 이런 환자들은 문법적인 구조로 이루어진 문장을 만들지만, 문제는 이 문장들이 의미가 없는 문장들이었다는 점이다. 그래서 Broka's area에 손상을 입은 실어증을 'non-fluent aphasia'라고 하고, Wernicke's area에 생긴 이상으로부터 오는 실어증을 'fluent aphasia'라고 부르게 되었다.

이들의 연구로부터 촉발된 인간 두뇌와 언어의 관계에 대한 연구는 2가지 중요한 지식을 얻게 해주었다. 첫째는 두뇌가 언어를 처리하는 과정에 대한 이해이고, 다음은 이런 처리 과정이 개인마다 다른 것이 아니라 '보편적(universal)'인 특징을 가지고 있다는 점이다. 인간이 언어를 처리하는 과정은 '이해(comprehension)'와 '발화(articulation)'라는 2개의 요소로 구성되어 있는데, M. Dawson과 D. Medler는 이 과정을 다음 (4a)와 같이 간단하게 정리하고 있다.

(4) a. Auditory and speech information is transported from the auditory area to Wernicke's area for evaluation of significance of content words, then to Broca's area for analysis of syntax. In speech production, content words are selected by neural systems in Wernicke's area, grammatical refinements are added by neural systems in Broca's area, and then the information is sent to the motor cortex, which sets up the muscle movements for speaking.

(http://www.bcp.psych.ualberta.ca)

b.

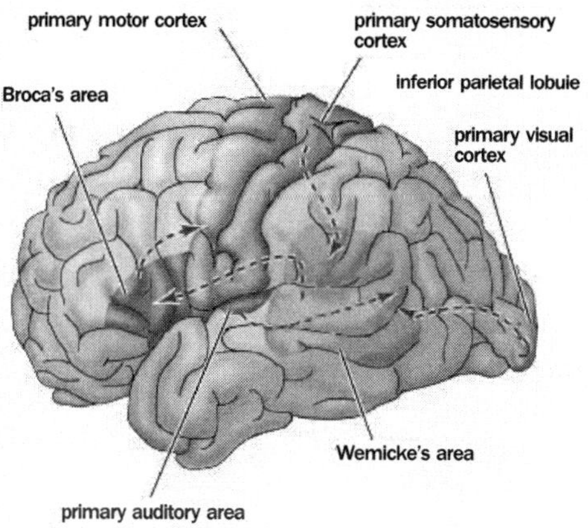

(4b)의 그림에 나타난 바와 같이 '언어 인식'의 경우 청각 영역에 들어온 언어 정보는 Wernicke's area에서 내용어들(content words)의 의미 분석을 하고 Broca's area로 전달되어 통사구조(syntax)를 분석하여 의미를 파악한다. 한편 발화를 하는 경우에는 Wernicke's area에서 내용어들을 선택하고 Broca's area에서 통사적인 구조를 만든 다음 이 정보를 motor cortex로 보내 근육이 움직이게 하여 최종적으로 말이 발화되게 한다.

그런데 특히 우리의 관심을 끄는 사실은 좌측 두뇌에서 일어나는 이런 일련의 언어처리 과정이 특정한 사람이나 인종 집단에서만 발견될 수 있는 것으로 한정된 것이 아니라 인간 전체에게 거의 보편적으로 관찰된다는 점이다. 두뇌의 '좌반구(the left hemisphere)'에서는 '언어'가 처리되고 있으며, '우반구(the right hemisphere)'에서는 '시각 및 공간적인 정보(visuospatial information)'를 처리하는 '보편적인(universal)' 현상은 언어를 '훈련과 연습을 통해서 배우는 대상들' 가운데 하나로 취급할 때 설명할 수 없다는 문제점을 제시하고 있다.

이와 관련해서 D. Corina, J. Vaid and U. Belluji(1992)는 American

Sign Language(ASL)에 대해 다음과 같은 연구 결과를 제시하는데, 이것은 중요한 의미를 시사하고 있는 것으로 보인다.

(5) ASL is a natural language with structural properties akin to those of spoken languages. After left hemisphere injury deaf signers exhibit sign language aphasia, and right hemisphere damage can result in severe visuospatial disruption but leaves signing intact. Thus, despite auditory deprivation, deaf users of a signed language show a complementary hemispheric specialization like that of spoken language users.

이들의 지적처럼 ASL도 일반적인 언어와 유사한 구조적 특징을 가지고 있다. 그런데 이 기호 언어도 좌측 두뇌에서 처리된다는 것은 바로 이 부분이 언어 능력에 대한 유전적인 정보와 기능을 가지고 있다는 보편적인 사실을 재삼 확인해주고 있다.

이런 일련의 발견과 연구의 결과들이 20세기 중반 이후 언어학에 반영되었는데, Pinker(1994)의 저서 *The Language Instinct*는 변화된 언어관을 잘 대변해주고 있다. 즉, 언어는 '지식'이 아니라 인간이 타고난 '본능'과 같은 하나의 능력이라는 점을 이 제목은 시사하고 있다. 이런 이론은 Noam Chomsky의 언어에 대한 연구 성과들이 뒷받침하고 있는 것으로 나타난다. Radford(2004)는 Chomsky(1972)를 인용하여 언어 습득에서 발견되는 (2)에 열거한 'uniformity, rapidity, critical period'와 같은 특징은 바로 인간의 두뇌에는 이미 '유전적인(genetic)' 장치가 마련되어 있기 때문에 나타나는 현상이라는 말하고 있다. 이 장치가 바로 일종의 '본능'인데, 이 본능은 인간의 여타 본능, 예를 들면, Sapir가 말하는 '걷기(walking)'와 같은 본능과 약간 다른 점이 있다. 그것은 바로 아이들이 '언어적인 환경(linguistic environment)'에 노출될 때 비로소 작동하기 시작하는 본능이라는 점이다.

이런 언어관은 언어 연구에 많은 변화를 초래하였다. 예를 들면, 언어 습득 이론에서도 언어 습득이 '단순한 훈련에 따른 습관화 과정'이 아니라는 생각을 갖게 만들었다. 인간은 유전적으로 '언어 능력(linguistic competence)'을 '보편적 언어 원리들(universal linguistic principles)'의 개념으로 부여받았고, 습득과정이란 이 원리들을 언어 습득자 각자의 사회 · 문화적 환경에서 사용하는 언어에 맞추는 과정으로 보았다. 이때 관찰되는 각각의 언어적인 특수성들은 '매개변수(parameter)'들로 간주되고, 이것을 정하는 것, 즉, 'parameter setting'이 곧 언어습득이라는 이론이 등장하게 되었다. 이런 언어관은 언어 습득에서 나타나는 'uniformity'와 'rapidity' 같은 특성들을 논리적으로 설명할 수 있는 길을 열어주었다. 두뇌의 손상이 없는 아이들은 유전적으로 언어 본능을 가지고 태어나기 때문에 '일률적으로 빨리' 언어를 배울 수 있다는 설명이 가능해진다.

2. 기호로서 언어의 특징

유전적인 능력으로 정의될 수 있는 인간의 언어는 어떤 특징을 가지고 있는가? 인간 언어는 음성적인 '기호(sign)'를 통해서 '의미(meaning)'를 전달하는 역할을 한다. 인간은 어떤 특정한 의미를 전달하기 위해서 언어 외적인 도구들을 이용하기도 한다. 예를 들면, '아이콘(icon)'이나 '상징물(symbol)'들이 바로 그것들에 속한다. 그러나 이런 것들에서는 인간의 언어만이 가지고 있는 대표적인 4가지 특징들 즉, 'discrete, arbitrary, rule-governed, creative'로 표현할 수 있는 특징들을 찾아볼 수 없다. 이 섹션에서는 인간 언어의 특징들을 차례로 살펴보기로 한다.

2.1. 기호를 만들고 인식하는 방법 : Discreteness

가장 첫 번째 특징은 '기호'를 만들고 인식하는 방법과 관련된 것이다. 예를 들면, 개별적으로 볼 때 아무런 의미도 없는 3개의 소리인 'b'와 'e' 그리고 't'을 조합해서 'bet'이라는 '기호'를 만들 수 있다. 또 'b' 대신 'p'를 써서 'pet'을 만들 수도 있다. 이렇게 인간은 자신의 입을 통해 발화할 수 있는 약 3~40여 개의 자음과 모음을 이용해서 수없이 많은 '기호'를 만들어 낼 수 있다.

그러나 동물은 이런 기호를 만들 수가 없다. Lieberman, P., D. Crelin과 D. Klatt는 그들의 논문인 "Phonetic Ability and Related Anatomy of the Newborn and Adult Human, Neanderthal Man, and the Chimpanzee (1972)"에서 침팬지도 인간과 마찬가지로 [b], [p], [t], [e] 등과 같은 소리를 만들 수 있는 "해부학적 구조(anatomical mechanism)"을 가지고 있다고 지적하고 있다. 그러나 침팬지는 이런 소리들 외에도 많은 소리들을 만들 수도 있는데도 불구하고 이런 소리들을 이용하여 인간의 '기호'와 같은 것을 만들지 못한다. 대신 이것들을 가지고 '외침 소리(call)'를 만들고 있는데, Dobrovolsky(1989)가 지적한 바와 같이 그 종류는 16개 정도에 지나지 않는다.

그러면 왜 침팬지는 우리의 언어와 같은 '의사소통의 도구'를 가지고 있지 않은가? 다음 기사를 통해서 볼 수 있는 것처럼 인간과 침팬지의 유전자는 96퍼센트가 일치한다.

(6) Human-Chimp Genetic Differences:
New Insights Into Why Humans Are More Susceptible to Cancer and Other Diseases
Ninety-six percent of a chimpanzee's genome is the same as a human's. It's the other 4 percent, and the vast differences, that pique the interest of Georgia Tech's Soojin Yi. For instance, why do humans

have a high risk of cancer, even though chimps rarely develop the disease? In research published in September's *American Journal of Human Genetics*, Yi looked at brain samples of each species. She found that differences in certain DNA modifications, called methylation, may contribute to phenotypic changes. The results also hint that DNA methylation plays an important role for some disease-related phenotypes in humans, including cancer and autism.

(http://www.sciencedaily.com)

다만 4퍼센트만 다를 뿐인데, 다른 부분은 위의 기사에서도 지적한 바와 같이 '두뇌 (brain)'의 구조에 있다. 여기에서 차이가 발생하기 때문에 암과 같은 질병이 인간에게 발생한다는 이론을 제시하고 있다. 침팬지가 인간과 같은 '언어'가 없는 것에 관해서 설명하고 있는 Lieberman, P., D. Crelin과 D. Klatt의 다음 글은 바로 언어도 두뇌와 관련 있다는 것을 시사하고 있다.

(7) ...Our computer modelling of the chimpanzee vocal tract shows that these animals have the anatomic ability that would allow them to produce a number of vowels that in human speech are "phonemic" elements, i.e., sound contrasts that convey linguistically meaningful information. Chimpanzees, however, do not appear to make use of these vowel possibilities. ... The absence of sounds that are anatomically possible may perhaps reflect perceptual limitations. In other words, chimpanzees may not use dental consonants in contrast with labial consonants because they cannot perceptually differentiate these sounds ...

이 글에는 해부학적으로 언어를 발화할 수 있는 유사한 구조를 가지고 있지만, 인간은 언어를 사용할 수 있음에 반해 침팬지가 언어를 사용할 수 없는 이유로 'perceptual limitations'를 제시하고 있다. 인간의 신체구조에서 '지각 작용(perception)'을 결정하는 곳은 바로 '두뇌'이다. 이런 기능이 침팬지에게는 결여되어 있지만, 인간은 보유하고 있다는 것은 바로 인간언어의 '유전적 특징'을 말해준다. 즉, 이것은 바로 인간은 두뇌에 유전적으로 언어를 할 수 있는 능력을 가지고 태어나지만, 침팬지와 같은 영장류는 인간과 달린 언어를 '인식할 수 있는' 언어적인 '유전자'를 가지고 태어나지 않았다는 것을 의미한다.

이처럼 인간은 의미가 없는 각각의 소리를 결합해서 의미가 있는 기호를 만들 수 있는데, 그 이유는 어떤 기호를 구성하는 소리들의 '분리성(discreteness)'을 인식할 수 있을 뿐만 아니라 이런 성질을 이용할 수 있는 능력을 가지고 태어났기 때문이다.

2.2. 기호와 의미의 관계 : Arbitrariness

인간이 쓰는 언어의 중요한 효용적인 특징은 '의사소통'에 있다. 즉, 언어를 사용하는 궁극적인 목적은 '의미(meaning)'을 전달하고 이해하고자 하는데 있다. 이런 의사소통의 필요성에 따라 '기호'를 만들게 되는데, 바로 이 '기호'와 '의미'사이의 관계가 일반적인 기호와 다르다는 점이 인간 언어의 또 하나의 중요한 특징이 된다. 우리 주변을 둘러보면, 수많은 기호들이 쓰이고 있는 것을 볼 수 있다. 예를 들면, 스마트폰에 수많은 아이콘들이 있는데, 이것들도 일종의 기호로서 의미를 전달하는 역할을 한다. 각국의 국기도 마찬가지이다. 예를 들면, 국가기록원 홈페이지에 설명된 태극기의 의미를 보자.

(8) a. 

b. 우리나라 국기인 '태극기'(太極旗)는 흰색 바탕에 가운데 태극 문양과 네 모서리의 건곤감리(乾坤坎離) 4괘(四卦)로 구성되어 있다. 태극기의 흰색 바탕은 밝음과 순수, 그리고 전통적으로 평화를 사랑하는 우리의 민족성을 나타내고 있다. 가운데의 태극 문양은 음(陰: 파랑)과 양(陽: 빨강)의 조화를 상징하는 것으로 우주 만물이 음양의 상호 작용에 의해 생성하고 발전한다는 대자연의 진리를 형상화한 것이다. 네 모서리의 4괘는 음과 양이 서로 변화하고 발전하는 모습을 효(爻: 음--, 양—)의 조합을 통해 구체적으로 나타낸 것이다. 그 가운데 건괘(乾卦)는 우주 만물 중에서 하늘을, 곤괘(坤卦)는 땅을, 감괘(坎卦)는 물을, 이괘(離卦)는 불을 각각 상징한다. 이들 4괘는 태극을 중심으로 통일의 조화를 이루고 있다.

바탕색에서부터 4괘에 이르기까지 '의미'를 갖지 않는 것이 없을 정도로 태극기의 구성 요소인 '상징(symbol)' 하나하나가 나름대로의 '의미'를 나타내고 있다.

이처럼 아이콘과 심볼도 의미를 나타내는 기호이고, 언어에 사용하는 낱말도 기호인 것은 분명하지만, 이 둘 사이에는 큰 차이가 있다. 이런 2종류의 기호를 구분하는 중요한 특징은 '임의성(arbitrariness)'이다. 이런 성질은 다음과 같은 낱말들을 통해서 확인해 볼 수 있다.

(9) a. Korean: 배
b. English: ship
c. French: bateau [bato]
d. Spanish: barco
e. Chinese: 船只 [chuánzhī]

우리가 '배'라고 부르는 것에는 특정한 이유가 없다. 우리말을 사용하는 사회에서 'ㅂ'과 'ㅐ' 소리를 결합하고, 이를 '선박'을 의미하는 것으로 결정했기 때문이다. 그래서 이런 현상을 '합의'를 의미하는 일종의 사회적 '규약(convention)'이라고 부른다. 그리고 이 과정에서 '배'

라는 단어와 그것이 가리키는 '의미(선박)'를 연결하는 방식을 '임의적(arbitrary)'이라고 하는 것이다. 언어가 가진 이런 특성은 다른 언어들 속에서도 발견할 수 있다. (9)에 나오는 '배'를 가리키는 다른 언어의 낱말들을 보자. 소리가 같은 단어를 찾을 수가 없다.

이런 임의성은 단순히 단어에만 나타나는 것은 아니다. 인간의 언어의 이런 특성은 '단어'뿐만 아니라 이것들을 결합하여 만드는 '문장' 수준에서도 관찰할 수 있다. 다음 문장들을 비교해 보자.

(10) a. Korean : 그 남자와 그의 아내는 그들의 아침밥을 먹었습니까?
b. English : Did the man and his wife eat their breakfast?
c. French : L'homme et sa femme mangèrent-ils leur petit-déjeuner?

이 문장들에서도 낱말들이 서로 다른 것을 확인할 수 있다. 예를 들면, 우리말의 '남자'를 영어에서는 'man', 프랑스어에서는 'homme'로 각각 다르게 나타낸다. 그런데 이런 어휘적인 차이 외에 또 한 가지 다른 점을 발견할 수 있다. 우리말에서는 의문문을 만들 때 동사 '먹었습니다'를 '먹었습니까?'로 바꾸는 것으로 충분하다. 그러나 영어에서는 의문을 나타내는 조동사 'Did'를 앞에 넣어야 한다. 프랑스어의 경우에는 복수의 주어를 나타내는 대명사 'ils'를 넣고 동사와 어순을 'mangèrent-ils'처럼 바꿔야 한다. 즉, 문장을 구성하는 문법도 언어마다 서로 다른 것을 발견할 수 있는데, 이런 현상도 언어의 '임의적(arbitrary)'인 특성을 보여주는 하나의 사례이다.

2.3. 언어의 창조성 : Creativity

이상에서 검토해 본 특징들 외에 인간의 언어를 아이콘이나 심볼과 같은 '기호들의 체계'와 아주 다른 것으로 만들어 주는 또 하나의 요소는 '창조성(creativity)'이다. 이것은 때때로 '생산성(productivity)'과 같은 의미로 사용되기도 한다. 이런 특성은 어휘뿐만 아니라 문장의 차원에서도 관찰되어지는 두 가지 성질에 기반을 두고 있다. 다음 예를 보자.

(11) a. counter- + act : → counteract
b. act + -ive : → active
c. counter- + act + -ive : → counteractive

(11a)처럼 'act'라는 단어 앞에 접두사 'counter-'를 넣으면, 'counteract'라는 단어가 생성된다. 또한 (11b)처럼 'act' 뒤에 접미사 '-ive'를 붙이면, 'active'가 만들어진다. 한편 (11c)처럼 3개의 요소를 나열하면 'counteractive'라는 또 하나의 단어가 된다. 이와 같이 형태소들을 나란히 배열하는 것을 'syntagmatic' 결합이라고 하는데, 이런 특성을 통해 새로운 단어들이 '창조(creation)' 또는 '생산(production)'된다.

이런 성질 외에 언어의 창조성을 뒷받침해 주는 또 하나의 성질을 다음의 예에서 관찰할 수 있다.

(12) a. re- + act : → react
b. re + active : → reactive
c. pro + active : → proactive

d. act + -ion : → action
e. react + -ion : → reaction

앞서 나온 접두사 'counter-' 대신 're-'를 붙여보면, (12a)와 (12b)처럼 'react'와 'reactive'라는 새로운 단어가 형성된다. 또 (12c)처럼 're-'를 'pro-'로 대체하면 'proactive' 만들어진다. 한편 (12d)처럼 'active'에 붙은 '-ive'를 '-ion'으로 대체시키면, 'action'이 만들어지고, (12e)처럼 'react'에 같은 접미사를 붙이면 'reaction'이란 단어가 만들어진다. 이와 같이 방식을 통해서도 새로운 단어들이 창조되는데, 이런 대체 방식을 'paradigmatic' 결합이라고 한다.

이런 언어가 가진 이런 성질을 기반으로 새로운 표현을 창조하는 특성은 비단 단어에 한정되어 있는 것만이 아니다. 문장에서도 이런 특성이 유지된다. 다음 문장들을 보자.

(13) a. wrote
b. The man wrote.
c. The man wrote the memo.

(13a)의 동사 'wrote'에 'syntagmatic' 연결 방법을 이용하여 'the men'을 붙이면, (13b)와 같은 문장이 만들어진다. 또한 (13b)의 문장에 'the memo'를 결합시키면, (13c)와 같은 새로운 문장이 만들어진다. 이 문장도 'paradigmatic' 대체를 통해 다음과 같은 새로운 문장들을 만들 수 있다.

(14) a. The woman wrote the memo.
b. The woman read the memo.
c. The woman read the letter.

(13c)의 주어인 'The man' 대신 'The woman'을 쓰면 (14a)처럼 새로운 문장이 나온다. 또한 이 문장에서 동사를 대체하면 (14b)가 나오고, 목적어 'the memo'를 'the letter'로 바꾸면 (14c)와 같은 문장이 만들어진다.

이와 같은 언어의 특성을 이용하여 새로운 낱말과 문장들이 만들어진다. 그러나 우리가 사용하는 아이콘이나 심볼은 물론 동물들의 '소리(calls)'에는 이런 성질이 존재하지 않는다. 이런 언어의 특성들은 또 다시 언어에서만 찾아볼 수 있는 독특한 양상을 보여준다. 다음 문장들을 보자.

(15) a. The man knows the fact
b. The woman knows the fact.
c. The man knows the fact that the woman knows the fact.
d. I know that the man knows the fact that the woman knows the fact.
e. I know that the man knows the fact that the woman knows the fact that I know.

(15a)와 (15b)는 각각 완전한 하나의 문장인데 이 문장들을 that을 이용해서 결합시키면, (15c)와 같은 새로운 문장이 만들어진다. 여기에 (15d)처럼 'I know that'을 첨가하면, 또 하나의 새로운 문장이 만들어진다. 또한 문장 (15d)의 끝에 'that I know'와 같은 표현을 붙이면 (15e)와 같은 문장이 만들어진다. 이와 같이 언어는 유사한 문법적 구조들을 반복적으로 활용하여 새로운 문장들을 만드는 특성을 보여주고 있다. 이런 현상을 언어의 '반복성(recurrency)'이라고 하는데, 이것도 인간의 언어가 '창조적인' 특성을 갖게 만들어주는 중요한 요소가 된다.

3. 언어의 규칙성

언어는 일반 기호와 다른 특성을 보여준다. 의미가 없는 소리들을 모아 의미가 있는 의사소통의 도구를 만든다. 이 과정에서 관찰할 수 있는 언어의 중요한 특징은 바로 언어의 규칙성이다. 이 섹션에서는 먼저, 언어의 이런 성질을 검토하고, 다음으로 언어의 규칙이 일반적인 규칙들, 예를 들면, 수학이나 물리학과 같은 과학적 규칙이나 사회생활에 필요한 법률 등과 어떻게 다른지 비교해 보고 그 특성을 살펴볼 것이다.

3.1. 생성과 이해의 원리 : 규칙성

앞 섹션에서 관찰한 언어의 3가지 특성인 'discreteness, arbitrariness, creativity'와 같은 성질은 언어를 다른 기호 체계나 동물의 신호 등으로부터 구분해주는 중요한 요소이다. 그런데 이런 특성들이 가지고 있는 근본적인 성격을 요약한다면, 이런 성질들은 언어의 '생성(generation)'에 관여하는 것들이라고 할 수 있다. 즉, 인간은 이런 성질들을 기반으로 새로운 낱말과 문장을 만들 수 있다는 말이다. 그러면 이렇게 언어 표현을 생성을 할 수 있게 된 '기본 전제(basic supposition)'는 무엇인가? 그것은 바로 '이해(comprehension)'이다. 다시 말해서 인간이 새롭게 만드는 낱말이나 문장들을 의사소통의 도구로 사용할 때 상대방이 '이해'하고 '해독'할 수 있다는 전제가 성립되어야 비로소 생성된 표현들이 '의미 있는(meaningful)'는 표현이 될 수 있다.

그러면 무엇이 '의사소통상의 이해(communicative comprehension)'를 결정해주는 것인가? 앞서 관찰했듯이 언어 표현은 '임의적 (arbitrary)'

인 성격이 있는데, 이것만 존재한다면 의사소통은 불가능하다. 대화를 나누는 사람들 사이에서 이런 임의성을 극복하고 '상호 이해(mutual understanding)'를 할 수 있게 해주는 요소는 언어가 가지고 있는 '규칙성(rule-governed property)'이다. 우선 다음 글을 읽어보자.

(16) The Greeks did not believe that the gods created the universe. It was the other way about : the universe created the gods. Before there were gods heaven and hearth had been formed. They were the first parents. The Titans were their children, and the gods were their grandchildren. The Titans, often called the Elder Gods, were for untold ages supreme in the universe. They were of enormous size and of incredible strength. There were many of them, but only a few appear in the stories of mythology. The most important was Cronus, in Latin Saturn. He ruled over the other Titans until his son Zeus dethroned him and seized the power for himself. The Romans said that when Jupiter, their name for Zeus, ascended the throne, Saturn fled to Italy and brought in the Golden Age, a time of perfect peace and happiness which lasted as long as he reigned.

(from *Mythology* by Edith Hamilton)

여기에는 약 151개의 단어들이 사용되어 있고 마침표를 기준으로 보면 11개의 문장이 쓰여 있다. 이 글을 아마 처음 보는 사람도 있을 것이다. 그러나 영어를 아는 사람이라면 누구나 모두 이해할 수 있을 것이다. 이런 글을 이해하는 이유는 무엇인가? 다음 글과 비교해 보자.

(17) believe The Greeks the universe that did not the created gods. about way was the other It : the created the gods universe. heaven been were gods and Before there hearth had formed. the were first parents They. The were their Titans children, and children were gods the grandtheir.

이 글은 (16)의 글에 나와 있는 처음 3개의 문장을 변형시킨 것이다. 즉 (17)의 마침표 3개로 표시된 문장들에 나오는 단어는 (16)의 그것들과 하나도 다르지 않다. 그런데 이 문장들은 도저히 이해할 수 없을 것이다. 그 이유는 어순이 맞지 않을 뿐만 아니라 어휘도, 예를 들면, 'grandtheir'와 같은 낱말은 영어에 없는 말이기 때문이다. 즉, 이 문장들은 '어법'을 지키고 있지 않기 때문에 '의미 없는(meaningless)' 표현에 지나지 않는 것이다.

여기에서 우리가 발견할 수 있는 '어법'이란 무엇인가? 이것을 'grammar'라고 표현하기도 하는데, 이것은 바로 언어가 '순서 없는' 혹은 '닥치는 대로'를 의미하는 'random'한 성격을 갖는 것이 아니라 '규칙의 지배를 받는 (rule-governed)' 특성을 나타내는 말이다. 위의 예에서 보듯이 우리가 (17)은 해득할 수 없지만, (16)은 이해할 수 있는 이유는 바로 (16)의 낱말들은 '규칙에 맞춰 배열'되어 있으나, (17)의 경우는 그렇지 않기 때문이다. 이것이 언어를 지배하고 있기 때문에 우리는 새로운 단어와 문장이 어법에 맞게 쓰여 있을 경우 비록 그 글이 전혀 처음 보는 글이라도 이해할 수 있게 된다.

이런 성격을 다른 말로 하면 '언어의 규칙성'이라 할 수 있는데, 이런 성질은 언어의 각 층위에서 나타나는 것을 볼 수 있다. 즉, 단어의 발음에서부터 낱말을 만드는 방식, 그리고 낱말을 배열하여 문장을 배열하고 의미를 전달하는 모든 단계에서 규칙성을 발견할 수 있다. 예를 들어 다음 낱말들을 비교해 보자.

(18)	a. bad /bæd/	vs.	bat /bæt/
	b. [bæ:d]	vs.	[bæt]

글자로 쓰여진 단어 'bad'와 'bat'는 구분하기 아주 쉽다. 바로 'd'와 't'의 '대조(contrast)'를 누구나 인식할 수 있기 때문이다. 그러나 소리로

구분하는 경우 다소 어려울 수 있다. 왜냐면 /d/와 /t/는 낱말의 끝에 올 때는 입을 열지 않아야 하기 때문에 구분이 어렵다. 그런데 이런 문제는 음운규칙에 의해서 해결된다. (18b)에서 '[ ]'는 실제로 발음되는 소리를 나타내는 기호이다. 여기에서 우리는 'bad'의 발음이 변화된 것을 볼 수 있다. 즉, '유성음 d' 앞에서 모음 'æ'가 '장음화'된 것을 볼 수 있다. 그러나 'bat'의 경우는 무성음 /t/ 때문에 장음화 현상이 일어나지 않는다.

그런데 이런 음운의 변화는 'random'하게 (18)에 나오는 'bad'와 'bat'의 경우에만 나타나는 것은 아니다. 다음 예들을 보자.

(19) a. bid /bid/ → [bi:d], bit /bit/ → [bit]
b. bed /bed/ → [be:d], bet /bet/ → [bet]

(19a)에는 /æ/가 아닌 모음 /i/가 있고, (19b)에는 /e/가 나온다. 이것들도 뒤에 유성음 /d/가 나오는 경우 장음화되지만, 무성음 /t/가 나오면 변화가 없다. 이렇게 소리의 구분 없이 적절한 환경만 주어지면 대조적으로 달라지는데, 다음처럼 /d/와 /t/가 아닌 경우에도 이런 현상이 일어난다.

(20) a. pig /pig/ → [pi:g], pick /pik/ → [pik]
b. cab /kæb/ → [kæ:b], cap /kæp/ → [kæp]

(20a)에서 두 단어는 마지막 소리인 /g/와 /k/가 다르다. 그런데 여기에서도 유성음 /g/ 앞에서는 장음화 현상이 발생하지만, 무성음 /k/ 앞에서는 이런 현상이 일어나지 않는다. (20b)의 경우는 /b/와 /p/가 마지막 모음으로 나오는데, 똑같은 대조적인 현상이 발생한다.

이런 현상들을 종합해 보면 다음과 같은 음운규칙으로 정리할 수 있다. 즉, 다음 (21a)와 같은 현상을 (21b)와 같은 음운규칙으로 '형식화 (formalization)' 할 수 있다.

(21) a. 장음화 규칙 : 낱말의 끝에 유성 자음이 나올 경우 그 자음 앞에 나오는 모음은 장모음이 된다.

b. /V/ → [V:] / ______ C #
[voiced]

이 규칙은 (18)에 나온 'bad'와 'bat' 사이의 대조적인 음운현상만을 설명하는 것이 아니다. 영어에서 이런 음성·음운적인 조건을 갖춘 모든 낱말에서 일어나는 현상을 설명하고 있다. 즉, 영어에서 음운변화의 규칙성을 보여주고 있는 것이다.

형태론적인 분야에서도 규칙성이 관찰된다. 앞의 (16)에 나오는 글 속에 'untold'와 'incredible'이라는 형용사들이 있다. 이 단어들을 만약 '*intold'라고 하거나 '*uncredible'이라고 쓴다면, 우리는 이 단어들의 뜻을 파악할 수가 없을 것이다. 왜냐면 'un-'과 'in-'은 접두사로서 '부정적인 (negative)'인 의미를 나타내는 역할을 하지만, 무조건 사용할 수 있는 것이 아니라 이것들과 결합할 수 있는 대상에 하나의 제약, 즉 일종의 지켜야할 문법이 있기 때문이다. 따라서 이 둘을 잘 쓰기 위해서는 이것이 가지고 있는 문법성을 알아야 한다. 다음의 예를 보자.

(22) a. un- : unclean, uneven, unfair, unafraid, unfree, un happy, uncommon ...

b. in- : incombustible, incomprehensible, infinite, inflexible, insensible ...

Marchand(1960)가 지적하듯이 부정을 의미하는 'un-'은 물론 고대 그리스어의 'a-, an-'과 라틴어 'in-'은 '같은 인도 유럽의 어원(the same Indo-European root)'에서 나온 말이다. 따라서 어원학적으로 볼 때 같은 뿌리에서 나온 말이지만, 영어에서는 이것을 분리해서 사용한다. 즉, 'un-'은 (22a)의 예를 통해 볼 수 있는 것처럼 '모태 영어에 있는 단순 형용사(simple adjectives with a native basis)'에 사용할 수 있는 접두사이고, 반면에 'in-'은 (22b)의 예처럼 '라틴어나 프랑스어에 어원을 두고 있는 형용사들(adjectives of Latin or French origin)'과 함께 새로운 낱말을 만드는 역할을 한다. 이렇게 형태소들도 규칙을 따르는 것을 볼 수 있다.

또 하나 규칙성을 찾아 볼 수 있는 부분은 '통사적 구조(syntactic structure)'이다. (16)의 일부인 다음 부분을 보자.

(23) a. The Greeks did not believe that the gods created the universe.
It was the other way about : the universe created the gods....
b. the gods created the universe.
c. the universe created the gods.

2개의 문장으로 이루어진 (23a)에는 (23b)와 (23c)와 같은 절(clause)이 2개 나온다. 이 절들에 사용된 단어들은 모두 같다. 그러나 이 절들이 나타내는 의미는 다르다. 왜냐면 (23b)는 우주를 신이 창조한 것이라고 말하고 있지만, (23c)는 우주가 신을 창조했다는 것을 의미하기 때문이다. 이런 의미의 차이를 이해하게 해주는 요소는 바로 문장의 구조이다. 동사 앞에 나오는 것은 '주어(subject)'이고, 뒤에 나오는 것은 '목적어(object)'라는 문법적 규칙이 바로 그것이다. 이 규칙이 작용하기 때문에 이 절들을 각기 다른 의미로 파악하는 것이다.

3.2. 언어 규칙의 특성

이상에서 검토해본 바와 같이 언어에 '생성력(generative ability)'을 부여하는 가장 중요한 근거는 언어가 규칙의 지배를 받기 때문이다. 그래서 '언어는 규칙의 집합이다'라는 견해를 피력하는 사람도 있다.

그러면 언어의 '규칙'은 우리가 일반적으로 말하는 '규칙'과 같은가 아니면 다른가? 일반적인 규칙에는 수학이나 물리학 등의 과학적 규칙과 법률이나 사회 규범과 같은 것들이 포함된다. 언어는 이런 규칙들과 3가지 면에서 다른 특징을 보여준다.

가장 대표적인 특징은 언어는 '서술적인(descriptive)' 특징을 가지고 있다는 점이다. 이와 반면에 예를 들면, 법률과 같은 규칙은 '규범적인(prescriptive)' 특징을 가지고 있다. 예를 들어, 우리 사회에서 통용되는 '남의 물건을 훔치면 절도죄로 처벌 받는다'와 같은 규칙은 지켜야 할 규범으로서 '형법(刑法)'에 정해져 있다. 그러나 언어의 규칙은 이미 정해져 있는 어떤 법전 속에 있는 것이 아니고, 또 여기에 규정된 대로 말을 해야 하는 규칙이 아니다. 언어의 규칙은 각종 언어적인 표현과 이 표현들을 뒷받침하는 '기저의 언어적 체계(underlying linguistic system)'에서 발견하게 되는 '규칙적인 패턴(regular pattern)'인데, 이런 것을 '언어 규칙(linguistic rules)'라고 부른다.

이런 특징을 가지고 있기 때문에 언어와 일반 규칙은 많은 차이를 보여준다. 예를 들면, 수학의 연산법칙을 보자.

(24) a. (O) $7 + 5 = 12$
b. (X) $7 + 5 = 11$

더하기의 법칙에 따라 (24a)는 맞는 수식이 되지만, (24b)는 틀린 수식이 된다. 빼기나 곱하기, 그리고 나누기의 법칙도 마찬가지이다. 여기에는 어떤 예외가 있을 수 없다. 그러나 언어의 규칙은 반드시 이런 것은 아니다. 다음의 예를 보자.

(25) a. She always eats her breakfast at 7 o'clock.
b. She is now eating her breakfast.

c. *She now eats her breakfast at 7 o'clock.
d. *She is always eating her breakfast.

(25a)는 '습관'을 나타내는 단순현재형 동사 'eats'가 '습관'을 나타내는 부사 'always'와 잘 어울리기 때문에 어법에 맞는 문장이다. 한편 문장 (25b)도 현재진행형 'is eating'과 현재를 나타내는 부사 'now'가 조화를 이루기 때문에 문법적인 문장이다. 그러나 (25c)와 (25d)는 모두 어법에 맞지 않는 문장이다. 왜냐면 (25c)의 경우 습관을 의미하는 단순현재형 동사 'eats'와 현재를 나타내는 부사 'now'와 어울리지 않기 때문에 이 문장은 어법에 맞지 않는 문장이 된다. (25d)의 경우도 마찬가지이다.

이런 예들은 언어의 규칙이 수학적인 규칙과 다름없는 특성을 보여주고 있는 것처럼 보인다. 그러나 언어는 이런 모습만 보여주는 것은 아니다. 다음의 문장을 보자.

(26) She is always making noises while I am studying.

이 문장에는 현재 진행되고 있는 일을 나타내는 'is making'과 습관을 나타내는 'always'가 함께 있다. 그러나 이 문장은 어법에 맞지 않는 문장이 아니다. 이 문장은 문법적인 문장인데, 이렇게 진행형과 'always'가 함께 쓰이면 이런 표현은 '말하는 사람의 기분이 언짢거나 짜증나는 것'을 의미한다. 이처럼 언어는 일반적인 규칙과 다른 특징을 보여주는데, 이런 것을 나타내는 예를 하나 더 검토해 보자.

(27) W: Hello?
M: Hey, it's me, honey. I have good news.

두 남녀의 대화에서 남자가 'it's me'라고 대답하는 표현을 주목해 보

자. 이 문장은 'It is me'의 구조를 가지고 있다. 동사 'is' 뒤에는 보어가 나와야 하는데, 이때 주어를 보충해 주기 때문에 보어는 주격이 되어야 한다. 즉, 문법의 규칙이 일반적인 규칙처럼 반드시 지켜야 하는 규범적인 성격을 가지고 있다면, 'It is I'라고 해야 어법에 맞는 문장이 된다. 그러나 보는 것처럼 목적격 'me'가 이 문장에서 주격보어 역할을 하고 있는데도 불구하고 이 문장은 어법에 맞는 문장이 된다.

이제까지 검토한 두 가지 예들은 문법이 일반적인 규칙들과 다른 특성을 잘 보여주고 있다. 일반적인 규칙, 예를 들면, 자연 법칙 '해는 동쪽에서 뜬다'는 '때로는 서쪽에서도 뜰 수 있다'와 같은 예외를 포함할 수 없다. 그러나 언어는 이런 제약을 받지 않는다. 그래서 영어의 문법에 다음과 같은 사항을 포함시키게 된다.

(28) a. 습관을 나타내는 always는 진행형과 함께 쓰여 '언짢은 기분이나 짜증'을 나타낸다.
b. 주격보어의 자리에 목적격 보어 사용될 수 있다.

언어의 규칙이 가지고 있는 두 번째 특징은 '무의식적(unconscious)'이라고 표현할 수 있다. 이런 특징은 일반 규칙과 아주 대조적인 면을 보여준다. 예를 들면, 아이들이 수학을 배울 때 먼저 '+, −, ×, ÷'와 같은 기호를 배우고, 이 기호를 사용하는 방법을 배워야 비로소 연산의 법칙을 터득한다. 이것을 배우지 않은 아이들은 셈을 할 수 없다. 그러나 언어를 배우는 아이들을 보자. 유치원이나 초등학교 취학 전에 아이들은 대개 자신의 모국어로 의사소통을 할 수 있게 된다. 결국 이런 능력은 집에서 자라는 동안에 습득하는 것인데, 이때 아이들에게 부모나 또는 주변의 사람들이 수학의 연산의 법칙을 가르치는 것처럼 교육을 시켜서 모국어를 습득하는 것은 아니다. 아이들은 자연스럽게 사람들과 어울리고 언어에 노출되는 과정에서 언어를 습득한다.

특히, 아이들은 언어의 규칙을 무의식적으로 습득하는 것으로 나타나는데, 언어를 배우는 과정에서 아이들이 보여주는 '언어적 실수(speech error)'가 이를 잘 입증해준다. 다음의 예를 보자(Clark 1993).

(29) a. *I goed to the zoo.
b. *She bringed the bicycle.

'went'와 'brought'를 써야 어법에 맞는 문장이 되는데, 아이들은 종종 (29a)와 (29b)와 같은 문장을 쓰는 것을 볼 수 있다. 이런 예들은 아이들의 단순한 언어적 실수라기보다는 아이들의 언어습득과 관련해서 2가지 중요한 특징을 시사해주는 예이다. 첫째는 언어를 '훈련을 통해 배우는 대상'이란 관점에 대한 문제를 제기한다. 아이들이 어른이나 주변 사람들과의 접촉을 통해서 언어를 배운다면, 마땅히 처음부터 'went'와 'brought'를 배워서 사용해야 한다. 왜냐면 어른들은 'goed'와 'bringed'와 같은 단어를 전혀 사용하지 않기 때문이다. 즉, 이런 현상은 아이들이 단순히 흉내나 모방을 통해서 언어를 배우지 않는 것을 보여준다. 두 번째로 중요한 것은 이런 예들은 아이들이 다른 단어들, 예를 들면, 'kill ↔ killed'와 같은 규칙적인 변화를 보여주는 동사의 형태들의 습득을 통해 이를 '일반화(generalization)' 하는 것을 보여준다는 점이다. 즉, 아이들은 남의 도움 없이 스스로 낱말들의 형태적인 구조를 분석하여 규칙성을 파악하고 이를 'go'와 'bring'과 같은 불규칙 동사에 적용하여 (29)와 같은 문장을 만든다는 점이다.

이런 현상은 바로 언어 규칙이 '무의식적인' 특성을 가지는 것을 입증해주고 있다. 즉, 언어 규칙의 습득이 무의식적으로 남의 도움 없이 이루어지기 때문에 이런 특성을 '자동적인(automatic)' 것으로 취급하기도 한다. 그런데 언어의 규칙의 이런 특징은 단순히 습득 과정에서만 관찰되는 것은 아니다. 언어의 사용과 언어의 문법성에 대한 판단에서도 마찬가지이다. 예를 들어 다음 문장을 비교해 보자.

(30) a. 나는 형이 어제 산 책을 오늘 읽고 있다.
b. *나는 형은 어제 산 책을 오늘 읽고 있다.
c. I am reading today the book which my elder brother bought yesterday.

(30a)의 문장을 영어로 바꾸면 (30c)와 같은 문장이 될 것이다. 문제는 (30b)의 문장인데, 왜냐면 우리나라 사람이라면 이런 어법에 맞지 않는 문장을 쓰지 않기 때문이다. 그러면, 왜 (30b)가 어법에 맞지 않는지 주변 사람들에게 물어보자. 아마 상당수의 사람들이 그 이유를 구체적인 문법 용어나 우리말의 문법 규칙들을 열거하면서 설명하지 못할 것이다. 왜냐면 '은'은 주격조사가 아니라 'topic'을 나타내는 조사이기 때문에 종속절의 주어에 붙일 수 없어 문장 (30b)가 어법에 맞지 않는 문장이 되는데, 일반인들은 이런 문법적인 특성을 잘 알지 못하기 때문이다. 이처럼 언어의 사용이나 판단에 있어서도 '무의식적인' 특징을 언어 규칙은 보여주고 있다.

끝으로 언어의 규칙이 가지고 있는 또 하나의 특징은 '한정적인(finite)' 성질이다. 우리는 앞서 언어가 '창조성(creativity)' 또는 '생산성(productivity)'을 가지고 있는 것을 보았다. 언어의 이런 특성은 언어적인 표현의 숫자가 '무한한(infinite)'한 속성을 보여주는 근본적인 원인이다. 즉, 언어로 나타내는 표현들의 숫자는 제한이 없다는 말인데, 이런 현상을 극단적으로 나타내주는 예를 다음 자료 속에서 찾아볼 수 있다.

(31) a. 1,288 words - The Guinness Book of World Records has an entry for what it claims is the longest sentence in English, from William Faulkner's novel *Absalom, Absalom!*.

b. 4,391 words - The last section of James Joyce's *Ulysses*, Molly Bloom's soliloquy.
c. 13,955 words - Jonathan Coe's 2001 novel *The Rotters' Club* contains a 13,955-word sentence.
d. 469,375 words - Nigel Tomm's one-sentence novel, which does not have a proper subject-verb interaction, "The Blah Story".

(http://en.wikipedia.org)

이 자료는 영어로 쓰인 문장들 가운데 가장 많은 단어로 이루어진 긴 문장에 대한 기록이다. 세계적인 기록을 등재하는 기네스북에 William Faulkner의 소설 *Absalom, Absalom!*에는 1,288개의 단어로 이루어진 하나의 문장이 있다고 밝히고 있다. James Joyce와 Jonathan Coe에는 이보다 훨씬 더 많은 단어로 이루어진 문장들이 있고, Nigel Tomm의 경우는 한 권의 소설이 한 문장으로 이루어진 극단적인 예를 보여준다. 그런데 이처럼 언어적인 표현은 무한할 지라도 우리가 이런 표현을 읽고 해득하는 이유는 무엇인가? 그것은 언어 규칙이 '한정되어 있기' 때문이다. 즉, 아무리 긴 문장이라도 몇 개의 한정된 규칙으로 우리가 그 내용을 충분히 해득할 수 있기 때문이다. 만약 언어 규칙이 무한하다면, 이런 긴 문장의 해득이 불가능할 것이다.

이런 특성을 수학적인 현상을 이용해서 설명할 수도 있다. 수학의 식의 경우 그 숫자는 무한하다. 다음 식을 보자. 예를 들면, (32a)와 같은 식에 (32b)처럼 5를 더하는 것을 넣으면 또 하나의 식이 나온다.

(32) a. 3 + 4 =
b. 3 + 4 + 5 =

이 식에 빼기나 곱하기, 그리고 나누기를 통해서 다른 숫자를 넣을 수 있기 때문에 위의 예를 통해 본 것처럼 수 만개의 상수로 이루어진 하나의 식이 나올 수 있고, 또 거기에 하나를 덧붙이면 새로운 식이 만들어질 것이다. 그런데 이런 식을 풀어서 답을 찾을 수 있는 이유는 바로 '+, −, ×, ÷'가 나타내는 규칙을 알기 때문이다. 언어의 경우도 이와 유사한 특성을 보여준다. 즉, 언어적인 표현은 '무한'하지만, 이 표현을 구성하는 규칙들이 '유한'하기 때문에 의사소통이 가능해진다.

4. 언어와 표현

이 섹션에서는 언어의 속성과 언어적인 표현의 관계를 살펴볼 것이다. 먼저 언어 연구의 대상을 알아보고, 이 대상들이 언어적인 표현들 속에서 어떻게 나타나고, 그것을 어떻게 판단하는지 검토해볼 것이다. 다음은 언어를 표현하는 2가지 방법을 우리말과 영어의 예들을 통해서 관찰할 것이다.

4.1. 언어 연구의 대상과 언어 표현에 대한 판단

언어에 대해서 분석하고 기술하는 경우 '무엇'을 연구하여 일반화시키느냐는 중요한 문제이다. 물론 앞에서 논의된 언어의 특성들, 예를 들면, 본능으로서의 언어나 이것을 뒷받침해 주는 여러 요소들이 중요한 대상이 될 수 있다. 그러나 언어의 연구를 이런 분야의 개념들 자체에 대한 연구로 한정하는 경우 만족할 만한 성과를 얻지 못할 수 있다. 왜냐면 그런 개념들은 미리 정해져 있는 불변의 규칙이나 원리가 아니라 학자들이 언어를 관찰하고 분석한 결과 얻어진 산물이기 때문에 모든 과학적인 발견들이 그렇듯이 모두 완전한 것이 아닐 수 있고, 또 학문의 발전과 더불어 바뀌거나 다른 것으로 대체될 수 있는 것이기 때문이다. 언어에 대한 연구는 기존의 개념들에 대한 확인만이 아니라 관찰하지 못한 현상들도 찾아내야 할 것이며, 그것들을 통해 언어의 본질에 대한 설명을 제공해야 할 것이다.

그러면 무엇이 언어 연구의 구체적인 대상이 될 수 있는가? Chomsky(1965)가 제시한 언어적인 '능력(competence)과 수행 (performance)'의 구분 속에서 여기에 대한 하나의 가능성을 찾아볼 수 있다. 인간은 언어적인 '능력 '을 가지고 있고, 이것을 실제 생활에서 '수행'함으로써 '의사소통'이라는 언어의 중요한 목적을 달성한다. 따라서 언어 연구의 궁극적인 대상은 이런 '능력'과 '수행'이 되어야 할 것이다. 언어에 대한 이런 이분법적인 접근은 Saussure(1959)의 'langue–parole' 이론에서도 발견할 수 있다. 그러나 Chomsky는 Saussure의 'langue'는 "merely a systematic inventory of items"라고 지적하며, 대신 그가 말하는 'competence'는 "the Humboldtian conception of underlying competence as a system of generative processes"와 같은 맥락의 의미를 가리킨다고 말하고 있다. 또한 'speech'를 의미하는 'parole'도 Chomsky가 의미하는 'performance'와 다소 다른 '의의(sense)'를 내포하고 있다.

그러면 언어적인 '능력'과 '수행'은 어떤 대상 속에 나타나고 어떻게 구분하고 있는가? 이런 양상은 바로 언어의 표현 속에 나타나며, '문법성(grammaticality)'와 '용인성(acceptability)'으로 구분할 수 있다. 이런 성질을 알아보기 위해서 다음 문장들을 비교해 보자.

(33) a. I called up the man who wrote the book that you told me about.
b. *I called up the man wrote the book that you told me about.
c. Quite a few of the student who you met who come from New York are friends of mine.
d. The man who the boy who the students recognized pointed out is a friend of mine.

모국어 화자라면 문장 (33a)와 (33b)에 대해서 다른 판단을 내린다. 즉, (33a)는 어법에 맞는 문장이지만, (33b)는 그렇지 않다고 할 것이다. (33b)가 어법에 맞지 않는 이유는 'the man' 뒤에 반드시 있어야 하는 관계대명사 'who'가 없기 때문이다. 그런데 (33b)에서 'who'는 '내용어(content word)'라기 보다는 '기능어(function word)'로서 '의미적으로' 크게 기여하는 바는 없다. 다만, 선행사 'the man'과 뒤에 나오는 'wrote' 이하를 연결해주는 역할만 한다. 그럼에도 불구하고 이 문장을 모국어 화자라면 모두 '비문법적인(ungrammatical)' 문장이라고 판단한다. 그러면 무엇이 문법성에 대한 판단을 하는가? 그것은 바로 인간의 내재화된 언어의 '능력(competence)'이다. 이 능력은 바로 어법에 맞는 표현과 맞지 않는 표현을 구분해주는 능력을 가리킨다.

이제 (33b)와 (33c)를 비교해 보자. 이미 지적한 바와 같이 (33b)는 비문법적인 문장이다. 그러나 모국어 화자라면 (33c)는 비문법적인 문장이 아니라고 말할 것이다. 대신 이 문장은 상당히 이해하기 어렵다는 반응을 보일 것이다. Chomsky는 이런 판단이 (33d)의 경우에는 더욱 더 두드러진다고 지적하고 있다. 즉, 문장 (33d)는 어법에 맞기는 하지만 받아들이기 어려울 뿐만 아니라 이런 표현은 별로 쓰이지 않고 있다. 그 이유는 무엇인가? 바로 언어적인 '수행'에서 찾아볼 수 있다. 어떤 표현에 대해서 언어적인 '능력'에 따라 문법성을 판단해볼 때 문제가 없지만, 그것이 '좋거나 나쁘다'는 판단을 하는 것은 '수행(performance)'된 언어적인 표현의 '용인성(acceptability)'에서 결정된다.

4.2. 언어를 표현하는 2가지 방식

언어의 '능력(competence)'과 '수행(performance)'은 언어적인 표현을 통해서 구현된다. 언어적인 표현은 2가지 양상, 즉 'Spoken Language'

와 'Written Language'로 구분하기도 하는 '말'과 '글'로 나타난다. 언어의 분석과 연구에서 있어서 가장 중요하며 제 1차적인 대상은 '말'이다. 이것이 바로 모든 인간이 의사를 표현하는 가장 중요한 수단이 되기 때문이다. 예를 들어, '글'이 없이 '말'만 사용하는 언어 집단도 있다. 그들의 경우는 바로 '말'이 단 하나의 '표현 수단'이다.

'글'은 잘 알려진 바와 같이 인류의 긴 역사에 비춰보면, 최근의 발명품이라고 할 수 있다. 유럽에서 소위 알파벳이라는 글쓰기 도구가 인간의 언어를 표현하는데 사용된 역사는 겨우 고대 그리스와 로마 시대로 거슬러 올라갈 정도 밖에 되지 않는다. 그러나 인쇄술의 발달과 더불어 이제 '글'은 또 하나의 표현 수단으로서 중요한 위치를 차지한다. 앞으로 이 책에서 '언어 표현'은 특별한 지적이 없는 한 '말'이 주요 대상이 될 것이다.

하나의 언어에서도 '말'과 '글'은 그 표현 방식에서 상당한 차이를 보여주고 있다. 예를 들어 다음과 같은 말을 보자.

(34) Quasimodo: Actually, I …
Victor: You mustn't run too fast, or she'll get away!
Quasimodo: Yes, ah, ah, ah, I know. That's what …
Hugo: Give her some slack, then reel her in, then give her some slack, then reel her in, then give her some slack …
Laverne: Knock it off, Hugo … she's a girl, not a mackerel.

이것은 만화 영화 '노틀담의 꼽추'의 한 장면에 나오는 대화이다. 문장이 완전히 갖춰지지 않는 것도 있고, 또 같은 표현이 반복되는 경우도 볼 수 있다. 말은 이런 식으로 사용되기도 하지만 글은 그렇지가 않다. 글을 쓰는 데는 마땅히 지켜야 할 형식이 있다. 다음 글을 보자.

(35) The greatest improvements in the productive powers of labour, and the greater part of the skill, dexterity, and judgment, with which it is anywhere directed, or applied, seem to have been the effects of the division of labour. The effects of the division of labour, in the general business of society, will be more easily understood, by considering in what manner it operates in some particular manufactures. It is commonly supposed to be carried furthest in some very trifling ones; not perhaps that it really is carried further in them than in others of more importance: but in those trifling manufactures which are destined to supply the small wants of but a small number of people, the whole number of workmen must necessarily be small; and those employed in every different branch of the work can often be collected into the same workhouse, and placed at once under the view of the spectator.

이 글은 Adam Smith의 '국부론(An Inquiry into the Nature and Causes of the Wealth of Nations)'에 나오는 일부이다. 여기에서 볼 수 있는 것처럼 글에 쓰이는 문장은 무엇보다 먼저 완전한 문장이 되어야 한다. 또 'It is commonly'로 시작하는 문장처럼 하나의 문장이 몇 개의 절들로 구성되어 아주 긴 문장이 되는 경우도 종종이다. 그리고 이런 글이나 에세이 등에서는 보통 완전한 문장 하나만이 아니라 몇 개가 모여 '문단(paragraph)'을 구성해야 한다.

물론 글에도 다른 방식이 쓰이기도 한다. 예를 들면, 다음 글을 보자.

(36) 1801.–I have just returned from a visit to my landlord–the solitary neighbour that I shall be troubled with. This is certainly a beautiful country! In all England, I do not believe that I could have fixed on a situation so completely removed from the stir of society. A perfect misanthropist's heaven: and Mr. Heathcliff and I are such a suitable pair to divide the desolation between us. A capital fellow! He little imagined how my heart warmed towards him when I beheld his

black eyes withdraw so suspiciously under their brows, as I rode up, and when his fingers sheltered themselves, with a jealous resolution, still further in his waistcoat, as I announced my name.
'Mr. Heathcliff?' I said.
A nod was the answer.
'Mr. Lockwood, your new tenant, sir. I do myself the honour of calling as soon as possible after my arrival, to express the hope that I have not inconvenienced you by my perseverance in soliciting the occupation of Thrushcross Grange: I heard yesterday you had had some thoughts–'
'Thrushcross Grange is my own, sir,' he interrupted, wincing. 'I should not allow any one to inconvenience me, if I could hinder it–walk in!'

이 글은 Emily Brontë의 소설 Wuthering Heights의 시작 부분이다. 먼저 몇 개의 문장으로 이루어진 문단이 나오고 그 뒤에는 작은따옴표로 표현된 '말'들이 나온다. 문학작품인 소설들은 이런 표현법을 종종 사용한다.

한편 다음과 같이 뉴스를 전달하는 언론기사들은 또 다른 특징을 보여준다.

(37) RIO DE JANEIRO: Organizers estimate that some 2 million people have come out to Copacabana beach for the final evening of World Youth day with Pope Francis.

Francis headed into the final hours of his first international trip riding a remarkable wave of popularity: Rio's mayor estimated that as many as 3 million people might turn out for his final Mass on Sunday, and by the time Francis' open-sided car reached the stage for Saturday night's vigil service, the back seat was piled high with soccer jerseys, flags and flowers tossed to him by adoring pilgrims lining the route.

> The Vatican spokesman, the Rev. Federico Lombardi, said organizers had estimated 2 million people were on hand for the vigil. That's twice as many as there were at the last World Youth Day vigil in Madrid in 2011.

3개의 문단으로 이루어진 이 글에서 첫 번째 문단은 하나의 문장으로 이루어져 있다. 또한 두 번째 문단의 경우도 길이가 4줄을 넘지만 하나의 문장이 한 문단이 된다. 문단이 하나의 문장으로 이루어진 글은 주로 언론 기사에서 볼 수 있다. 이렇게 하나의 언어인 영어에서 말과 글을 표현하는 방식이 다르고, 글도 속성에 따라서 아주 다른 방식을 사용하는 것을 볼 수 있다.

이렇게 말과 글이 다른 것은 그 언어의 독특한 언어 '수행(performance)' 방식이 있기 때문이다. 여기에서 오는 차이는 언어들 사이에서도 나타난다. 예를 들면, 영어의 어법과 우리말의 어법을 비교해 보기 위해서 다음 말을 보자.

(38) Mom: Why don't you go upstairs and use your bathroom?
Son: I can't. Aunt Martha's giving the babies a bath in there.
Mom: Well, then use ours.

엄마와 아들 사이의 대화에서 영어가 우리말과 다른 특성을 보여주는 것은 'is giving the babies a bath'와 같은 표현이다. 우리말에서는 보통 '목욕시키다'와 같은 동사를 이용해서 표현한다. 그러나 영어에서는 'give X a bath'와 같이 동사는 평범한 'give'를 사용하고 '목욕'은 명사 'a bath'로 표현하고 있다. 이렇게 우리말에서 동사에 해당하는 표현을 [동사+명사]로 나타내는 영어의 표현은 아주 흔한 편이다. 다음의 예들을 보자.

(39) a. A: Oh yes, yes, we could play some other game … like, uh, I don't know…
B: But I think we'd like to give poker another try. Shall we, ladies?
A: Yes, we should. I think we should.
b. Wife: Would you gimme a back rub?
Husband: A what rub? Yeah, I always have time to give my wife a back rub.
c. Host: Brace, welcome to our show. Give him a round of applause and come sit over here. So Brace, tell us about your boy's haircut.
Brace: Well, he is nineteen… Well when he was fifteen he came home with one of those punk haircuts, you know.

위의 대화에서 보듯이 포커를 '한 번 더 치다'와 아내의 '등을 긁어주다', 그리고 큰 '박수를 쳐주다'와 같은 말들이 모두 동사 'give'를 이용해서 표현되고 있다.

이상에서 검토한 바와 같이 언어에서 연구하여야 할 대상은 인간의 언어적인 '능력(competence)'과 '수행(performance)'이다. 연구자들은 '말'과 '글'을 통해 표현되는 언어 자료를 통해 이 대상들에 접근한다. 왜냐면 '말'과 '글'은 언어의 '능력'과 '수행'을 비춰주는 거울과 같은 것이기 때문이다.

5. 언어학과 언어 연구 분야

'언어학(linguistics)'이란 개념을 정의하면 '언어를 과학적으로 연구하는 학문'이라고 할 수 있다. 이런 정의는 비교적 간단하기 때문에 이해하기 쉽지만, 이 용어가 뜻하는 바를 완전히 설명해주는 풀이는 아니다. 왜냐면 이 말 속에는 많은 전문적인 내용이 포함되어 있기 때문이다. '언어학'의 의미와 의의를 좀 더 분명히 알아볼 수 있는 방법 중에 하나는 '언어'를 나타내는 낱말인 'language'가 사용되는 예들을 살펴보는 것이다.

(40) a. Language plays a great part in our life. Perhaps because of its familiarity, we rarely observe it, taking it rather for granted, as we do breathing or walking.
b. 'This is my home' says the Englishman, and he thereby points not only to a structure but also to a way of life. The same feeling, though cannot be expressed even in a language whose history is as closely intertwined with English as is French.
c. Some of the factors in culture shock are obvious. Maybe the weather is unpleasant. Perhaps the customs are different. The language may be difficult.
d. Just as arctic cultures might include a dozen words for ice, a word that doesn't exist at all in cultures of the Amazon jungle, some languages reveal a cultural focus on concepts that reflect more about people's points of view — the way they see the world — than their surroundings.

위의 예를 통해서 볼 수 있듯이 'language'는 (40a)처럼 관사가 없이 쓰일 수도 있고, (40b)와 (40c)처럼 부정관사 'a'나 'the'와 함께 써야 하는 경우도 있다. 또 (40d)처럼 복수형으로 쓰기도 한다. 이렇게 달리 쓰이는 데는 이유가 있다. 관사가 없이 단수형으로 쓰이는 'language'는 특정 언어를 가리키는 것이 아니라 '인간의 언어(human language)'를 가리키는 것이다. 반면에 관사나 복수형으로 쓰이는 'language'는 '개별적이며 특정한 언어(individual and specific language)'를 가리키는 것이다.

언어학은 바로 이 두 가지 종류의 언어에 대한 과학적인 연구를 목표로 한다. 그런데 문제는 '인간의 언어(human language)'에 대한 연구이다. 이것은 개념 그대로 인류가 가지고 있는 언어를 지칭하기 때문에 그 대상을 특정화시킬 수가 없다. 왜냐면 언어마다 아주 다른 특징들을 가지고 있기 때문이다. 그러면 이것을 어떻게 찾아낼 수 있는가? 이것은 개별 언어에 대한 연구를 기반으로 '언어간의(cross-linguistic)'의 특성들을 비교하고 이 과정을 통해서 공통점을 찾아내어 달성할 수 있다. 즉, 개별 언어들의 '문법(grammar)'을 연구하고 여기에서 인간 언어의 문법을 발견할 수 있는데, 이런 문법을 Chomsky는 '보편 문법(Universal Grammar)'이라고 부른다. 따라서 언어학의 궁극적인 목적은 바로 이런 문법을 발견하는데 있다. 이것을 통해서 우리는 인간에 대해 좀 더 잘 이해할 수 있을 것이기 때문이다.

개별 언어에 대한 연구는 물론 보편문법의 연구는 다음과 같이 몇 개의 하위 부분으로 나뉜다.

(41) a. 소리: phonetics, phonology
b. 형태: morphology
c. 구조: syntax
d. 의미: semantics

(41)에서 보는 바와 같이 소리와 형태, 그리고 구조와 의미가 언어를 형성하는 기본적인 요소이기 때문에 이 부분에 대한 연구가 필요하다. 또한 여기에 포함되어 있지는 않지만, 언어가 쓰이는 것을 연구하는 '화용론(pragmatics)'도 언어 연구에 있어 빠뜨리지 않아야 할 중요한 분야이다.

이렇게 언어의 구성 요소를 나누고 각 부분을 연구하는 방법을 '구성요소 분석(componential analysis)'라고 한다. 그런데 언어 연구는 반드시 이런 부분에 대한 분석만이 전부인 것은 아니다. 각 구성 요소들이 어떻게 상호작용하는 가를 연구하는 것도 필요하다. 왜냐면 이 요소들의 개별적인 작용만이 아니라 이 요소들이 통합적인 작용을 할 때 '언어'라는 종합체의 결과물이 만들어지기 때문이다.

References and Supplementary Readings

Bloomfield, L. (1984). *Language*. Chicago. Chicago University Press.

Chomsky, N. (1965). *Aspects of the Theory of Syntax*. Cambridge, Massachusetts. The M.I.T. Press.

Chomsky, N. (1972). *Language and Mind*. New York. Harcourt Brace Jovanovich, Publishers.

Clark, E. (1993). *The Lexicon in Acquisiont*. Cambridge. Cambridge University Press.

Corina, D., J. Vaid, and U. Bellugi. (1992). The linguistic basis of left hemisphere specialization. *Science*, 1992, 255, 1258-1260.

Humbolt, V. (1998). *On Language*. Cambridge. Cambridge University Press.

Jakobson, R. (1990). *On Language*. Cambridge, Massachusetts. Harvard University Press.

Lieberman, P, E. Crelin, and D. Klatt. (1972). Phonetic ability and related anatomy of the newborn and adult human, Neanderthal man, and the chimpanzee. *the American Anthropologist*, Vol. 74, No. 3, June, 1972.

Pinker, S. (1994). *The Language Instinct*. London. Penguin Books Ltd.

Radford, A. (2004). *Minimalist Syntax*. Cambridge. Cambridge University Press.

Sapir, E. (1921). *Language*. New York. Harcourt Brace Jovanovich, Publishers.

Saussure, de Ferdinand. (1959). *Course in General Linguistics*. New York. Philosophical Library.

Chapter 2

음성학(Phonetics)

1. 서론(Introduction)
2. 음성 알파벳(Phonetic Alphabet)
3. 영어 소리의 기술 및 조음
4. 요약

1. 서론(Introduction)

앞으로 두 장(chapters)을 할애하여, 현대 영어학에서 소리와 관련된 문법 지식인 '영어 음성학'(English phonetics)와 '영어 음운론'(English phonology)에 관하여 차례로 배울 것이다. 일반적으로 음성학(phonetics)은 소리의 물리적 혹은 생리적 특징에 관한 연구를 하는 학문이라고 하고, 음운론은 소리의 심리적 혹은 인지적 특징과 이러한 소리들이 형성하는 패턴들에 관한 학문이라고 한다. 이 두 장을 통해 우리가 궁극적으로 배울 목표는 영어의 소리 유형(the sound patterns of English)에 대한 이해이다. 음운유형(phonological patterns)을 이해하기 위한 선결 조건은 음운유형의 재료가 되는 음성학을 배우는 것이다. 신뢰할 만한 음운기술(phonological descriptions)은 정확한 음성 자료에 기반을 둔다. 음성학은 말소리를 연구하는 학문이며, 음운 체계를 분석하기 위한 기초 자료를 제공하는 학문이다. 이 장에서는 영어에서 말소리에는 어떤 것이 있으며, 어떻게 발성되고, 어떻게 분류되는가에 대해 살펴볼 것이다.

음성학은 인간의 소리를 연구하는 것으로 기술될 수 있는데, 인간의 소리를 연구하는 것은 세 가지의 다른 관점에서 접근할 수 있다.

- 조음음성학(articulatory phonetics)은 소리생성(speech production)의 생리학적 기제(physiological mechanisms)를 다룬다.
- 음향음성학(acoustic phonetics)은 메시지를 전달하는 소리파형(sound waveform)의 물리적 특성들을 연구한다.
- 청각음성학(auditory phonetics)은 청자들이 듣는 소리의 청각(audition) 혹은 지각(perception)을 연구한다.

이 책에서는 음성학의 근본이 되는 소리 생성(speech production)에 대한 기본적인 개념들을 살펴볼 것이다.

2. 음성 알파벳(Phonetic Alphabet)

음성학과 음운론을 학습하기 위해 가장 처음 염두에 두어야할 것은 음성학과 음운론이 소리에 대한 학문이므로 철자(spelling)가 아니라 소리(sounds)를 다룬다는 것이다. 당연한 소리인 것처럼 들리지만, 우리는 일상생활에서 읽고 쓰는 일을 끊임없이 하기 때문에, 단어의 소리를 판단할 때 철자의 영향을 받는 경향이 있다. 여기서 철자를 문자소(grapheme)로도 부른다는 사실을 알아두면 좋겠다.

문자소의 개수와 소리의 개수가 일치하는 단어들은 많다. 예를 들면, pan은 문자소와 소리 모두 3개, from은 문자소와 소리 모두 4개, print는 문자소와 소리 모두 5개, 그리고 spirit은 문자소와 소리가 6개로서 문자소의 개수와 소리의 개수가 일치한다. 이러한 이유로 인해 우리는 흔히 단어에 들어 있는 문자소의 개수를 알면 그 단어의 소리를 알 수 있다고 착각하는 경향이 있다.

하지만 문자소(grapheme)과 소리들의 수가 일치하지 않는 단어들도 많다. 예를 들어, though와 choose 모두 문자소(grapheme)는 6개인데, 소리는 3개 밖에 없다. Awesome은 문자소가 7개인데 소리는 4개뿐이다.

이렇듯 문자소와 소리의 수가 일치하지 않기 때문에 철자를 가지고 구어(spoken language)를 표현하는 것은 부적합하다. 영어의 알파벳이 겨우 26개의 철자를 가지고 40개가 넘는 소리들을 표시하려고 고안된 것이라는 점을 고려한다면 철자와 소리사이에 일관된 관계가 없다는 것은 어쩌면 당연한 사실인지도 모르겠다.

스펠링(spelling)과 소리사이에 존재하는 불일치에는 다음과 같은 네 경우에 관찰될 수 있다. (Yavaş, 2011)

(i) 같은 소리들이 다른 철자에 의해 표시되었을 때 (e.g., each[i], scene[s]),
(ii) 같은 철자들이 다른 소리들을 표시할 때 (e.g., sale[s], sugar[ʃ], resume[z]),
(iii) 소리 하나가 여러 철자가 결합되어 표시될 때 (e.g., thin[θ], rough[f])
(iv) 철자 하나가 둘 이상의 소리를 표시할 때 (e.g., exist[gz]).

이러한 철자와 소리의 불일치는 발음은 같지만 철자와 의미는 다른 동음이의어들(homophones)이 많이 생겨나는 원인도 된다. 예를 들어, rite, right, write, 그리고 wright는 의미도 철자도 다르지만 모두 같은 발음을 가진 동음이의어(homophones)의 예들이다. 참고로, 동음이의어는 영어로 homophone인데, homo-는 '같다'라는 의미이고 -phone은 '소리'라는 의미를 가지고 있다.

Exercise A

■ 다음은 Ashby(2011)에서 가져온 문제이다. 다음에 나오는 단어의 짝들이 동음이의어(homophones)인지 아닌지를 논의해 보라.

a. rain, reign
b. tense, tens
c. cue, Q
d. glace, glaze
e. way, weigh
f. mouth, mouthe

이상 우리는 철자가 말소리를 연구하기에는 신뢰할 만한 도구가 되지 못한다는 것을 살펴보았다. 따라서 음성학과 음운론을 배울 때 명심해야 할 점은 철자를 무시하고 단지 소리에만 신경을 써야 한다는 것이다.

일반적인 철자법을 가지고는 음성을 기술하기에 부적합하기 때문에, 전문가들은 여러 종류의 음성 알파벳을 새로 고안해 왔다. 이러한 음성 알파벳 시스템을 고안할 때, 근본적인 원칙은 하나의 음성 기호(phonetic symbol)가 하나의 소리(sound)만을 표시한다는 것이다. 지금껏 여러 음성 알파벳 시스템들이 고안되어 왔지만, 이중 가장 널리 사용되는 음성 알파벳은 국제 음성 학회(International Phonetic Association)에서 고안한 국제 음성 알파벳(International Phonetic Alphabet; IPA)이다. 이 국제 음성 알파벳은 IPA라고 통상 불리는것으로, 1888년도에 처음 제안되어 지속적으로 개발되어오고 있다. 현존하는 최대의 영어 사전인 The Oxford English Dictionary(OED)에서도 IPA가 발음기호로 전사되어 사용되었다.

이 책에서는 기본적으로 IPA의 사용법을 따를 것이다. 우선, 미국 영어에 관련된 기호들을 다음의 표 1에 제시해 놓았다.

표1: 영어 자음 음성 기호

발음기호	예	명칭
p	pie	
t	tie	
k	kye	
b	by	
d	dye	
g	guy	

m	my	
ŋ	wing	angma (or eng)
f	fie	
v	vie	
θ	thigh	theta
ð	thy	eth
s	see	
z	zee	
ʃ (š)	she	esh (or long s)
ʒ (ž)	vision	long z (or yogh)
l	lie	
w	why	
ɹ (r)	right	
j	yes	
h	high	
tʃ (č)	chime	
dʒ (ǰ)	jive	

표2: 영어 모음 음성 기호

		명칭
i	beat	
ɪ	bit	small capital i
eɪ (e)	bate	
ɛ	bet	epsilon
æ	bat	ash
ɑ	father	script a
ɔ	bought	open o
ʊ	wood	upsilon
oʊ (o)	boat	

u	boot	
ʌ	abut	turned v
ə	abut	schwa
aɪ	buy	
aʊ	cow	
ɔɪ	toy	
ɜɹ (ɝ)	bird	

Exercise B

1. 다음에 나오는 단어에서, 마지막 자음의 발음기호를 각괄호 안에 사용해서 적어 보자.

   예: wished [t]

   a. bananas [ ]
   b. potatoes [ ]
   c. beans [ ]
   d. peaches [ ]
   e. biscuits [ ]
   f. turnips [ ]

2. 다음에 나오는 단어에서, 밑줄 친 철자들에 해당하는 소리의 발음기호를 각괄호 안에 적어보자.

   예: breath [θ]

   a. budget [ ]
   b. bossy [ ]

c. resentment [ ]
d. measure [ ]
e. insulate [ ]
f. thistle [ ]
g. breathe [ ]
h. injure [ ]
i. thwart [ ]

3. 영어 소리의 기술 및 조음

3.1. 성도(The vocal track)

소리들이 어떻게 만들어 지는지를 살펴보기 위해서는, 먼저 성도 조직(vocal organs)을 살펴볼 필요가 있다. 소리를 만들 때, 공기는 허파(lungs)에서 나와, 성대(vocal folds)가 위치한 후두(larynx)를 통과해 나온다. 후두를 통과한 공기는 특정한 모양을 한 성도에 의해 특정한 소리로 변조되어 나온다. 따라서, 우리는 일반적으로 성대를 통과해서 나오는 공기를 소리의 근원(the sound source)라고 부르며, 특정한 형태(configuration)의 성도는 소리의 특징을 결정하는 공명관(the resonator)이라고 부른다. 이를 기타(guitar)를 비유해서 표현하자면, 퉁하고 손가락으로 기타줄을 튕겨서 나는 소리가 소리의 근원이라 할 수 있고, 기타줄 뒤에 위치한 큰 울림통이 공명관이라고 할 수 있다. 기타 줄의 역할을 하는 것이 성도이고, 기타의 울림통 역할을 하는 것이 성도(vocal tract)이라고 할 수 있다.

성도(vocal tract)내에서 특정한 소리를 결정할 때 사용되는 기관들을 조음자(articulators)라고 부른다. 예를 들어, 혀(tongue)라든지 입천장(hard palate)이 소리를 만들 때 관련되어 사용되는 조음자이다. 그런데 혀는 능동적으로 움직이는 조음자이고 입천장은 움직이지 않고 그대로 있는 조음자이다. 혀와 같이 능동적으로 움직이는 조음자를 능동조음자(active articulator)라고 하고, 입천장과 같이 움직이지 않는 조음자를 수동조음자(passive articulator)라고 한다. 성도의 윗부분에 있는 조음자들은 상부 조음자(upper articulators)라고 부르며, 성도의 아랫부분에 있는 조음자들은 하부조음자(lower articulators)라고 부른다.

일반적으로 성도의 윗부분에 수동조음자가 성도의 아랫부분에 능동조음자가 위치해 있다. 다시 말해서, 일반적으로 하부 조음자(lower articulator)가 상부 조음자(upper articulators)을 향해 이동한다. 일례로 하부조음자인 혀의 끝부분(tongue tip)이 상부조음자인 윗니(upper teeth)에 이동해 접촉하는 것을 생각해 볼 수 있을 것이다. 우선 상부조음자와 하부조음자를 이루는 조음기관을 알아보기 전에, 성도에는 어떤 조음기관들이 사용되고 있는지를 그림 1을 통해 살펴보도록 하자.

그림 1에 성도(the vocal tract)와 주요 조음기관들이 그려져 있다.

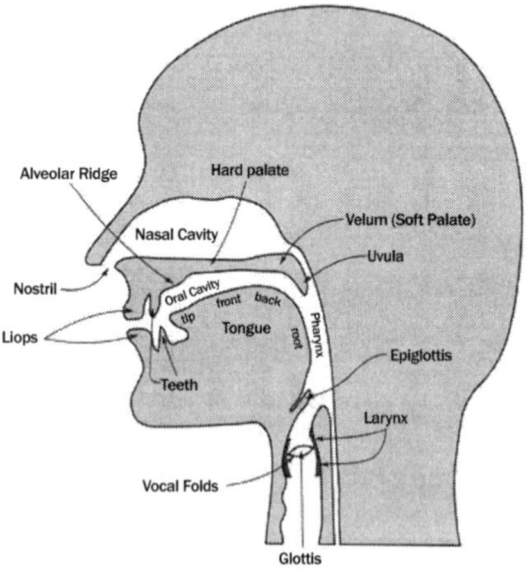

그림 1. 성도(vocal tract)와 조음 기관들(vocal organs)

그림 1에서 조음기관들의 명칭을 살펴보면, 일단 조음과 관련하여 세 개의 관이 있는데, 이는 (1) 구강(oral cavity), (2) 비강(nasal cavity), 그리고 (3) 인두(pharynx) 혹은 인두강(pharyngeal cavity)이다. 구강에는 (4) 입술(lips), (5) 이(teeth), (6) 치경(alveolar ridge), (7) 경구개(hard palate) (8) 연구개(soft palate or velum), (9) 구개수(uvula), (7) 설첨(tip of the tongue, or apex), (8) 설전(혹은 혀의 전반부)(tongue front, or front of the tongue), (9) 설배(혹은 혀의 후반부)(tongue back, back of the tongue, or dorsum)가 있고, 인두에는 (10) 설근(혹은 혀의 뿌리)(root of the tongue, or radix), (11) 후두개(epiglottis)가 있다. 인두 바로 아래에 (13) 후두(larynx)가 (14) 성대(vocal folds)를 가지고 있으며, 두 성대 사이의 빈 공간은 (15) 성문(glottis)라고 한다. 엄밀히 말하면 성문은 공간(space)를 말하는 것으로 조음기관이라고 할 수는 없다. 비강에는 (16) 콧구멍(nostril)이 있다.

이상 성도에 있는 조음기관을 토대로 상부조음자와 하부조음자에 대해 좀 더 자세히 살펴보도록 하자. 먼저 상부 조음자들을 살펴보도록 하자. 가장 바깥부터 시작해서, 윗입술(upper lip)과 윗이빨(upper teeth)이 있다. 윗니 바로 뒤에 약간 경사져 튀어나온 부분이 있는데 이를 치경(alveolar ridge)라고 한다. 이 치경(alveolar ridge) 뒤에는 뼈로 된 입천장 부분이 나오는 데, 이를 경구개(hard palate)이라고 한다. 경구개 뒤에는 근육이 이완되어 부드러운 부분(flaccid area)이 있는데, 이 부분은 연구개(soft palate 혹은 velum)라고 부른다. 이 연구개는 뼈의 지지를 받지 않기 때문에 이완된 근육을 가지게 된 것이다. 연구개는 움직일 수 있는 조직(a movable organ)인데, 이 연구개가 내려가면 구개인두 통로(velopharyngeal passage)가 열려 공기가 비강(nasal cavity)으로 흘러 들어간다. 반대로 연구개가 올라가면 구개인두 통로가 닫혀 공기는 구강(oral cavity)을 통해 입밖으로 나오게 된다. 여기서 구개인두 통로(velopharyngeal passage)는 인두(pharynx)와 비강(nasal cavity)이 연결된 통로를 말한다. 지금까지 살펴본 윗입술, 윗이빨, 치경, 경구개는 거의 움직일 수 없는 수동조음자(passive articulator)인데 반해, 연구개는 공기가 비강 혹은 구강으로 나올 수 있도록 움직이는 능동조음자(active articulator)라는 것을 알 수 있다. 그런데, 이 연구개는 설배(tongue back or dorsum)가 이곳으로 움직여와 닿아서 [k]나 [g]와 같은 소리를 만드는데 이용되기도 한다. 이때는 설배가 능동조음자이고 연구개는 수동조음자로 사용된다. 그리고 [ŋ]와 같은 소리를 만들 때는 연구개가 내려와 공기가 비강을 통해 나가도록 해야 하고, 설배(tongue back or dorsum)는 연구개와 접촉하여 공기의 흐름을 차단해야 한다. 요약을 하자면, 연구개는 수동조음자 역할을 하기도 하고 능동조음자 역할을 하기도 한다. 옆의 그림처럼, 연구개(the velum)가 좁아져서 길고 가는 뾰족한 구조가 되는 데, 이 구조는 목젖 혹은 구개수('uvula')라고 불린다. 우리가 양치질을 하고 입안을 헹굴 때 목젖을 이용하여 떨리는 소리를 내는 소리와 비슷한 소리를 프랑스어에서는 사용하고 있지만, 영어나 한국어에서는 구개수로 만드는 소리가 없다.

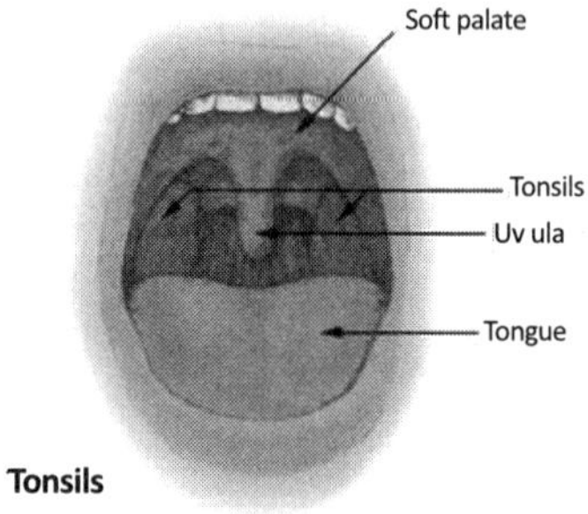

그림 2 구개수(Uvula)

하부조음자에도 우선은 아랫입(the lower lip)과 아랫니(the lower teeth)부터 열거할 수 있다. 아랫니 뒤에는 혀가 위치해 있다. 혀는 큰 근육 덩어리인데, 소리를 생성할 때는 몇 개의 개별적인 부분이 독립적으로 사용된다. 우선 혀의 끝(tip of the tongue) 혹은 설첨(the apex of the tongue)이 있다. 이 설첨은 혀의 가장 앞에 있는 부분이다. 혀 끝 바로 뒤에 설단(blade or lamina)이라는 작은 부분이 있다. 설첨과 설단을 함께 설정(crown)이라는 용어를 사용하여 묶기도 한다. 혀의 몸통은 크게 전반부, 중반부, 및 후반부의 3등분으로 분류할 수 있다. 그림 1에서 혀의 전반부(front part of the tongue)는 설전이라고도 불리며, 설첨/설단 및 혀의 중반부(center of the tongue) 사이에 있다. 혀의 중반부는 다른 말로 설중이라고도 한다. 혀의 수평 표면에서 가장 뒤에 있는 부분을 후설(back of the tongue) 혹은 설배(dorsum)라고 부른다. 혀의 끝에, 혀의 뿌리(tongue root or radix)가 있는데, 이것은 인두강 벽(pharyngeal wall)의 맞은편에 부분을 일컫는다. 마지막으로 '후두개'(epiglottis)가 있는데, 이는 후두 뒤쪽에서 붙어있는 잎모양의 연골(cartilage)이다. 이 후두개는 음식을 먹거나 물을 마실 때 이 음식물이 식도 (esophagus)가 아닌 기도(trachea 혹은 windpipe)로 들어가는 것을 막는 기능을 한다.

소리를 내는 데 있어서, 혀는 아주 중요한 역할을 하므로, 한 번 더 아래에 정리하였다.

- Tongue tip or apex(설첨): 혀끝을 tongue tip 혹은 apex(설첨)이라고 부른다.
- Tongue blade or lamina(설단): tongue tip 뒷부분을 tongue blade(설단) 혹은 lamina라고 부른다. Tongue tip과 blade를 함께 아울러서 crown(설정)이라는 말을 사용하기도 한다.
- Body of the tongue(혓몸): tongue tip과 tongue blade를 제외한 tongue front와 tongue center, 및 tongue back을 합쳐 body of the tongue이라고 부른다.
- Tongue front(전설): 다소 이상하게 들리지만, 전설이라는 용어는

tongue tip과 tongue blade를 함께 일컫는 용어로 쓰이기보다는, 이 둘을 제외한 부분에서 구개(hard palate) 맞은편에 위치한 혀 부분까지를 지칭하여 쓰인다.

- Tongue back(후설): 혀의 후설(tongue back)은 hard palate(경구개)와 soft palate(연구개)가 갈라지는 맞은편에 해당하는 혀의 부분이다.
- Dorsum(설배): body of the tongue의 후위 부분(back of the tongue)을 혀의 등 부분이라고 하여 dorsum(설배)이라고도 부른다.

3.2. 유무성(Voicing)

영어의 소리는 흔히 유성음(voiced sounds)과 무성음(voiceless sounds)으로 나뉘어 진다고 한다. 이는 영어의 소리를 기술할 때 사용하는 여러 자질들 중의 하나인 유무성(voicing)에 의한 구분이다.

유무성 자질은 후두(the larynx)에 위치한 성대(vocal folds or vocal cords)의 진동 유무에 의해 결정된다. 후두(larynx)는 식도(trachea or windpipe)의 위에 얹혀있으며, 세 개의 연골(cartilages), 즉 부드러운 뼈로 구성된 조직이다. 후두에는 성대(vocal folds 혹은 vocal cords)가 있는데, 그림 3에서 보듯이, 이것은 아담의 사과(Adam's apple)라고 하는 부분 바로 뒤에 수평으로 놓여있다.

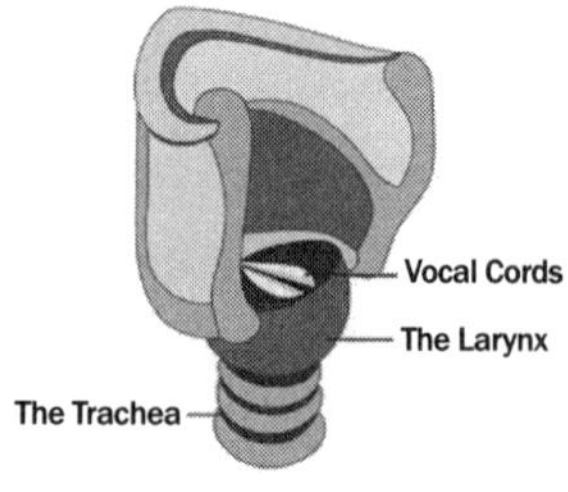

그림 3. 후두(Larynx)

성대사이의 공간(space)은 '성문'(glottis)라고 알려져 있는데, 그림 4에서 보듯이 유성음과 무성음으로 알려진 소리들을 위해 서로 다른 형상(configuration)을 취한다. 성대가 떨어져 열려있을 때, 공기는 자유롭게 성문을 통과해 흐른다. (그림 4의 왼쪽 그림) 성문의 그러한 구조로 만들어 진 소리들은 '무성음'(voiceless)이라 불린다. 반면에, 그림 4의 오른쪽 그림에서 보듯이 성대들이 합쳐지면, 성문을 통해 통과하는 소리들은 진동을 일으키고, 그 결과로 나오는 소리들은 '유성음'(voiced)이다. 여기서 한 가지 명심할 것은 성대를 너무 꽉 닫으면 성대가 떨릴 수 없으므로 유성음이 만들어지지 않는다. 따라서 성대를 적당히 닫아야 유성음이 만들어 질 수 있다.

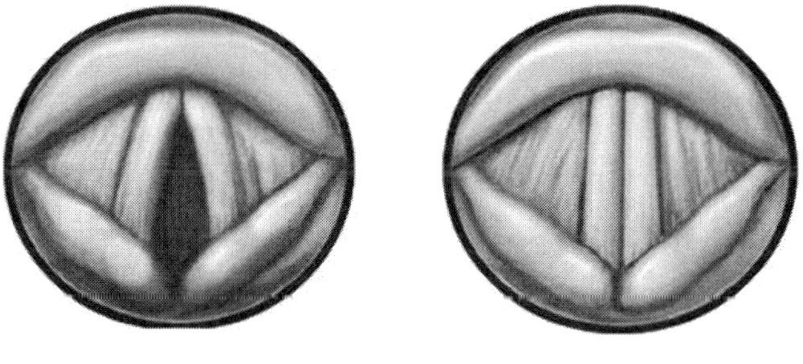

그림 4. 무성음과 유성음을 만들 때의 성대 형상(configuration of the vocal folds)

성대의 진동 유무에 따라 유성음과 무성음으로 나뉘어진다고 앞에서 언급했는데, 근육이 움직여서 성대가 진동이 된다고 생각할 수도 있다. 성인 남자와 같은 경우 유성음을 발음할 때 성대가 1초에 약 80-120번 정도, 성인 여성의 경우 약 200-250번 정도 진동한다. 성대가 진동하는 것은 근육 활동(muscular activity)이 아니라는 점을 염두에 둘 필요가 있다. 공기가 성문을 통과해 지나갈 때 이 공기의 흐름은 흡입 효과(suction effect)를 만들어 내다. 이는 베르누이 원리(Bernoulli principle)때문이다(cf. Bernoulli는 영어로는 [bɛɹnúli], 프랑스어로는 [bɛɹnúji]로 발음한다). 예를 들어, 늦가을 단풍이 물든 나뭇잎에 고속도로에서 늘려져 있을 때, 큰 트럭이 지나가면 빠른 속도로 지나가면 나뭇잎들이 지나간 자리로 빨려 들어가는 것을 본 적이 있을 것이다. 이것이 바로 베르누이 원리에 의한 것이며, 유사한 일이 성대 진동에서 나타난다. 이 흡입효과로 성대가 다시 모으게 된다.

그림 5는 성대가 열리고 닫히는 일련의 모습들을 보여준다. 여기서 검은 점들은 공기의 입자를 나타내며, 입자들이 많은 부분은 공기의 압력(pressure)이 높은 부분이다. 그림 5에서 볼 수 있듯이, 성대가 닫힐 때 생기는 흡입효과는 성대의 하반부에서 먼저 나타나기 때문에, 성대도 하부에서 먼저 닫힌 후, 상부가 닫히는 과정을 거친다. 성대가 서로 맞붙으면, 흡입효과는 없어진다. 또 지나가는 공기에 의해 성대가 다시 떨어지게 된다. 떨어지자마자, 흡입이 다시 시작되는 등, 이러한 순환은 계속해서 반복된다.

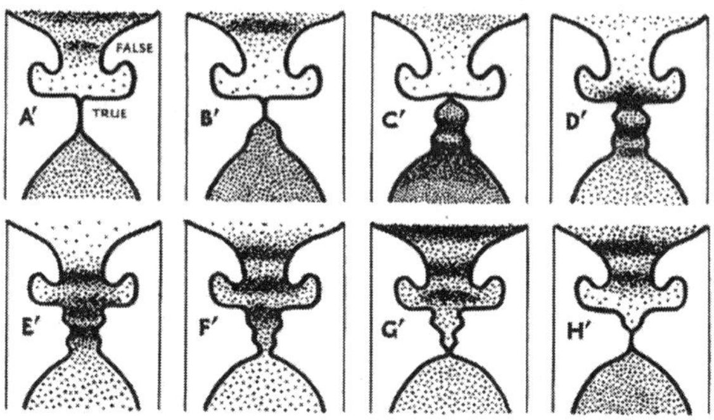

그림 5. 성대 진동을 보여 주는 그림. 검은 점들은 공기의 입자를 나타낸다.

유성음과 무성음의 차이를 쉽사리 느낄 수 있는 방법이 있다. sip과 zip 그리고 cheap과 jeep의 첫 소리를 발음하는 동안, 두 번째 손가락인 지장(index finger)을 아담스 애플(Aams' Apple)에 살짝 얹어 놓거나,

두 지장(index fingers)을 두 귀 안에 집어넣어 귀를 막는다면, /z/와 /dʒ/의 유성(혹은 성대 진동)때문에 만들어진 윙(buzz)하는 소리를 느낄 수 있다. 이런 윙하는 소리를 무성음에 해당하는 /s/와 /tʃ/를 만들 때는 느낄 수 없다.

Exercise C

■ 다음에 열거된 단어들의 첫 번째 자음의 소리가 유성음(voiced)인지 무성음(voiceless)인지 답해 보자.

a. though
b. zoom
c. huge
d. thought
e. view
f. winced
g. form
h. when
i. pncumatic
j. psychology
k. linguistics
l. phonetics

3.3. 조음위치(the places of articulation)

지금까지 영어의 소리를 연구하는 데 기초가 되는 성도내의 조음기관 및 후두의 성대 진동에 관하여 살펴보았다. 일반적으로 영어의 소리에는 자음이나 모음과 같은 분절음(segments)과 음절, 강세, 억양과 같은 초분절음(suprasegmentals)으로 나뉘어 생각한다.

우선 분절음 중 자음의 기술에 필요한 특성부터 알아보도록 한다. 자음을 기술하기 위해서는 유무성 외에 자음의 조음 위치(places of articulation)와 조음 방식(manners of articulation)을 알고 있어야 한다. 자음의 조음 위치(places of articulation)는 자음을 조음할 때 하부 조음자와 상부 조음자가 공기흐름을 방해(obstruct)하는 성도 내의 위치를 일컫는다. 자음의 조음 방식(manners of articulation)은 자음을 조음할 때 하부 조음자와 상부 조음자가 서로 협착을 이루는 정도(degree of stricture)를 일컫는다.

우선 영어의 자음과 관련된 조음 위치들을 아래에서 살펴본 후, 조음 방식을 다음에 차례로 살펴보도록 한다.

① 양순음(Bilabial): 두 입술을 한데 모았다가 순간적으로 숨을 토하며 내는 소리로 영어에는 구강 폐쇄음 [p b]와 비음 [m]이 있다.

② 순치음 (Labiodental): 아래 입술과 윗니를 단단히 밀착시켰다가 숨을 억지로 밀어내듯이 하며 내는 마찰음이다. 영어에는 [f]와 [v]가 바로 그것인데, 국어에는 없는 소리이다. (e.g., fluff, valve)

* 양순음(Bilabials)과 순치음(labiodentals)을 묶어서 '순음'(labials) 라고도 부른다.

③ 치간음(interdental): 혀끝을 펴서 이빨 사이에 놓고 가볍게 불어서 내는 소리이다. 영어의 th소리, 곧 [θ]와 [ð]가 그 예이다(e.g., thigh, thy). 종종 영미인도 화자에 따라서는설첨이나 설단(the tongue tip/blade)으로 윗니 뒤쪽에 대고 발음하기도 한다. 따라서, '치간음' 대신 '치음' (dental)이라는 용어를 사용하는 책들도 종종 있다. 심한 경우 스코트랜드에서는 이 치간음 [θ]가 치음 [t̪]으로 소리 변화를 겪는 경우도 있다. 여기서 기호 [̪]는 조음위치가 치음(dental)이라

는 것을 표시하는 첨가기호이다.

그림 6은 양순음(bilabial), 순치음(labiodental) 및 치간음(interdental)의 조음위치를 만들 때, 수동조음자와 능동조음자의 상태를 그림으로 예시하고 있다.

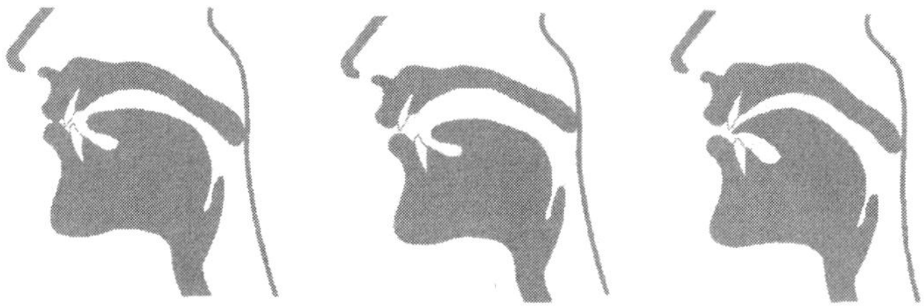

그림 6. 양순음, 순치음, 및 치간음의 조음위치

④ 치경음(alveolar): 혀끝을 윗니 뒤쪽의 치경(alveolar ridge)에 대었다가 순간적으로 숨을 터뜨리며 내는 폐쇄음 [t]와 [d], 기류의 흐름을 막지 않고 혀의 앞부분이 작은 홈(groove)을 형성하여 기류가 치경과 윗니 쪽으로 모아지며 나는 마찰음 [s]과 [z], 그리고 비음 [n]과 설측음 [l]이 여기에 속한다. (e.g., tot, dad, cease, zoos)

⑤ 치경구개음(alveo-palatal 혹은 palato-alveolar) 혹은 후치경음(post-alveolar): 이 소리로는 우선 설단을 치경 뒤와 경구개 사이로 올려서 생긴 좁은 틈을 지나 거의 닫혀 있는 이빨을 통해 숨을 내보내며 내는 마찰음 [ʃ]와 [ʒ]가 있다(e.g., Asher, azure). 참고로 [ʒ]는 원래 영어에 없던 소리인데, [ʃ]의 유성음 짝을 채우기 위해 뒤늦게 들어 온 소리이다. 파찰음인 [tʃ]와 [dʒ]는 각각 [t]와 [ʃ], [d]와 [ʒ]가 결합된 소리이다(e.g., church, judge). 그림 7은 치경음(alveolar)와 후치경음(post-alveolar)의 조음위치를 보여주고 있다.

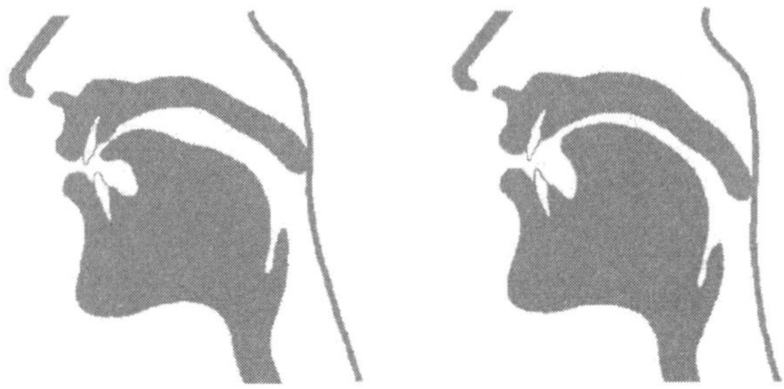

그림 7. 치경음과 후치경음의 조음위치

⑥ 권설음(retroflex): 혀끝을 살짝 감아올리고 치경 뒤쪽에서 조음되는 소리이다. 미국영어에서 유일한 권설음은 r-소리인데, 소리를 IPA로는 [ɹ] (upside-down r)로 표기한다. 그대로 프랑스어와 같은 언어에서는 [r]이 전동음(trill)을 나타내지만, 영어에서는 혼동을 가져오지 않으므로 [r]을 써서 나타내도 무방하다. (e.g., rear, rare). 권설음은 조음 방식에서 유음(liquids)을 다룰 때 다시 언급하게 될 것이다.

* 비록 권설음과 치경구개음은 모두 치경 뒤(post–alveolar)에서 조음되는 소리이지만, 이 두 소리는 같은 소리가 아니다. 권설음은 설첨(즉, 혀의 끝)으로 만들어지는 소리이기 때문에 "apical"이라고 불리고, 치경구개음은 설단으로 만들어지기 때문에 "laminal"이라고 불린다.

여기서 한 가지 주의할 점은 모든 영어화자들이 r-소리를 만들 때 권설음으로 r-소리를 만드는 것은 아니라는 것이다. 많은 화자들이 혀의 끝을 내린 채 설단을 올려 만드는 혀를 덩어리같이 만드는 소위 bunched r-소리를 가지고 있다. 그림 8은 권설음과 bunched-r의 형상을 보여준다. 내가 권설음으로 r-소리를 내는지, bunched-r로 소리를 내는지 알고 싶으면, [r]소리를 내는 동안, 이쑤시개와 같은 가늘고 뾰족한 것으로 혀에 대보면 알 수 있다. 혀의 위쪽부분이 따끔하면 bunched-r로, 혀의 아랫부분이 따끔하면 retroflex-r로 [r] 소리를 내는 것이다.

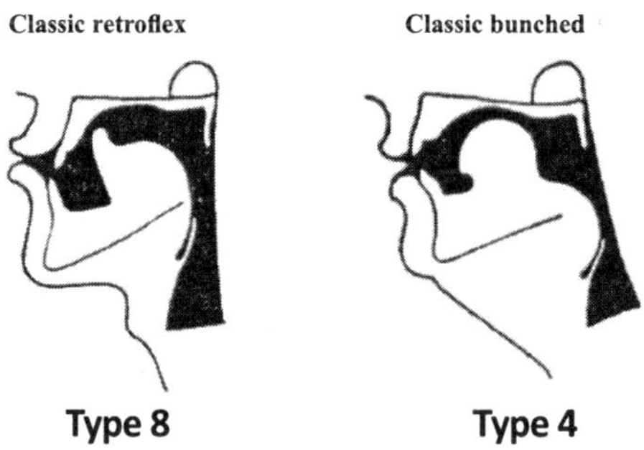

그림 8. [r] 을 조음하는 두 가지 방식

⑦ 구개음(palatal): yes라고 할 때 나오는 첫소리 /j/는 영어에서 유일한 구개음이다. 이 구개음은 혀의 전반부가 경구개쪽을 향해 조음될 때 만들어진다.

⑧ 연구개음(velar): 혀의 등 부분이 되는 설배(dorsum)를 연구개(soft palate; velum)에 대었다가 혀를 재빨리 내리면서 내는 파열음 [k]와 [g]가 있고, 이와 같은 혀의 위치에서 연구개를 내림으로써 기류가 비강으로 빠져나가며 나는 소리는 [ŋ](angma)라고 부른다.

⑨ 순연구개음(labio-velar): /w/ (예, we)는 두 조음위치를 가진 유일한 자음이다. 이 소리를 만들 때, 두 입술은 오므라져 둥글게 되어서 "순음"(labial)이라 칭해진다. 이와 동시에 혀의 후반부가 연구개쪽으로 올라가기 때문에, "연구개음(velar)" 라고 칭한다. 결론적으로, 우리는 이 /w/ 라는 기호를 양순음과 연구개음 위치에 동시에 놓고, 이 소리를 "순연구개음"(labio-velar)라고 부른다.

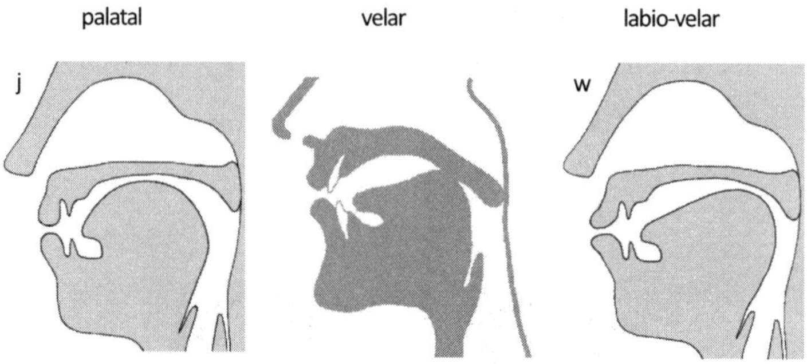

그림 9. 구개음, 연구개음, 순연구개음의 조음위치

⑩ 성문음(glottal): 이 소리들은 성문(glottis)에서 만들어진다. /h/ (예, <u>h</u>ome)와 성문폐쇄음(the glottal stop) /ʔ/이 여기에 속한다. 성문 폐쇄음은 성문을 꽉 닫았다가 열면서 나는 소리이다. 우리가 힘을 줘서 무거운 물건을 들 때 목에 힘을 꽉 주는 경우가 많은데, 이렇게 목에 힘을 줄 때, 우리도 모르는 사이에 성대가 꽉 막히는 경우가 있다. 꽉 막힌 성대를 갑자기 열면 성문폐쇄음이 나오게 된다. 영어에서는 cat과 같은 단어의 [t]를 성문폐쇄음 [ʔ]로 발음하는 경우에, 즉, [kæt]대신 [kæʔ]으로 발음하는 경우에 성문폐쇄음을 관찰할 수 있다.

이상 영어에서 사용되는 다음에 열거된 10개의 조음위치를 살펴보았다:

① 양순음(bilabial),
② 순치음(labiodental),
③ 치간음(interdental) 혹은 치음(dental),
④ 치경음(alveolar),

⑤ 치경구개음(alveo-palatal or palato-alveolar) 혹은 후치경음(post-alvelar),
⑥ 권설음(retroflex),
⑦ 구개음(palatal),
⑧ 연구개음(velar),
⑨ 순연구개음(labio-velar),
⑩ 성문음(glottal).

Exercise D

■ 다음에 제시된 소리짝(pairs of sounds)를 보고, 이 소리들이 동일한 조음위치를 가지고 있는지, 서로 다른 조음위치를 가지고 있는지 기술해 보자. 그리고 그 조음위치들이 어떤 것인지 적어보자.

a. [s] : [l]
b. [m] : [n]
c. [b] : [t]
d. [k] : [ŋ]
e. [s] : [v]
f. [θ] : [t]
g. [l] : [ɹ]
h. [p] : [g]
i. [w] : [j]
j. [ʤ] : [ʃ]

3.4. 조음 방식(Manners of articulation)

앞서 말한 바와 같이, 자음의 조음 방식(manners of articulation)은 기류(airstream)가 조음 기관에 협착되는 정도(degree of stricture)를 일컫는다. 조음(articulation)을 할 때는 성도의 모양에 어떤 식으로든 변화를 주게 된다. 능동적 조음기관과 수동적 조음 기관 사이의 협착(stricture) 정도에 따라 소리는 다시 폐쇄음(혹은 파열음; stops or plosives), 마찰음(fricatives), 파찰음(affricates), 유음(liquids), 비음(nasals), 활음(glides)으로 분류할 수 있다. 이 가운데 앞의 세 가지(i.e., 폐쇄음, 마찰음, 파찰음)는 기류의 장애가 상대적으로 많아 장애음(obstruents)이라하고, 뒤의 셋 즉, 유음(liquids), 비음(nasals), 활음(glides)은 기류의 장애가 상대적으로 적고 성대가 자발적으로 진동한다하여 공명음(sonorants)이라고 부른다. 참고로, 공명음에는 모음(vowels)도 포함된다. 그리고 유음과 활음은 구강(oral cavity)내에서 모음보다는 협착이 많고, 장애음보다는 협착이 적게 이루어진다고 해서 근접음(approximants)라고 불리기도 한다. 구강내의 협착정도를 얘기하므로 비음은 근접음에 속하지 않는다. 폐쇄음은 구강폐쇄음(oral stops)과 비강폐쇄음(nasal stops)으로 나뉘어 지기도 한다. 문맥에 따라 분간할 필요는 있지만, 일반적으로 폐쇄음이라고 하면 구강폐쇄음에 한정되어 쓰이는 경우가 많다.

① 폐쇄음 혹은 파열음(stops or plosives): 구강을 완전 폐쇄시켜 막힌 기류의 압력을 높였다가 폐쇄를 개방하면 압축된 공기가 방출되며 나는 소리이다. 학자에 따라, 구강의 완전 폐쇄에 초점을 맞추어 폐쇄음(stops)라고 부르기도 하고, 개방할 때 파열되어 방출되는 기류에 초점을 맞추어 파열음(plosives)이라고도 한다. 무성폐쇄음(voiceless stops)으로 [p t k] 등이 있고, 이에 대응하는 유성폐

쇄음(voiced stops)에는 [b d g] 등이 있다. 참고로 폐쇄음에는 성문 폐쇄음(glottal stop)도 있다는 것을 기억해 두어야 한다. 성문 폐쇄음(glottal stop)은 물음표와 비슷한 [ʔ]라는 기호로 표시되는데, 비록 음소의 자격은 없지만 이음으로서 자주 사용되는 폐쇄음이다. 이 성문 폐쇄음은 성문 사이를 완전히 막았다가 갑자기 폐쇄를 풀면서 내게 된다. 우리가 모음 [ɑ]사이에서 [ɑʔɑ]처럼 숨을 참고 있다가 나는 소리라고 생각하면 쉬울 것이다. 예를 들어, Putin이라는 러시아 대통령 이름이 [puʔən]과 같이 발음되는 경우도 많다.

② 마찰음(fricatives): 마찰음은 두 조음자 사이에 작은 조음간격을 통해 빠져 나가는 공기가 귀에 들릴 만큼 큰 마찰(frication)을 일으켜 만들어지는 소리이다. 다시 말해, 좁은 조음간격 사이로 공기가 빠져 나오느라 마찰소리를 낸다고 마찰음(fricative) 이라 한다. 영어에서는 /f, v, θ, ð, s, z, ʃ, ʒ, h/가 마찰음이다. 마찰소음을 내는 부분적인 공기의 흐름이 이 마찰음들이 공통으로 가지고 있는 공통점이다. 치경(alveolar)과 후치경(post-alveolar)에서 조음되는 마찰음들, 즉 /s, z, ʃ, ʒ/는 다른 마찰음들보다 더 세고 고주파역대(high-frequency bands)에 음향에너지가 집중되어 있기 때문에 “치찰음(sibilants)”이라 부른다.

③ 파찰음(affricates): 이름이 알 수 있듯이 폐쇄음(stop)과 마찰음(fricative)이 합쳐진 소리이다. 전반이 폐쇄음이고, 후반이 마찰음인데, 이러한 성격이 음성기호 [tʃ dʒ] (치경구개 파찰음)에 반영되어 있다. 폐쇄음(stop)에서 폐쇄의 개방(release of the closure)는 갑작스러울 정도로 빠르게 일어난다. 하지만, 파찰음에서는 폐쇄 개방이 점진적으로 일어나는데, 이 점진적인 개방 부분에서 마찰이 만들어진다. 즉, 파찰음은 폐쇄음(완벽한 폐쇄)로 시작해서 마찰음

처럼 끝나는 소리다. 영어의 church, judge에서 첫소리와 끝소리는 [tʃ]와 [dʒ]로 표시되는 치경구개 파찰음(palato-alveolar affricates)이다. 파찰음을 표시하기 위한 기호를 보면 폐쇄음 /t/, /d/와 마찰음 /ʃ/, /ʒ/가 각각 결합된다는 것을 알 수 있다. 여기서 주의해야 할 점은 파찰음은 분리할 수 없는 하나의 소리 단위(a unit of speech)라는 점이다. 이에 대한 증거는 발화실수(speech errors)에서 찾아 볼 수 있다. 예를 들어, key chain [ki tʃeɪn]이 발화 실수되어 [tʃi keɪn]으로 발음하는 경우가 있다. 즉, 두 번째 단어의 첫소리인 파찰음 [tʃ]가 첫번째 단어의 첫소리 [k]와 위치가 바뀌어 있는데, 이는 파찰음 [tʃ]가 하나의 단위라는 것을 보여주는 예이다. 파찰음 /tʃ/와 /dʒ/가 치찰 마찰음(sibilant fricatives)를 포함하고 있기 때문에, 이들도 역시 치찰음(sibilants)에 속한다.

이상에서 살펴본 폐쇄음(stops), 마찰음(fricatives), 그리고 파찰음(affricates)은 후두를 통과해 나오는 기류(laryngeal airstream)에 상당한 정도의 장애(obstruction)를 가해서 만들어지기 때문에, 이 세 자음 부류들을 합쳐서 장애음(obstruents)이라고도 부른다. 장애음이 아닌 분절음들, 즉 모음(vowels), 비음(nasals), 활음(glides), 유음(liquids) 등은 성대의 진동이 성도에서 공명되어 나오는 소리라 하여 이들을 뭉떵 거려 공명음(sonorants)라고 부른다. 아래에서 이러한 공명음들을 하나씩 살펴보도록 하겠다.

④ 비음(nasals): 연구개가 내려와 공기의 흐름이 비강(nasal cavity)를 통해 나오는 소리는 비음이라고 한다. 영어에는 [m, n, ŋ]이 비음에 속한다. 일반적으로 폐쇄음 혹은 파열음이라고 할 때는 구강음(oral sounds)과 비음(nasal sounds)을 통칭해서 부른다. 구분을 할 필요가 있을 때는, 구강 폐쇄음(oral stops)과 비강 폐쇄음(nasal stops)이라고 특정해 부른다.

⑤ 유음(liquid): ㄹ계의 소리들은 소리의 청각적인 인상이 흐르는 물과 같은 소리와 비슷하다고 하는 데서 지어진 이름이 유음(liquid)이다. 영어에는 유음으로 설측음(lateral)과 권설음(retroflex), 그리고 설탄음(flap)이 있다. 우리의 귀에 영어의 [l]과 [ɹ] 소리는 아주 비슷하게 들린다. 둘 다 유성음이고, 또 조음점도 비슷하다. 주된 차이점은 [l]은 설측음, 즉 공기가 입안의 가운데가 아니라 측면(sides)으로 나온다. 그에 반해 [ɹ]은 아래의 그림에서와 같이 일반적으로 두 가지로 구현된다. 첫째는 권설음(retroflex)으로 혀의 끝이 후치경(post-alveolar) 쪽으로 굽어지며 기류는 혀의 가운데로 흘러나온다는 것이다. 두 번째는 혓몸을 뭉떵 그러져(bunched) 조음되어 나오는 소리이다.

영어의 설측음 [l]은 환경에 따라 다시 밝은 [l] (light [l])과 어두운 [ɫ](dark [ɫ])로 구분된다. 그림 10은 이 두 종류의 설측음이 성도 내에서 어떤 형상을 띄고 있는지 보여준다.

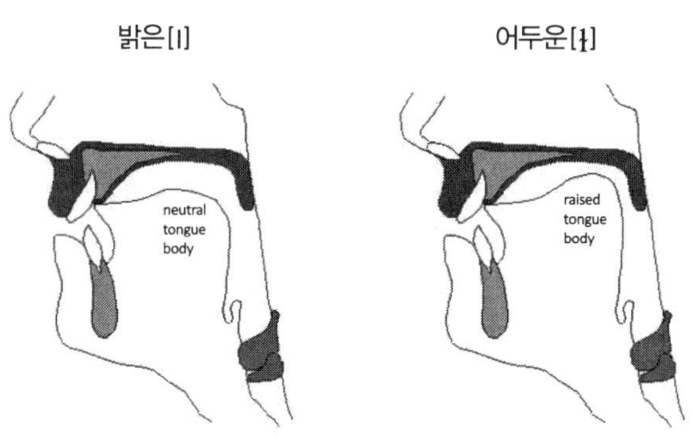

그림 10. 밝은 [l]과 어두운 [ɫ]

밝은 [l]은 어두, 강세 모음 앞에서와 같이 혀끝 또는 설단을 치경에 대고 전설은 높이되 후설은 약간 낮추어야 하는 치경 설측음(alveolar lateral)을 말한다(e.g., leak, land; malign, delay). 이에 반하여 어두운 [ɫ]은 연구개음화한 것으로서 혀끝과 후설은 상대적으로 높게 하고 중설은 낮춤으로써 혀 가운데를 오목하게 되도록 하여 내는 소리이다. 주로 어말 위치나 자음 앞에 오는 /l/이 어두운 [ɫ]에 속한다. (e.g., mill [mɪɫ], milk [mɪɫk]). 설탄음(flap)은 단타음(tap)이라고도 하는데, water나 ladder와 같이 강세가 있는 모음(stressed vowel)과 모음(vowel)사이에서 [t]나 [d]가 음성적으로 실현되어 나타나는 음이다. 설탄음/단타음의 IPA 음성기호는 [ɾ]이다. 간혹 어떤 책에서는 설탄음/단타음이 [D]로 표시되어 있는 경우도 발견할 수 있다.

⑥ 반모음(semi-vowel) 혹은 활음(glide): 개구도를 더 넓히면 구강의 협착이 거의 없이 소리를 낼 수도 있는데, 이렇게 만들어지는 소리가 모음과 거의 비슷한 소리라고 해서 반모음(semi-vowel)이라 하기도 하고, 모음에서 혹은 모음으로 재빨리 미끌어져 가는 소리라 해서 활음(glide)이라는 용어도 사용한다. 영어에서는 year의 첫 소리인 [y](=IPA [j])와 way의 첫 소리인 [w]가 여기에 속하는 소리이다. 이 반모음들은 반드시 모음이 선생하거나 후행하여야 하는 분포상의 제약(distributional restriction)이 있다.

Exercise E

■ 다음에 제시된 소리의 짝들을 보고, 이 소리들이 동일한 조음방식을 가지고 있는지 아니면 다른 조음 방식을 가지고 있는지 기술해 보자. 그리고 그 조음방식이 무엇인지 적어보자.

a. [s] : [Θ]
b. [l] : [t]
c. [r] : [w]
d. [w] : [j]
e. [z] : [ʤ]
f. [h] : [ʔ]
g. [m] : [ŋ]
h. [ʧ] : [ʤ]

자음을 조음방식에 따라 분류하면 다음과 같은 도식으로 나타낼 수도 있다.

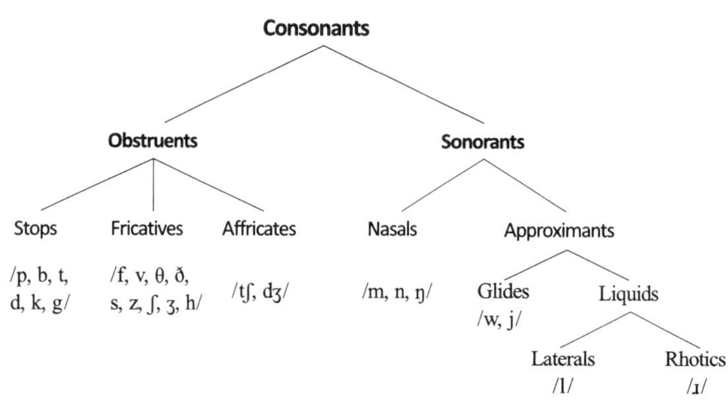

Exercise F

■ 치찰음(sibilants), 마찰음(fricatives) 등과 같은 용어를 사용하여, 다음에 나오는 모든 분절음들이 공유하는 음성학적인 특성을 적어보자. 자음(consonants)이나 모음(vowels)과 같은 너무 일반적이고 분명한 용어를 사용하는 것을 피하면서 답을 적어보자. 예를 들면, [b, d, g]는 모두 유성 폐쇄음(voiced stops)이라는 특징을 공유한다는 방식의 대답을 하면 될 것이다.

a. [p t k g ʔ]
b. [ʧ ʒ ʃ ʤ]
c. [p b m f v]
d. [h ʔ]
e. [s z ʧ ʒ ʃ ʤ]
f. [t d l ɹ n s z]
g. [l ɹ m n ŋ s z]

지금까지 소리의 유무성, 자음의 조음위치와 조음방식을 살펴보았다. 이 세 가지 자질들을 조합하면 다음과 같은 표를 만들 수 있다. 이 표에서 폐쇄음, 마찰음, 파찰음에 속하는 무성음과 유성음의 쌍을 조음위치별로 기술하였다. 그리고 공명음들은 유성음만 있으므로 각 조음 위치에 속하는 비음, 유음 그리고 활음들을 기록하였다.

유무성, 조음위치(place of articulation), 및 조음방식(manner of articulation)에 의해 분류한 영어의 자음(consonants). 아래의 표에서 순경구개음(labio-velar) 조음위치는 따로 설정하지 않고 labial과 velar위치에 동시에 표시하고 한 곳에는 괄호로 표시하였다.

	labial	dental	alveolar	post-alveolar	velar	glottal
stop	p b		t d		k g	(ʔ)
fricative	f v	θ ð	s z	ʃ ʒ		h
affricate				tʃ dʒ		
nasal	m		n		ŋ	
liquid (lateral) (rhotic) (flap/tap)			l r ɾ			
glide	(w)				w	

Exercise G

■ 다음의 조음기술(articulatory description)을 보고, 각괄호 안에 이 조음기술이 나타내고 있는 음성기호(phonetic symbol)을 적어보자.

a. voiceless velar stop
b. voiced labiodental fricative
c. voiced post-alveolar affricate
d. voiced palatal glide
e. voiced velar nasal
f. voiceless interdental fricative

3.5. 모음(Vowels)

영어의 모음을 기술하는 것은 자음을 기술하는 것보다 훨씬 더 복잡하다. 그 이유는 서로 다른 종류의 영어에서 사용되는 모음의 목록(inventories)들의 변이의 강도(the magnitude of variation)와 차이

(differences)에 있다. 모든 종류의 영어에서 자음에 해당하는 음소의 수도 동일하고, 방언사이의 차이도 상대적으로 거의 없다. 하지만, 모음을 살펴보면, 모음에 해당하는 수도 상당히 차이가 나고, 이러한 음소들이 음성적으로 실현되는 것도 사용되는 영어의 종류에 따라 차이가 나는 경우가 많다. 따라서 혼동을 최소한으로 하기 위해서, 미국영어에 초점을 맞추어 모음을 기술하고자 한다.

모음의 특징을 기술할 때, 자음을 기술할 때 사용하던 조음 위치라든지 조음 방식과 같은 용어를 사용하지 않는다. 그 이유는 모음에서는 조음자들끼리 접촉하는 위치가 있는 것이 아니기 때문이다. 또한 모음은 특별한 경우를 제외하고는 일반적으로 유성음이기 때문에, 유성(voiced)/무성(voiceless)의 구분을 하는 것이 적절하지 않다.

모음은 구강 안에 아무런 협착이 없이, 즉 기류의 저해가 없이 나는 소리이다. 모음의 위치를 좀 더 간략하게 표시하면 다음과 같다. 입 속에서 혀의 위치가 앞에서 가장 높은 모음([i]), 앞에서 가장 낮은 모음([a]), 뒤에서 가장 낮은 모음([ɑ]), 그리고 뒤에서 가장 높은 모음([u])을 연결하면, 구강 후반에 아래의 그림 (11)에서 보여주는 바와 같은 사다리꼴(trapezoid)이 생기게 된다. 이것이 바로 모음도(vowel chart)의 기원(origin)이다.

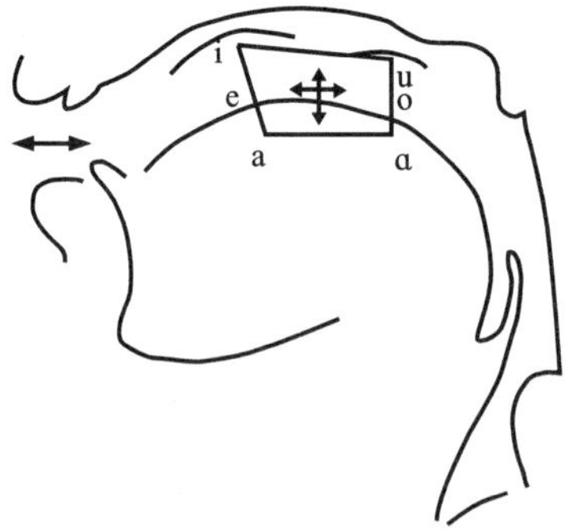

그림 11. 구강에서의 모음도(vowel chart)

Exercise H

■ 다음에 제시된 단어쌍들 중에서 동일한 모음을 지닌 단어쌍들을 찾아서 체크해 보자.

a. back	sat
b. cot	caught
c. hide	height
d. fell	fail
e. luck	flick
f. bid	key
g. least	heed
h. oak	own
i. ooze	deuce
j. pour	port

모음은 협착의 위치나 정도에 따라 분류할 수는 없다. 모음을 분류하는 기준은 (1) 혓몸의 높낮이(tongue height), (2) 혓몸의 앞뒤 위치(tongue advancement), (3) 입술의 둥글기 정도(lip rounding), 그리고 (4) 긴장/이완(tense/lax)이다. 예를 들어, beat, bit, bait, bet, 그리고 bat의 단어에 있는 모음들을 이 주어진 순서대로 살펴보면, 입이 점점 더 크게 벌려지고 혓몸(the body of the tongue)이 점점 아래로 내려간다는 것을 알 수 있다. boot, book, boat, 그리고 bought에 있는 모음들을 조음할 때, 비슷한 경우를 관찰할 수 있다. 이때도, 입이 점진적으로 벌어지고, 혀가 점진적으로 낮아진다. 이렇게 나열된 목록들의 차이는 혀의 어디 부분이 모음을 만들 때 사용되는 가에 달려있다. 첫 번째 목록에 있는 단어에서는 혀의 앞부분(=전설, front of the tongue)이 관여하고, 두 번

째 목록의 단어들에서는 혀의 뒷부분(=후설, back of the tongue)이 관여한다. 즉, 전자는 혀가 앞으로 당겨져서 모음이 만들어지고, 후자는 혀가 뒤로 밀려서 모음이 만들어진다. 모음의 위치들을 모음도(vowel chart)에 표시할 때 사용하는 전통적인 방식은 전설모음(front vowels)을 왼쪽에, 후설모음(back vowels)을 오른쪽에, 그리고 중설모음(central vowels)을 가운데 표시하는 것이다. 높이 차원(height dimensions)은 '고모음'(high), '중모음'(mid), 그리고 '저모음'(low)이 있다. 여기서, 고모음은 '폐쇄모음'(close), 그리고 저모음 '개방모음'(open)이라고도 한다. 그리고 영어에서 중모음(mid vowels)은 종종 '고중모음'(high-mid)과 '저중모음'(low-mid)으로 나뉜다. 다음의 그림 12은 영어의 모음을 보여준다.

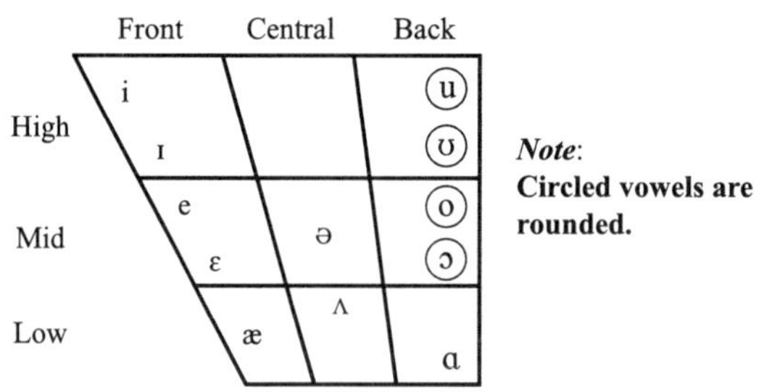

그림 12. 모음 사각도

모음을 기술 할 때 사용되는 또 다른 자질은 혀의 위치(lip position)를 지칭하는 것이다. 후설모음(back vowels) 다섯 개 중 /ɔ, o, ʊ, u/는 동그랗게 오므라진 입술(rounded lips)로 만들어지기 때문에, 원순모음('round vowel' 혹은 'rounded vowel')이라고 불린다. 위의 표에서 원순모음들은 원(circle)으로 표시되어 있다. 여기서 한 가지 주의할 것은 [ɑ]는 후설모음(back vowel)이지만 비원순 모음(unrounded vowel)이라는 것이다. 그 이유는 입을 벌린 상태에서 혀를 둥글게 만드는 것이 덜

자연스럽기 때문이다.

마지막으로, 높이, 전/후 그리고 원순성과 같은 특징에 덧붙여, 긴장/이완(tense/lax)이라는 특성이 모음의 기술에 사용된다. 이 특징은 다소 논쟁의 여지가 있는 문제이다. 이 부분에 대해서는 다음에 자세하게 얘기를 하겠지만, 우리는 여기서 순수한 음성적인 고려보다는 분포에 관한 제약을 고려한, 즉 음운론적인 정의를 따르기로 한다. 그리고 /ɪ, ɛ, æ, ʌ, ʊ/를 이완 모음(lax vowel)이라고 칭하고, 다른 모음들은 긴장 모음(tense vowel)이라고 한다.

이상에서 살펴본 모음들은 하나의 불변하는 특징을 가지는 것으로 생각되어 '단모음' (monophthong)이라고 부른다. 이와 같은 단모음의 정의는 /i/와 /u/, 그리고 특히 /e/와 /o/에 대해서는 논란의 여지가 있다. bite, brown, 그리고 boy와 같은 단어들에 있는 모음적 요소들(vocalic elements)은 다소 복잡한 조음으로 만들어 진다. 한 모음에서 다른 모음으로 움직이는 조음상의 복잡성을 가지고 있다. 구체적으로 /aɪ/, /aʊ/ 그리고 /ɔɪ/로 표시되는 이 복잡한 모음들은 '이중모음'(diphthong)이라고 불린다. 이중모음(diphthong)은 중설이나 저설모음에서 고설모음으로 움직이는 모음이다. 다음 그림 13은 미국영어의 단모음과 이중모음의 궤적(trajectories)을 보여준다.

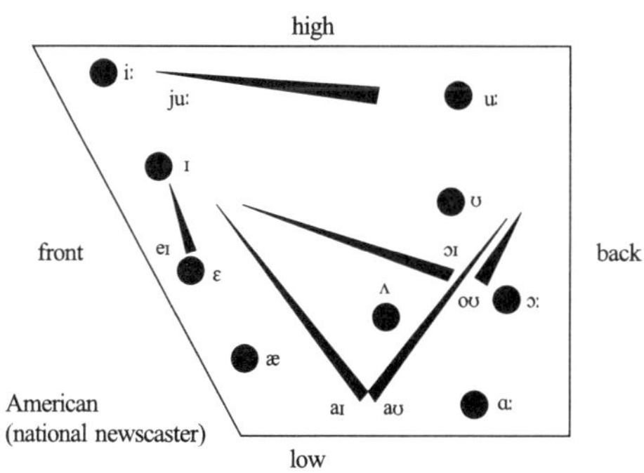

그림 13. 단모음과 이중모음의 궤적(trajectories)

단모음 뒤에 반모음 [y]나 [w] 혹은 이완 모음 [ɪ]나 [ʊ]가 올 때, 이러한 모음들을 이중모음이라 한다. 예를 들면, 영어의 say의 모음은 단모음 [e] 뒤에 [y] (or [ɪ])가 온 [ey] (or [eɪ])이며, go의 모음은 단모음 [o] 뒤에 반모음 [w] (or [ʊ])가 온 [ow] (or [oʊ])이고, cow의 모음은 [a] 뒤에 반모음 [w] (or [ʊ])가 온 [aw] (or [aʊ])이다. 학자에 따라 [ju]도 이중모음에 포함시키기도 한다. Ladefoged (2001)는 [ju]도 이중모음으로 다룬다.

긴장모음(Tense vowels)과 이완모음(Lax vowels)

앞에서 잠깐 긴장 모음과 이완 모음에 대해서 언급하였다. 여기서는 좀 더 영어에서 긴장모음(tense vowels)와 이완모음(lax vowels)의 구별이 필요한 이유를 설명하도록 하겠다. 영어에는 beat, bit, bait, bet, bat의 예들이 보여주듯이 다섯 개의 전설 모음을 갖고 있다. 따라서 고(high), 중(mid), 저(low)의 세 높이만을 가지고는 전설 모음을 기술하거나 구분하기가 곤란하다. 영어의 모음을 긴장성(tenseness)에 따라 다시 tense와 lax로 분류함으로써, 이 문제를 해결할 수 있다. 긴장모음과 이완모음 사이에는 조음상의 차이(articulatory difference)가 있다. 일반적으로 긴장 모음은 전반적으로 보다 많은 근육 긴장이 소요되며, 따라서 보다 분명하게 지각된다. 이완 모음에 대해서는 분포상의 제약(distributional constraints)이 따른다. 즉, 강세(stress)가 있는 이완 모음은 폐쇄음절(closed syllable)에만 나타나는 데 반하여 긴장 모음(tense vowel)에는 이러한 제약이 없다. 또한 일반적으로 [ŋ] 앞에 오는 것은 모두 이완모음(lax vowel)이다. 표 1은 강세 음절에서의 긴장/이완 모음의 분포를 보여준다. 여기서 주의할 것은 [ɔ]는 학자에 따라 긴장모음으로 분류하기도하지만, goose~gosling과 같은 음운교체를 고려하면 이완모음으로 볼 수도 있다(Chomsky & Halle, 1968).

표 1. 강세 음절에서의 긴장 이완 모음 분포 (Ladefoged 2001; 81)

Tense vowels	Lax vowels	Closed syllables	Open syllable	before [ŋ]
i (iy)		beat	bee	
	ɪ	bit		sing
e (ey)		bait	bay	
	ɛ	bet		length
	æ	bat		bang
a		hot	ah	
	ə, ʌ	butt		hung
ɔ	(ɔ)	bought	haw	long
o (ow)		boat	low	
	ʊ	hood		Jung
u (uw)		boot	boo	

비록 음성형에서의 모음의 높이가 같지는 않아도, 긴장모음과 이완모음 사이에는 음운교체(phonological alternation)가 보인다. 예를 들면, meter ~ metrical에서는 /i/ ~ /ɛ/, grade ~ gradual에서는 /eɪ/ ~ /æ/, line ~ linear에서는 /aɪ/ ~ /ɪ/, 그리고 tone ~ tonic에서는 /oʊ/ ~ /ɔ/의 교체를 보인다.

Exercise I

1. 다음의 조음기술(articulatory description)을 보고, 각괄호 안에 이 조음기술이 나타내고 있는 음성기호(phonetic symbol)을 적어보자.

   a. high back rounded lax vowel

   b. low front unrounded vowel

2. 다음에 나오는 모든 모음들이 공유하는 음성학적인 특성을 적어보자.

a. [i e ɛ æ]
b. [ʌ ə ʊ a]
c. [u o]

3.6. 분절음과 초분절소

지금까지 조음 기관과 자음 및 모음에 대해 살펴보았다. 발화(utterance)를 분절음의 연속체로 간주하는 것은 음성학에서 가장 근본적이고도 중요한 가설이다. 이처럼 음성학에서 하는 일 중의 하나는 끊임없는 말의 흐름을 기술(description)이 용이한 보다 작은 단위로 쪼개는 일이다. 이러한 과정을 분절(segmentation)이라 하고, 그 결과로 얻어진 소리의 단위를 분절음(segment)라 부른다. 분절음은 우리가 일상적으로 사용하는 자음과 모음을 한데 묶어서 가리키는 말이다. 분절음의 실재성을 위한 증거로는 발화 실수(slips of the tongue), 특히 "말이 빠져서 이가 헛나가기" 일쑤였던 W. A. Spooner(1884-1930) 교수의 어록에서 따온 Spoonerism을 들 수 있다. 예를 들면, In fact, you've tasted a whole worm (〈... wasted a whole term) 혹은 골팽이 (〈 골뱅이 + 달팽이)와 같은 예들은 첫 소리를 떼어서 두음전환을 하는 경우로서, 분절음의 실재성을 위한 증거가 된다.

분절음처럼 연속적으로 일어나지 않고, 분절음을 타고 분절음과 동시에 나타나는 음성현상들이 있다. 이처럼 분절음 위에 얹혀서 나는 요소들을 초분절소(suprasegmental)라한다. 이 초분절소에는 음절, 모음의 길이, 리듬, 단어 강세, 문장 강세, 억양 등이 있을 수 있다. 여기서 우리는 음절, 모음의 길이, 리듬, 단어 강세, 문장 강세에 대해 간략하게 살펴보도록 한다.

음절 (Syllable)

음절(syllable)은 소리의 흐름(stream of sounds)을 가르는 기본 운율 단위이다. 이 음절을 구성하는 것은 자음(consonants)과 모음(vowels)이다. 모음은 음절의 핵(nucleus)이 되고, 자음은 음절의 주변음(margins)인 두음(onset)과 말음(coda)를 이룬다. 일반적인 음절 형판(syllable template)은 다음과 같다. 여기서 소문자 시그마(σ)는 'syllable'을 나타낸다.

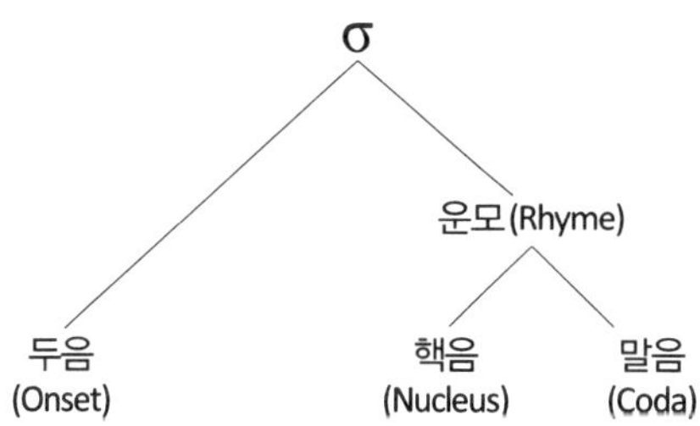

Exercise I

■ 자음은 C를 사용하고, 모음은 V를 사용하여, 다음에 나오는 단어들의 발음을 표시해 보자.

예: devaste CVCVCCVC

a. phonetics ______________

b. phonology ______________

c. temptation ________________
d. intimate ________________
e. booklets ________________
f. linguistics ______________
g. quickly ________________
h. psychological ______________

모음의 길이(Vowel length)

영국의 표준발음인 용인발음(Received Pronuncition; RP)이나 일반 미국 영어(General American; GA)에서 모음은 오직 길이(duration)만으로 구별되지는 않는다. 각 하지만 음장(length)의 이음 변이(allophonic variation)는 상당하다.

소리가 본래 가지고 있는 길이를 고유의 음장(inherent vowel)이라고 한다. 긴장 모음(tensed vowels)이 이완 모음(lax vowels)보다 약간 길다는 것을 우리는 이미 알고 있다.

모음이나 자음에서 길이가 차이나도록 하는 것도 언어에서 어휘간의 차이가 나도록 하는데 사용된다. 스웨덴어(Swedish), 에스토니아어(Estonian), 핀랜드어(Finnish), 아랍어(Arabic), 일본어(Japanese), 그리고 덴마크어(Danish)가 이런 언어에 속해, 모음의 길이가 대조적 이용된다. 예를 들어, 덴마크어에서 [vilə]는 '야생의'(wild)라는 뜻이며, [viːlə]는 '휴식'(rest)이라는 뜻이다. 영어는 모음의 길이에 전적으로 기반한 의미차이를 가져오지는 않는다. beat와 bit 그리고 pool과 pull 같은 예들은 길이뿐만 아니라 모음의 높이와 긴장/이완 차이에 따라서도 구분된다.

자음의 길이에 있어서, 우리는 영어이외의 언어를 참조할 수 있다. 예를 들어, 이탈리아어와 터키어에서는, 서로 다른 자음의 길이가 어휘의 구분에 책임이 있다. 예를 들어, 이탈리아어 nonno [nɔnno]는 '할아버지'(grandfather)를 가리키며, nono [nɔno]는 '아홉번째'(ninth)를 의미한다. 터키어에서는 eli [ɛli]가 '그의/그녀의 손'(his/her hand)를 의미하며, elli [ɛlli]는 '오십'(fifty)를 뜻한다. 영어에서, 우리는 단어나 형태소 경계에 좀 더 긴 자음을 가질 수 있다. 예를 들면 black cat에서 [k], half ful에서 [f], ten names에서 [n]은 하나의 긴 공기 흐름의 장애(obstruction)으로 조음된다.

영어의 강세

강세는 음정의 탁립 혹은 두드러짐(prominence)으로 정의될 수 있다. 강세 음절(stressed syllable)의 비강세 음절에 대해 보다 두드러지는 것은 여러가지 요인에 기인한다. 이 요인들 중에는 (a) 음의 크기(loudness), (b) 길이(duration), (c) 피치(pitch)를 포함한다. 언어마다, 그리고 심지어 한 언어의 방언에 따라서도 이 중 어떤 자질들이 강세 음절을 비강세음절과 분리하는데 결정적으로 사용되는 지는 다를 수 있다. 영어에서는 피치(pitch)가 높은 것이 이 점에서 가장 영향력이 있는 지각 단서(perceptual cue)라고 알려져 왔다(Fry 1955, 1979).

다음절어(polysyllabic words)에서 어느 한 음절이 다른 음절보다 음량이 더 클 때, 이 음절에 강세(stress) 혹은 액센트(accent)가 온다고 한다. 영어는 강세가 큰 역할을 하는 언어로 알려져 있다. 강세의 위치에 따라 분절음의 구성이 같은 어휘라도 품사가 바뀌거나 아예 다른 의미의 어휘로 바뀔 때가 많다.

pérmit 　'허가'
permít 　'허가하다'
cónvict 　'죄수'
convíct 　'유죄선고하다'
cónvert 　'개종자'
convért 　'개종하다'
ínsult 　'모욕'
insúlt 　'모욕을 주다'

다음절어에는 강세가 둘 있을 수도 있는데, 가장 센 강세를 주강세(main stress 혹은 primary stress), 그 다음 센 강세를 부강세(secondary stress)라고 한다.

Exercise K

■ 다음에 제시된 단어들을 보고, 제1강세(primary)를 표시하고, 만약 제2강세도 있다면, 제2강세(secondary stress)도 표시해 보자. 단어들을 음성전사를 할 필요까지는 없다.

a. sunny
b. arrive
c. secret
d. banana
e. defy
f. Canada
g. difficult
h. Canadian
i. America
j. American

영어에서 형용사와 명사가 명사구(noun phrase)를 이루면 형용사에 부강세가 오고 명사에 주강세가 온다. 반면 두 품사가 하나의 합성명사(compound noun)를 이룰적에는 형용사에 주강세가 오고 명사에 부강세가 온다.

명사구		합성명사	
whìte hóuse	'흰색의 집'	Whíte Hòuse	'백악관'
grèen hóuse	'녹색집'	gréenhòuse	'온실'
blàck bóard	'검은 판자'	bláck bòard	'칠판'
shòrt hánd	'짧은 손'	shórthànd	'속기'
rèd cóat	'빨간 외투'	Rédcòat	'영국군인'

다음은 합성명사가 포함된 명사구의 예들이다.

lighthouse keeper '등대지기'
light housekeeper '잔일하는 가정부'

Américan history tèacher '미국사 선생님'
Amèrican hístory teacher '미국인 역사 선생님'

4. 요약

이 장에서, 우리는 음성학의 기본 요소들을 살펴보았다. 이 기본 요소들은 소리의 치계를 이해하는 데 필요한 것들이다. 우리는 조음 음성학의 기초 지식을 쌓았다. 이 기초 지식에는 유무성, 조음 위치와 조음 방식, 그리고 모음의 조음과 관련된 차원(dimensions)으로서 모음의 높이,

모음의 전후성(backness), 그리고 입술의 위치 등을 포함한다. 우리는 또한 영어에서는 일어나지 않지만 언어에서 잘 나타나는 소리를 개관했다. 마지막으로 음절(syllable)과 강세(stress), 성조(tone), 억양(intonation), 그리고 길이(length)와 같은 초분절 자질 등에 대한 간단한 언급도 하였다.

References and Supplementary Readings

김영석 (1996). 영어음운론. 서울: 한신문화사.

Ashby, Patricia. (2011). *Understanding Phonetics*. Oxford: Hodder Education.

Catford, J.C. (1977). *Fundamental Problems in Phonetics*. Bloomington, IN: Indiana University Press.

Delattre, P., & Freeman, D. (1968). A dialect study of American r's by x-ray motion picture. *Linguistics: An International Review*, 44, 29–68.

Ladefoged, P. (1982). *A Course in Phonetics* (2nd ed.) Toronto: Harcourt Brace Jovanovich.

O'Grady, William & Archibald, John. (2000). *Contemporary Linguistic Analysis: An Introduction.* (4th edition). Toronto: Addison Wesley Longman.

Yavaş, Mehmet (2011). *Applied English Phonology*. Oxford: Wiley-Blackwell.

Chapter 3

음운론(Phonology)

1. 소리의 기능과 음운론
2. 음운 분포(phonological distribution)
3. 음소 분석(phonemic analysis)
4. 음운 규칙의 기술(Description of Phonological Rules)
5. 자유 변이(free variation)
6. 형태음운론 (Morphophemics)
7. 요약

1. 소리의 기능과 음운론

우리는 음성학(phonetics)을 통해 영어의 말소리들(sounds of English)을 어떻게 만들어 내는가에 대해 공부하였다. 음성학(phonetics) 뿐만 아니라 음운론(phonology)도 말소리에 관한 학문이다. 이것은 두 단어에 소리(sound)라는 뜻을 가진 한자어 음(音) 또는 그리스어 phon-이 들어가 있는 것으로도 알 수 있다. 음성학과 음운론의 차이는 무엇일까? 이 둘의 경계는 명확하지 않다. 하지만 일반적으로 말해, 음성학은 말소리의 발성방법과 조음위치, 그리고 이의 분류방법 등을 연구대상으로 삼고, 음운론은 이러한 말소리들의 특정 언어나 방언에서의 기능(function)과 조직(structure)을 연구하며, 더 나아가서 인간의 언어에 어떤 음운현상(phonological phenomena), 규칙(phonological rules) 및 제약(phonological constraints)들이 가능하고 자연스러운 보편성을 띠고 있는가를 연구한다.

말소리들은 특정 언어에서 서로 다른 기능을 가진다. 우리가 여러 언어들에서 발견되는 소리들의 목록들(sound inventories)을 살펴보면, 많은 소리들이 서로 다른 언어들에서 꽤 비슷하게 사용된다는 것을 알 수 있다. 심지어는 두 언어가 정확하게 똑같은 소리를 가질 수 있는 것도 가능하다. 하지만, 똑 같은 소리를 두 언어가 가지고 있다고 해서, 그 소리들이 두 언어에서 똑같은 기능을 수행한다는 것을 의미하지는 않는다. 동일한 소리가 두 언어에 모두 나타난다고 하더라도, 그 소리들이 각각의 언어에서 담당하는 기능(function)이나 음운 패턴(phonological patterning)은 다를 수가 있다. 예를 들어, name, snail, panther, 그리고 invite라는 단어에는 얼핏 보기에 공통으로 나타나는 자음(consonant)이 있는데, 이는 n이라는 영어철자로 표기된 자음이다. 음성학적으로 말했을 때, 이 n이라고 표시된 철자의 발음은 실제로는 서로 다르게 발음된다(Yavaş, 2011).

- name [neɪm]에서 n은 유성 치경 비음(voiced alveolar nasal)이다.
- snale [sn̥eɪl]에서 n은 부분적으로 조음위치는 동일하지만 무성화(partially devoiced)된 비음이다.
- panther [pæn̪ðəɹ](표범)에서는 조음 위치가 [ð]의 영향을 받아 치경(alveolar)이 아니라 dental(치조음)에서 발음된다.
- invite [ɪɱvaɪt]에서는 조음 위치가 [v]의 영향을 받아 순치음(labio-dental)에서 발음된다. (여기서 [ɱ]은 [f]나 [v]와 같은 조음 위치에서 조음되는 비음, 즉 labio-dental nasal sound이다.)

여기서 우리의 흥미를 끄는 것은 비록 이 n으로 표시된 소리들이 실제 발음상으로는 서로 다르더라도, 모국어 화자들은 그 차이점을 느끼지 못한다는 것이다. 그 이유는 이러한 차이점들이 영어의 소리체계에서 기능상 아무런 영향도 주지 않기 때문이다.

반면에, 만약 우리가 위의 name과 panther를 인도의 남서쪽 지방에서 주로 사용되는 드라비다어족(Dravidian languages)에 속하는 말라얄람어(Malayalam)를 모국어로 사용하는 화자(speaker)에게 들려주면, 그들은 이 두 모음이 확연히 다른 소리들이라고 말할 것이다. 이 말라얄람어에서는 [n] (alveolar nasal stop)대신에 [n̪] (dental nasal stop)으로 발음하는 경우, 단어의 의미가 완전히 달라질 수 있기 때문이다. 따라서 이 언어 사용자들은 치조와 치경 비음의 음성상의 차이점들을 간과할 수 없다.

이번에는 두 소리 사이의 음성적 차이점에 다른 언어화자들은 둔감하지만 영어 모국어 화자들이 민감하게 반응하는 예를 찾아보도록 하자. 다음은 스페인어에서 가져온 단어들이다.

(1) drama ('drama', 드라마),
dolor ('pain', 고통),
comida (food, '음식')
lado ('side', 측면)

이 단어들을 스페인화자들에게 들려주고, 공통으로 들어있는 소리가 있는지 물어본다면, 스페인 화자들은 누구라도 철자 'd'로 표시된 소리가 공통된 소리라고 말할 것이다. 하지만, 음성학적으로 얘기를 하자면, 처음 두 단어 drama('drama')와 dolor('pain')는 치조 폐쇄음(dental stop)인 [d̪]로 발음되는 반면, 마지막 두 단어 comida('food')와 lado('side')는 치간 마찰음(interdental fricative)인 [ð]로 발음된다. 스페인어에서는 모음 다음에 나오는 유성폐쇄음(voiced stops)을 유성마찰음(voiced fricatives)로 바꾸는 규칙이 있기 때문이다. 영어에서 치조 비음(dental nasal) [n̪]과 치경 비음(alveolar nasal) [n] 사이의 음성 차이를 구분하지 못하듯이, 스페인 화자들은 치조 폐쇄음과 치간 마찰음 사이의 음성적인 차이를 지각하지 못한다. 그 이유는 이 두 소리가 스페인어의 음운 구조에서 중요한 기능을 수행하지 않기 때문이다. 반면에, 이 누 소리들 영어 모국어 화자들에게 들려주면, 이들은 [d]와 [ð]가 서로 완연히 다른 소리로 지각할 것이다. 스페인어와 달리, 영어에서는 이 두 소리들이 특정 단어에 사용될 때 의미의 차이를 가져오는 중요한 기능을 하기 때문이다. 예를 들어, day [deɪ]와 they [ðeɪ]는 어두에 있는 소리 이외에는 모든 면에서 동일하다. 이렇게 영어에서는 [d]와 [ð]의 차이가 의미의 차이를 가져오는 중요한 기능을 하는 것이다.

두 소리의 음성적 차이가 지각되지 않을 때, 음성학이나 음운론 지식이 없는 사람들은 자신들이 간과하는 두 소리는 음성적으로 아주 사소한 차이만 있을 뿐이기 때문이라는 이유를 댈 것이다. 물론 자신들이 구분해서 지각할 수 있는 두 소리들은 어린 아이라도 알 수 있을 정도로 음성적으로 차이가 많이 나는 소리라고 말할 것이다. 영어 모국어 화자의 경우를 예를 들어 말해 보면, 이 사람들은 비음 [n, n̥, n̪, ɱ] 간의 차이들은 매우 사소한 것이어서, 영어 모국어 화자가 다 지각을 하지는 못하는 반면, [d]와 [ð]의 경우는 그 차이가 아주 커서 어느 누구라도 구분할 수 있으며, 이 두 소리를 구분 못하는 사람들을 이상하게 쳐다볼 것이다. 물론 이러한 설명을 진지하게 받아들여서는 안 된다. 그 이유는 상황을 달리하여 만약 말라얄람 화자에게 [n]과 [n̪]의 차이점을 묻고, 스페인화자들에게 [d]와 [ð]의 차이점을 묻는 다면 쉽게 알 수 있을 것이다. 말라얄람 화자들과 스페인 화자들에게서 듣는 대답은 영어 화자에게서 들은 대답과는 정반대의 대답이 될 것이다. 말라얄람 화자들은 치경음 [n]과 치조음 [n̪]이 아주 확연히 차이를 나타내는 다른 소리라고 말할 것이고, 스페인 화자들은[d]와 [ð]과 음성적으로 차이가 거의 없는 아주 유사한 소리들이라고 말할 것이다.

지금까지 제시한 예들은 어떤 주어진 언어를 사용하는 사람들이 어떤 주어진 두 음성을 구분할 수 있는 지 없는 지는 그 두 소리의 차이점이 그 언어에서 대조적(contrastive)인지 아닌지에 달려 있다는 것을 보여준다. 음운론에서 대조(contrast) 혹은 대립(opposition)이라는 용어가 사용될 때는 소리가 단어의 의미에 변화를 가져오는 기능을 가지고 있다는 의미로 사용된다.

어떤 주어진 음성의 차이점이 모국어 화자들의 주의를 끌 수 있을 정도로 음성들이 쉽게 지각될 수 있는 것은 이 음성의 차이점이 가지는 언어 내에서의 기능적 지위(functional status) 즉, 대조적 지위(contrastive status)가 있기 때문이다. 이 기능적 혹은 대조적 지위는 주어진 소리 체계 내에서 그 소리들이 나타나는 분포(distribution) 혹은 환경(environment)과 관련이 있다. 따라서 우리는 아래에서 소리들이 나타날 수 있는 분포에 대해서 살펴보도록 한다.

2. 음운 분포(phonological distribution)

소리들은 분포(distribution)에 있어서 둘 중 한 가지에 속하게 된다. 첫 번째는 중복된 분포(overlapping distribution) 혹은 대조적 분포(contrastive distribution)라 부르고, 두 번째는 상보적 분포(complementary distribution)이라 부른다. 두 소리들이 동일한 환경에서 나타날 수 있다면, 이 두 소리들은 중복된 분포(overlapping distribution)에 있다고 한다. 분포와 관련하여 환경(environment)이라는 말을 사용하기도 한다. 환경이라는 말을 사용할 때는 그 환경이 단어 위치(word position) 혹은 음절 위치(syllable position), (선행하거나 후행해서 나타나는) 이웃하는 소리 (neighboring sounds), 또는 음절(syllable) 혹은 강세(stress)와 같은 초분절소(suprasegmentals)들과의 관계 속에서 정의될 수 있다는 것이다. 예를 들어, 영어에서 [l]과 [ɹ]은 동일한 환경에서 일어날 수 있기 때문에, 중복된 분포에 있다. 이는 다음 (2)의 단어의 짝들에 예시되어 있다.

(2) lake [léɪk] '호수'　　　rake [ɹéɪk] '갈퀴'
　　elect [ɪlékt] '선출하다'　　　erect [ɪɹékt] '세우다'

위의 예들은 [l]과 [ɹ]이 동일한 환경에서 나타날 수 있다는 사실을 보여준다. 중복된 분포에서 두 소리들이 나타날 때, 이 소리들은 예측할 수 없는 분포(a non-predictable distribution)에서 나타난다는 말로도 표현한다. 영어화자에게 [__aɪt]에서 __에 [l]과 [ɹ] 중 어느 것이 나타날지 묻는다면, 확신을 가지고 대답할 수 있는 사람이 없다. 이는 영어에서 [l]과 [ɹ]이 중복된 분포에 나타나서 영어화자들이 [l]인지 [ɹ]인지 예측할 수 없기 때문이다.

반면 한국어에서는 모음 앞에는 [l]이 나타나지 않고, 모음뒤에는 [ɹ]

이 나타나지 않는다. 따라서 한국어 화자들에게 [bu__]을 제시하고 [l]과 [ɹ] 중 어느 것이 나타날 지 물어본다면, 한국인 화자들은 [l]이라고 확신에 찬 예측을 할 수 있다. 이는 bul 'fire'는 올바른 한국어 단어이고 *bur는 그렇지 않은 이유가 [ɹ]이 한국어에서는 나타나지 않는 위치에 나타나 있기 때문이다. 중복된 분포를 증명하기 위해서 많은 위치에서 중복되는지 아닌지를 보여줄 필요는 없다. 한 환경에서 두 소리가 분포되어 나타난다는 것만으로도 그 소리들이 중복된 위치에 나타난다는 것을 증명하기에는 충분하다. 예를 들어, 다음 (4)에서 예를 든 것 처럼, 영어에서 [n]과 [ŋ]은 오직 음절말 위치(syllable-final position)에서만 중복된 분포를 보인다. 그 이유는 [ŋ]가 단지 음절말 위치에서만 나타날 수 있기 때문이다.

(3) kin [kɪn] '친족' - king [kɪŋ] '왕'

두 소리들이 중복된 분포에서 발견되고, 한 소리를 다른 소리로 바꾸었을 때 그 단어의 의미에도 변화를 가져올 때, 이 두 소리는 대조(contrast) 속에 있다. 그리고 대조 속에 있는 이 두 소리들은 각각 음소(phoneme)로서의 기능을 한다. 예를 들면, [leɪk]와 [ɹeɪk]에서 [l]과 [ɹ], 그리고 [kɪn]과 [kɪŋ]에서 [n]과 [ŋ]은 각각 대조 속에 있으며, 이 소리들은 음소들(phonemes)이 된다.

중복된 환경과 대조를 보여주기 위해 사용된 단어의 쌍들은 최소대립쌍(minimal pairs)이라고 알려져 있다. 간단하게 정의를 하자면, 최소대립쌍(minimal pairs)은 오직 한 소리만 제외하고는 동일한 순서로 동일한 소리들이 나열된 단어쌍(pair of words)이다. 다음 (4)는 최소대립쌍의 예들이다.

(4) jail - Yale

budge - buzz
witch - wish

(4)의 예에서, jail [dʒeɪl] '감옥' - Yale [jeɪl] '예일'은 단어의 첫머리에 위치한 /dʒ/와 /j/에서 대조를 보여주고 있다. budge [bʌdʒ] '조금 움직이다' -buzz [bʌz] '윙하는 소리를 계속해서 내다'는 단어의 끝에서 /dʒ/와 /z/ 두 소리 사이에 대조가 있다. 한편 witch [wɪtʃ] '마녀' -wish [wɪʃ]는 /tʃ/-/ʃ/에서 보이는 것처럼 마찬가지로 단어의 끝에서 대조가 있다. 여기서 우리가 주목할 것은 최소대립쌍은 jail - Yale의 예에서 보듯이 철자가 다르더라도 소리 하나를 제외하고 형태가 똑같은 단어쌍에 적용된다는 것이다. 다음 (5)에는 철자에서는 차이가 있지만 최소대립쌍을 보이는 예들을 제시되어 있다.

(5) 대조 (Contrast)

bite [baɪt] - light [laɪt]	어두에서 /b/ and /l/
bowl [boʊl] - soul [soʊl]	어두에서 /b/와 /s/
debt [dɛt] - dead [dɛd]	어미에서 /t/와 /d/
father [fɑðəɹ] - fodder [fɑdəɹ]	어중에서 /ð/와 /d/
broth [bɹɔθ] - brought [bɹɔt]	어미에서 /θ/와 /t/
body [bɑdi] - buddy [bʌdi]	어중에서 /ɑ/와 /ʌ/
scene [sin] - bean [bin]	어두에서 /s/와 /b/

Exercise A

■ 다음은 필리핀에서 쓰이는 언어들 중 타갈로그(Tagalog)라는 언어에서 가져온 자료이다. 다음에 주어진 단어들에서 [h]와 [ʔ]를 살펴보고, 이 두 소리가 대조를 이루는지, 아니면 한 음소가 환경에 따라 두 개의 이음으로 나타난 것인지를 판단해 보라.

a. kahon 'box'
b. hariʔ 'king'
c. ʔumagos 'to flow'
d. ʔari 'property'
e. kaʔon 'to fetch'
f. humagos 'to paint'

최소대립쌍을 찾는 작업은 '의심스러운' 소리의 쌍이나 무리들이 대조 속에 있어서 이 소리들이 서로 다른 음소들에 속한다는 결론을 짓는데 결정적인 역할을 한다. 하지만, 이것이 언제나 가능한 작업은 아니다. 어떤 언어는 우연히 우리가 필요로 하는 단어를 가지고 있지 않는 경우가 있다. 만약 우리가 두 개 혹은 그 이상의 단어들이 대조 속에 있는지 아닌지를 증명하기 위해 필요한 최소대립쌍을 발견하지 못한다면, '근접 최소 대립쌍(near-minimal pair)'를 찾아볼 수 있다. 이 '근접 최소 대립쌍(near-minimal pair)'은 몇몇 불필요한 차이점을 제외했더라면 최소대립쌍이 될 수 있었을 단어 쌍을 일컫는다. 이 정의는 다소 애매모호하지만, 이 정의가 의미하는 바는 언어 환경에서 변화를 초래할 것 같지 않은 요소들은 다르더라도, 잠정적으로라도 영향을 끼칠 수 있는 요소들은 일정하게 유지를 한 상태에서, 그 요소들이 최소대립쌍인지 아닌지를 살펴보라는 의미이다. 여기서 언어 환경에서 잠정적으로라도 영향을 끼칠 수 있는 문맥적인 요소는 일반적으로 직접적으로 선행하는 환경이거나 직접적으로 후행하는 환경이다. 즉, 이 직접적으로 선행하거나 후행하는 환경들이 문맥적으로 변화를 가져올 수 있는 일차적인 근원이 된다. 예를 들어, 영어에서는 [ʃ]와 [ʒ] 사이의 대조를 보여줄 수 있는 최소대립쌍(minimal pair)은 없다. 하지만 vision [vɪʒən]과 mission [mɪʃən] 혹은 illusion [əluʒən]과 solution [səluʃən] 같은 단어쌍들을 이용하여 [ʃ]와 [ʒ]가 대조를 이루는 별개의 음소(phoneme)이라는 것을 보여줄 수 있다. 여기서 [vɪʒən]과 [mɪʃən], 그리고 [əluʒən]과 [səluʃən]은 그 차이점이 각각 [ʃ]와 [ʒ]에서만 나타나는 것이 아니라, 어두의 [v]와 [m], ø(null symbol)와 [s]에도 있다. 하지만, 어두의 이 소리들이 [ʃ]와 [ʒ]에 영향을 끼쳤을 거라고는 생각되지 않는다. 잠정적으로 영향을 미칠 수 있는 바로 앞에 나오거나 바로 뒤에 나오는 소리들은 동일하다. 이와 같은 단어 쌍들을 '근접 최소 대립쌍(near-minimal pair)'의 예들이다. 이와 비슷하게 [θ]와 [ð]의 대조를 보여주는 lethargy [lɛθəɹdʒi]와 leather [lɛðəɹ]의 단어쌍과 [ʒ]와 [ð]의 대조를 보여주는 lesion [liʒən]와 heathen [hiðən]의 단어쌍들이 '근접 최소 대립쌍(near-minimal pairs)'의 다른 예들이다. 따라서 우리는 이 소리들이 동일한 환경 혹은 유사한 환경에서 나타나는가라는 질문에 대해서 그렇다고 대답할 수 있고, 그렇기 때문에 이 소리들은 서로 대조(contrast)를 이루며 영어에서 각자 서로 다른 음소(phonemes)에 속한다고 결론을 내릴 수 있다.

두 번째 유형의 분포는 상보적 분포(complementary distribution)이다. 상보적 분포에서는 둘 또는 그 이상의 소리들이 동일 환경에서는 발견되지 않으면, 이 두 소리들은 상보적 분포에서 나타난다고 말한다. 간단히 말하자면, 만약 /A/라는 소리가 /B/라는 소리가 나타날 수 있는 음성 환경(phonetic environments)에는 나타나지 않고, /B/도 /A/가 나타나는 환경에서 나타나지 않는다면, 이 두 소리는 상보적 분포(complementary distribution)에 있다.

이렇게 중복된 분포와 상보적 분포라고 하는 개념에 대해 살펴보았으니, 이제 우리는 앞서 제시한 예들을 다시 살펴보도록 하자. 한국어 화자들과 마찬가지로, 영어 화자들은 치조 비음 [n̪]과 치경 비음

[n]을 구별할 수 없다. 영어에서 두 비음들은 결코 동일한 환경에서는 나지 않기 때문이다. 이 두 비음들은 영어에서 상호 배타적(mutually exclusive)인 분포를 가지고 있는 것이다. 치조 비음(dental nasal)은 단지 /θ/ 혹은 /ð/ 앞에서만 나타난다. 예를 들면, tenth [tɛn̪θ], in the tent [ɪn̪ ðə tɛnt]와 같은 단어나 구에서 치조음이 나타나는 사실을 확인할 수 있다. 이 예들에서는 치조비음이 나타나지, 치경비음(alveolar nasal)이 나타나지는 않는다. /A/라는 소리는 단지 특정한 환경에서만 나타나며, /B/라는 소리는 완전히 다른 환경에서 나타날 때, 이 두 소리의 차이가 대조적으로 쓰이는 것이 불가능하다. 왜냐하면 대조(contrast)는 중복된 환경(overlapping environments)에서나 나타날 수 있는 기능이기 때문이다. 상보적 분포(complementary distribution)의 경우, 우리는 두 소리들이 하나의 그리고 동일한 음소(one and the same phoneme)의 이음들(allophones)이라고 말한다. 따라서 소리는 이 소리가 나타나는 환경에 따라 음소(phoneme)가 될 수도 있고, 이음(allophone)이 될 수도 있다. 여기서 문제가 되는 것은 그럼 동일한 음소는 어떻게 정해지는 가하는 문제이다. 일반적으로 상이한 이음의 동일한 음소는 이음들 중 보다 다양한 환경에서 나타나는 이음을 음소로 정한다. 영어의 치경 비음의 예를 다음의 (6)과 같이 도식화하여 보자.

(6)

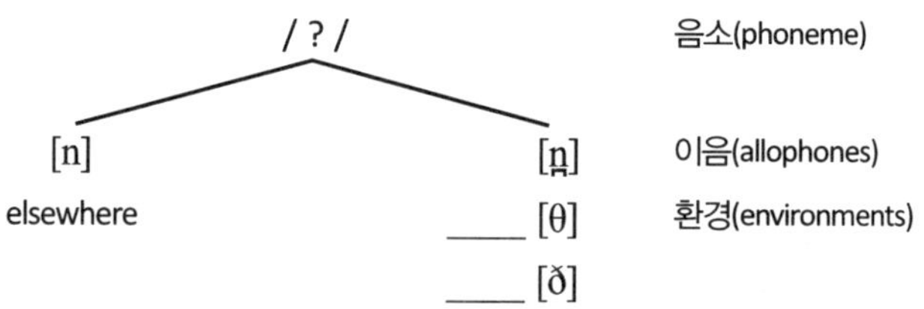

위의 도식 (6)에서 알 수 있듯이, 치조비음 [n̪]은 치간 마찰음 [θ]과 [ð] 앞에서만 나타나고, 치경비음 [n]은 여타 위치(elsewhere)에서 나타

난다. 따라서 여러 다른 위치에서 나타나는 [n]을 다음의 (7)과 같이 음소(phoneme)로 설정한다. 그리고 음소는 / /안에 표시를 하고, 음소가 아닌 음들이나 이음들은 [ ]안에 표시하는 것이 일반적인 관행이다.

(7)

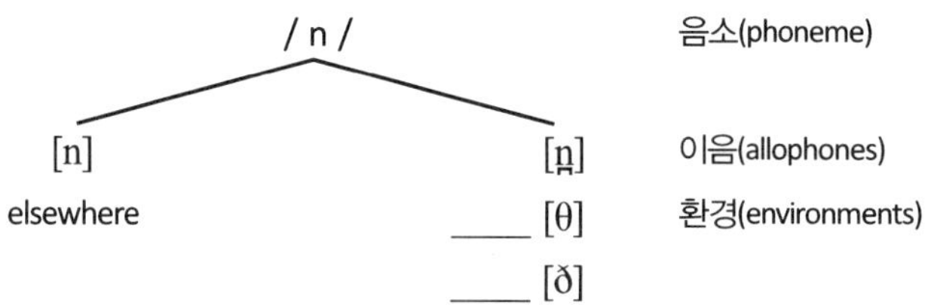

여기서 다시 상기해야 할 점은 영어에서는 동일 음소의 이음 기능을 하는 바로 그 비음들 (즉, [n̪]과 [n])이 말라얄람어(Malayalam)와 같은 언어에서는 동일한 환경에서 나타나 중복된 분포를 보여주며, 대조적인 기능을 한다는 것이다. 즉, 그 언어에서는 이 두 비음들이 각각 개별적인 음소(separate phonemes)에 속한다는 사실을 상기할 필요가 있다.

이음 관계(allophonic rclationship)에 있는 두 소리의 상보적 분포의 예를 스페인어에서 찾아본다면 [d̪]와 [ð]의 관계를 보면 알 수 있다. 이 두 소리들은 스페인어에서는 같은 환경에서 나타나지 않는다. [ð]는 모음 사이에서나 비음(nasal) 다음에서 나타난다. [d̪]는 그 외의 다른 환경에서 나타난다. 이를 도식화하면 다음과 같이 나타낼 수 있다.

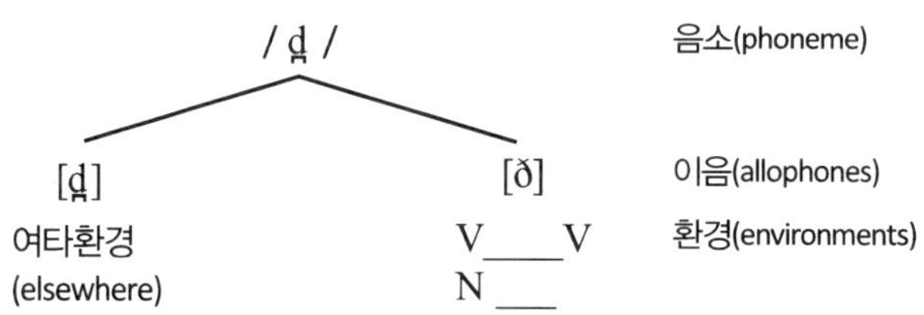

이는 두 소리가 나타나는 환경이 상호 배타적(mutually exclusive)인 상보적 분포(complementary distribution)라는 것을 보여주는 좋은 예이다. 결과적으로, 스페인어에서는 [d̪]와 [ð]가 동일한 음소에 속하는 두 개의 이음(위치에 따른 변이형; positional variants)이다.

물론 이음관계가 두 소리와 관련해서 결정되는 것은 아니다. 앞서 보았던 영어의 name, snail, panther, invite의 경우를 예를 들어 도식을 만들면 다음의 (8)과 같이 될 것이다.

(8)

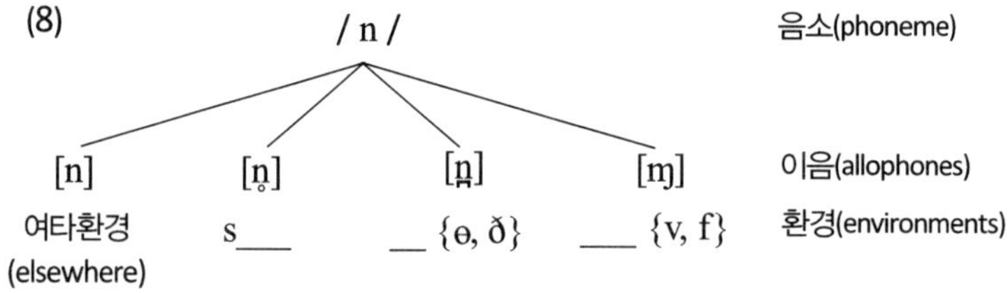

Exercise B

■ 다음은 필리핀에서 쓰이는 언어들 중 타갈로그(Tagalog)라는 언어에서 가져온 자료이다. 다음에 주어진 단어들에서 [d]와 [r]를 살펴보고, 이 두 소리가 대조를 이루는지, 아니면 한 음소가 환경에 따라 두 개의 이음으로 나타난 것인지를 판단해 보라.

a. datiŋ 'to arrive'
b. dami 'amount'
c. dumi 'dirt'
d. daratiŋ 'will arrive'
e. mandurukot 'pickpocket'
f. daraʔiŋ 'will complain'
g. marumi 'dirty'

h. marami 'many'
i. daʔiŋ 'to complain'
j. mandukot 'to go pickpocketing'

동일 음소의 이음들이 상보적 분포에서만 나타난다고 말하는 것 자체는 사실이다. 하지만, 그 반대로 상보적 분포에서 일어난다고 해서 그 소리들이 동일 음소의 이음이지는 않다. 그 이유는 특정한 소리들이 "결함이 있는(defective)" 분포를 보여주는 소리들이 존재하기 때문이다. 이를 잘 보여주는 예는 영어의 [h]와 [ŋ]의 분포에서 찾을 수 있다. [ŋ]는 단지 음절 말(=종성; coda)에서만 나타나며, 음절 초(=초성; onset)에서는 결코 나타나지 않는다. 정반대로, [h]는 음절의 초성(onset)에서만 나타나면, 종성(coda)에서는 결코 나타나지 않는다. 이 두 소리가 나타나는 환경이 상호배타적(mutually exclusive)이기 때문에, 이들은 의심할 여지없이 '상보적 분포(complementary distribution)'을 이루고 있다. 이렇듯 [h]와 [ŋ]가 상보적 분포를 보여주고 있음에도, 어느 누구도 이 두 소리들이 동일한 음소의 이음들(allophones of the same phoneme)이라고 말하지는 않는다. 그 이유는 이음관계(allophonic relationship)를 설정할 때 또 하나의 조건이 '음성적 유사성(phonetic similarity)'인데, 이 '음성적 유사성' 조건을 [h]와 [ŋ]가 충족시키지 못하기 때문이다. 한 음소의 이음들은 많은 음성 자질들을 공유한다. 하지만, [h]와 [ŋ]은 음성적으로 유사한 점을 찾아보기가 힘들다. [h]는 무성 성문 마찰음(voiceless glottal fricative)이고, [ŋ]는 유성 연구개 비음(voiced velar nasal)이다. 다시 말해, 이 두 소리는 조음 위치(place of articulation)도 다르고, 조음 방식(manner of articulation)도 다르고, 유무성 자질(voicing feature) 조차도 공유하지 않는다. 이상을 종합하면,

한 음소의 이음들(allophones of the same phoneme)이 되기 위해서는 다음 (9)와 같은 조건을 충족시켜야 한다.

(9) 둘 또는 그 이상의 소리들은 (i) 상보적인 분포에 있고, (ii) 음성적으로 유사하다면, 동일 음소의 위치상의 변이형인 이음들이다.

Two or more sounds are allophones (positional variants) of the same phoneme, if (a) they are in complemetary distribution, and (b) they are phonetically similar.

동일 음소의 이음들이 음성적으로 유사하다는 조건에서 알 수 있듯이, 언어에 이음들이 존재하는 이유는 음성적인 요인에 기인한다. 예를 들면, [b]와 [p] 두 소리 중에서, [b]는 항상 두 모음사이(intervocalic)에서만 나타나며, 이 두 모음사이 환경(intervocalic environment)에서 [p]는 결코 나타나지 않는 언어들이 한국어를 포함해서 많이 있다. 그럼, [b]와 [p]는 동일한 음소의 이음들이라고 결론지을 수 있다. [b]와 [p]가 같은 음소(the same phoneme)에 속했다는데, 그렇다면 어떤 소리가 음소에서 어떤 환경에서 어떤 변화를 겪은 것일까 의문이 생긴다. 두 모음 사이의 환경(intervocalic environment)에서 무성음 [p]가 아닌 유성음인 [b]가 나타나는 것은, 앞뒤에 위치한 모음들도 유성음이기 때문에 유성음 사이에 놓인 소리를 유성음으로 변화시키려고 하는 자연스러운 음성현상이라고 생각할 수 있다. 다시 말해 무성음이었던 [p]가 유성음인 모음들 사이에서 유성음 [b]로 변화되었다고 생각할 수 있다.

Exercise C

■ 다음은 미국 인디언 언어(Amerindian languages) 중 하나인 Mohawk에서 발췌한 단어들이다. 이 자료를 토대로 다음의 문제를 풀어보도록 하자.

oli:de	pigeon	oya:gala	shirt
zahset	hide it!	ohyatsah	chin
gallis	stocking	labahbet	catfish
odahsa	tail	sdu:ha	a little bit
wisk	five	dziks	fly
degeni	two	desdaʔn	stand up!
aplam	Abram	de:zek^{w}	pick it up!

a. Mohawk에서는 어떤 자음과 모음들이 나타나는지를 알아볼 수 있도록 자음 차트(consonant chart)와 모음 차트(vowel chart)를 만들어보라.

b. 무성 폐쇄음과 유성 폐쇄음의 분포를 적어 보라.

c. 이 두 폐쇄음 중 어느 것이 음소가 되는지 결정해 보고, 그 이유를 적어보자.

대조와 상보적 분포라는 개념을 살펴보았으니, 이제 어떤 언어의 화자들은 음성 차이를 지각할 수 있고, 또 어떤 언어의 화자들은 지각하지 못하는 지에 대한 문제를 다시 살펴보도록 한다. 앞서 예를 들었듯이, 영어화자들은 치조 비음(dental nasal) [n̪]과 치경 비음(alveolar nasal) [n]의 차이를 간과하지만, 말라얄람어(Malayalam) 화자들은 즉각 그 차이를 지각한다. 영어화자에게 있어서 [d]와 [ð]의 차이는 쉽게 지각이 되는 반면, 스페인어를 쓰는 사람에게는 그 차이점이 간과되기 싶다. 똑같이 차이가 나는 소리의 쌍에 있어서 서로 다른 반응을 보이는 것은 이 소리들이 서로 다른 언어에서 서로 다른 기능을 하기 때문이다. 영어에서는 [n-n̪]이 상보적 분포에 나타나 한 음소이 이음들이지만, 말라얄람어에서는 이 둘이 대조적인 분포(즉, 중복된 분포)에서 나타나는 개별적인 음소들이다. 영어에서 [d-ð]는 대조적으로 사용되지만, 스페인어에서는 이음으로 사용된다. 이와 같이, 대조성(contrastiveness)이 언어 사용자들의 소리 지각에 중요한 역할을 하는 것은 의심의 여지가 없는 것 같다. 어떤 언어에서 두 소리가 동일 음소의 이음이면, 그 언어의 화자들은 이 두 소리가 똑같은 소리라고 느낀다.

지금까지 한 말을 요약해 보자. 음성적으로 유사한 둘 이상의 소리는 서로 다른 언어에서 서로 다른 기능을 한다. 음소 또는 이음으로서의 지위는 순전히 주어진 소리체계에서 그 소리들의 분포에 의해 결정된다. 만약 소리들이 중복된 분포에서 나타나면, 그래서 한 소리를 다른 소리로 대체했을 때 단어에 의미를 가져온다면, 이 소리들은 대조적으로 쓰인 것이며, 그들은 각각 서로 다른 음소로서의 기능을 하는 것이다. 여기서 중복된 분포에서 나타나는 것은 최소대립쌍이나 근접 최소 대립쌍을 찾아봄으로써 알 수 있다. 예를 들어, day [deɪ]와 they [ðeɪ]의 최소대립쌍은 [d]와 [ð]가 각각 음소라는 것을 밝혀준다. 이 언어를 사용하는 화자들은 이 음소상의 차이점에 상당히 민감성하게 반응한다(Kuhl et al. 1992). 반면, 둘 이상의 음성적으로 유사한 소리들이 상보적인 분포에서 나타나면, 즉, 상호배타적인 분포에서 나타나면, 이 두 소리들은 동일 음소의 이음들이라고 말한다. 두 소리의 차이는 음소적(phonemic)인 것이 아니라, 이음적(allophonic)인 것이다. 예를 들어, [n], [n̥], [n̪], [ɱ]은 각각 name, snail, panther, 그리고 invite와 같은 단어들에서 관찰된다. 이와 같은 경우, 이 음성상의 차이에 대한 화자들의 민감성은 아예 없거나 있다고 하더라도 굉장히 낮다. 그 이유는 이 차이점들이 단어에서 의미의 차이를 가져올 수 있을 정도로 활용되는 경우가 없기 때문이다.

말소리들이 서로 다른 조직을 가진다는 것은 특정 언어의 서로 다른 방언에서도 찾아 볼 수 있다. 일례로 성경의 사사기에 한 유대 지파가 shibboleth를 sibboleth로 발음해 처형을 당했다는 얘기는 잘 알려진 이야기이다. 성경의 구약 성서 사사기(Judges 12:4-6)에 따르면 요단 강을 사이에 두고 길르앗과 에브라임이라는 두 유대의 지파가 전투를 벌이고 있었다고 한다. 이 전투에서 에브라임 사람들이 패배했다. 보복을 두려워한 에브라임사람들이 요단강 건너 자기들의 고향땅으로 돌아가고 싶어 했다. 같은 민족이라 겉모습으로는 누가 에브라임사람이고 누가 길르앗사람인지 구분을 할 수 없었다. 길르앗 사람들이 에브라임사람들은 /sh/소리를 발음하지 못한다는 점에 착안해, 강가를 찾는 사람들에게 히브리어로 '강가'라는 뜻을 지닌 shibboleth [ʃɪbəleθ]라는 단어를 발음시켜 보았다. 많은 에브라임 사람들이 shibboleth의 첫소리 /sh/를 /s/로 잘못 발음하여 참형을 당했다고 한다. 이 shibboleth ~ sibboleth 고사는 유독 성서에서만 한정된 얘기는 아니다. 이와 유사한 예로, /ㅅ/과 /ㅆ/을 구별하지 못해 '쌀'을 '살'이라고 하는 경상도 사투리는 잘 알려진 예이다. 일례로 경상북도 포항시 출신인 국회의원이 쌀소득 등의 보전에 관한 법률 개정안을 소개했다. 이 국회의원은 '쌀' 발음을 제대로 하지 못한 채 거듭 '살'로 발음하자, 일부 의원들이 "쌀로 발음하라"며 장난스레 호통을 치자, 그 의원은 "나는 죽어도 두 발음을 구별할 수 없습니다"라고 해, 회의장을 웃음바다로 만들었다고 한다.

/sh/나 'ㅆ'은 조음음성학으로 보면 /s/과 조음위치가 조금 차이 날 뿐이거나, 성대(vocal folds)의 긴장정도가 다를 뿐이다. 예를 들면, 'ㅆ'를 발음할 때의 성대의 긴장정도는 'ㄸ'나 'ㅃ'를 발음할 때의 긴장정도나 별반 차이가 없고, 경상도사람들도 '떡국'을 '덕국'이라고 하고나 '빨래'를 '발래'라고 하지는 않는다. 즉, 'ㄸ'나 'ㅃ'는 발음할 수 있는데, 'ㅆ'는 발음할 수 없는 것이다. 그렇다면 우리는 왜 에브라임 사람들이나 경상도 사람들이 다른 지역의 사람들과 달리 /sh/나 'ㅆ'를 발음하지 못하는 가에 대한 질문을 할 수 있다. 이는 에브라임 사람들이나 경상도 사람들이 다른 사람들보다 혀가 더 짧다거나 성대가 경직되어 있다거나 하는 이상한 구강구조를 가지고 있는 것은 아니다.

3. 음소 분석(phonemic analysis)

지금까지 살펴본 개념들을 사용하여, 어떻게 음소분석을 하는지 살펴보도록 하자. 둘 또는 그 이상의 소리들이 음성적으로 유사하다면 우리는 그 소리들이 사용되는 언어에서 음소로서의 기능을 하는지 이음으로서의 기능을 하는지 알아볼 수 있는데, 이를 위해서는 음소분석(phonemic analysis)을 해야 한다. 둘 또는 그 이상의 소리는 대조적으로 사용되어 개별적인 음소로 기능을 하던지, 아니면 상보적인 분포에서 나타나 한 음소에 속하는 이음들의 기능을 하던지, 이 둘 중 하나의 기능을 할 것이다.

음소분석을 하기 위한 첫 번째 단계는 "의심이 갈만한" 둘 혹은 그 이상의 소리들("suspicious pair or group of sounds")을 감지하는 것이다. 한국어와 영어에서 [s]과 [ʃ]가 어떻게 기능하는 지를 예를 들어 살펴보도록 하자. 이 [s, ʃ]는 영어화자들이나 한국어화자들이 대화를 나눌 때 들리는 소리들이고, 음성적으로도 아주 유사한 소리들이다. 다시 말해, (i) [s, ʃ]는 모두 조음 방식 자질을 공유한다. 즉, 이들은 모두 치찰마찰음(sibilant fricatives)이다. (ii) [s]와 [ʃ]는 유무성(voicing) 자질이 무성음(voiceless)으로서 같고, 단지 조음위치(place of articulation)에서만 차이가 난다. 이 소리들이 분포상으로 어떤 특징을 가지고 있는 지를 파악하기 위해서는 우선 최소 대립쌍을 찾아 보아야 한다. 한국어에서는 이 소리들이 어떤 기능을 하는 지 살펴보도록 하자. 다음 (9)에 제시된 예들은 한국어에서 찾아낸 유형들이다. (*로 표시된 단어는 [s]와 [ʃ]가 모두 있는 단어들이다.)

(9) 한국어의 [s, ʃ] 분포

① [us]	'upper' (웃)	⑦ [ʃi]	'poem' (시)
② [sek]	'color' (색)	⑧ [maʃinɨn]	'delicious' (맛있는)
③ [kasəl]	'hypothesis' (가설)	⑨ [ʃigan]	'time' (시간)
④ [saram]	'person' (사람)	⑩ *[ʃilsu]	'mistake' (실수)
⑤ [sosəl]	'novel' (소설)	⑪ *[ʃipsam]	'thirteen' (십삼)
⑥ [sul]	'wine' (술)	⑫ [ʃike]	'clock' (시계)

한국어에서 [s, ʃ]들의 분포상의 특징을 알아보기 위해 먼저 최소대립쌍을 찾아보자. (9)에 제시된 자료를 살펴보면 최소대립쌍이 없다는 것을 알 수 있다. 최소대립쌍이 없으면, 그 다음 단계로는 근접최소대립쌍(near-minimal pairs)을 찾는다. 즉, 의심이 되는 소리들에 바로 인접해 있는 소리들이 같은 단어의 짝들이 있는지를 찾아보는 것이다. 하지만, (9)에 제시된 자료에는 근접최소대립쌍도 없는 것처럼 보인다. 이런 경우 우리는 의심이 되는 소리들이 일어나는 환경을 나열하고,

이 소리들이 유사한 환경에서 나타나는지, 상호 배타적인 환경에서 나타나는 지를 살펴본다. 이를 위해서 우리는 빈 종이에 우리가 의심을 품고 있는 소리를 각각 ____로 표시하고, ____의 왼쪽에 나오는 소리들과 ___의 오른쪽에 나오는 소리를 배열한다. 예를 들면, [saram]이라는 단어는 "#____a"로 표시해서 [s]가 나타날 수 있는 환경을 표시할 수 있다. 여기서 # (sharp)라는 기호는 단어 경계를 나타낸다. "#____a"는 [s]가 단어의 첫 위치에 그리고 [a]앞에 나타난다는 것을 나타낸다. 만약 둘 이상의 소리들의 분포를 살펴봐야할 경우, 우선 두개의 쌍으로 시작하는 것이 일반적이다. 그럼 [s-ʃ]부터 시작해 보자. [s-ʃ] 두 소리의 분포를 관찰해 보면, 우리는 두 소리 모두 선행하는 환경이 단어의 첫소리로 중복되어 나온다는 사실을 알 수 있다. 두 소리 바로 다음에 나오는 소리를 보았을 때, 모음이 두 소리 바로 다음에 나올 수 있다는 점을 알 수 있다. 조금만 더 주의를 기울이면 나타나는 모음이 동일하지는 않다는 점도 파악할 수 있다. 즉, [ʃ]는 항상 [i] 앞에서만 나타나고, [s]는 다른 모음들 앞에서는 나타나는 데, [i] 모음 앞에서는 나타나지 않는다.

영어에서는 [s]와 [ʃ] 둘 다 의미의 변화를 초래하는 기능을 발휘하는 반면에, 한국어에서는 [s]와 [ʃ]가 모두 의미변화를 초래하는 기능을 가지고 있지는 않다. 여기서 한 가지 짚고 넘어갈 문제는, 한국어의 경우 [s]와 [ʃ]가 문맥에 의해 결정되는 이음이기 때문에, 둘 중의 하나가 보다 기본적인 음이 되고, 다른 음은 특정한 문맥에 의해서 규칙에 의해 실현될 수 있다는 점이다. 즉, 한국어에서 [ʃ]는 음소가 /s/인데, 이 음소가 [i] 앞에서 나타나면 [ʃ]로 바뀌는 규칙이 있다고 가정하는 것이다. 이러한 규칙을 형식화하는 것을 아래에서 배우도록 한다.

4. 음운 규칙의 기술(Description of Phonological Rules)

음운 규칙은 대체로 다음 (10)과 같은 형식을 갖는다. 즉,

(10) X → Y / A___B

여기서, X는 변화를 받는 대상이고, 화살표는 "~로 바뀐다"는 약호이고, Y는 변화의 결과이며, 사선(slash)은 "~한 환경에서(in the context of)"의 약호이며, 하선(underline)은 변화가 일어나는 위치를 명시한 것이고, A와 B는 각각 변화를 야기시키는 선행 혹은 후행하는 어음의 약호이다. 여기서 A나 B는 X가 변화하는 데 영향을 주지 않으면 표시되지 않을 수도 있다.

예를 들어, /s/가 [i]앞에서 [ʃ]로 바뀌는 것(e.g., /sigan/ → [ʃigan])을 다음 (11)과 같이 표기할 수 있다.

(11) /s/ → [ʃ] / ___ [i]

다른 예로, invite 발음은 [n]가 [v] 앞에서 [ɱ]가 되는 것을 다음의 (12)와 같이 표기할 수 있다:

(12) /n/ → [ɱ] / ___ [v]

여기서, /s/나 /n/를 기저형(underlying form/representation)이라 하고, [ʃ]나 [ɱ]과 같은 발음형을 표면형(surface form, phonetic representation)이라 한다. 음운규칙의 기능은 기저형과 표면형을 연결하는(link, map) 것이라고 할 수 있다. 즉, 기저형에서 표면형을 유도(derive)하는 것이 음운규칙의 기능이다. 이를 도식화하면, 다음의 (13)과 같다.

(13) 기저형(underlying representation)
↓
음운 규칙(phonological rules)
↓
표면형(surface representation)

Exercise D

1. 다음에 주어진 단어들은 고대 영어(Old English)의 단어를 철자와 발음기호로 표시한 것이다. 한 가지 주의할 것은 A행(Column A)에서 철자 ⟨f⟩로 표시된 것은 [f]음으로 발음이 되었으며, B행(Column B)에서 철자 ⟨f⟩로 표시된 것은 [v]음으로 발음되었다. 고대 영어의 자료를 살펴본 후, 다음에 나오는 문제를 풀어보도록 하자.

A			B		
fæst	[fæst]	'fast'	wifung	[wi:vʊŋg]	'wedlock'
fisc	[fɪʃ]	'fish'	hlaford	[hla:vɔrd]	'lord'
fæder	[fædɛr]	'father'	æfre	[ævrɛ]	'ever'
wif	[wi:f]	'woman'	wifel	[wɪvɛl]	'weevil'
ceaf	[tʃæəf]	'chaff'	cealfian	[tʃæəlvɪan]	'to calve'
cealf	[tʃæəlf]	'calf'	ofer	[ɔvɛr]	'over'
æfter	[æftɛr]	'after'	hræfn	[hrævn]	'raven'

a. 위에서 최소대립쌍이 있으면 찾아보도록 해보자.

b. [f]와 [v]가 상보적 분포를 이루는 지 살펴보라. 만약 상보적 분포 관계에 있으면 그 분포를 적어보자.

c. 고대영어(OE)에서 [f]와 [v]가 각각의 음소인지 이음이었는지를 판단하고, 그 근거를 설명해 보자.

d. [f]와 [v]가 이음관계에 있으면, 규칙을 사용하여 이음관계를 형식화시켜 보자.

2. 제 2장에서 살펴봤듯이, 많은 영어화자들은 [l]을 발음할 때 둘 중 하나로 발음한다. 하나는 밝은 l (clear l)이고, 이는 [l]로 전사된다. 다른 하나는 어두운 l(dark l)로 [ɫ]로 전사된다. 다음에 주어진 영어의 자료를 살펴보고 뒤따르는 질문들에 대해 답하도록 해보자.

a.	[lajf]	'life'	g.	[pʰɪɫ]	'pill'
b.	[lip]	'leap'	h.	[fiɫ]	'feel'
c.	[lu:z]	'lose'	i.	[hɛɫp]	'help'
d.	[ilowp]	'elope'	j.	[bʌɫk]	'bulk'
e.	[dilajt]	'delight'	k.	[souɫd]	'sold'
f.	[slip]	'sleep'	l.	[fʊɫ]	'full'

[l]과 [ɫ]이 서로 다른 개별적인 음소들인가 아니면 한 음소에 속하는 두 이음소인가? 만약 서로 다른 음소들이라고 생각을 한다면, 다음의 (i)에 주어진 질문에 답을 해보자. 만약 이 두 소리가 한 음소의 이음들이라고 생각을 한다면, (ii)-(iv)에 주어진 질문에 답을 해보자.

a. [l]과 [ɫ]이 서로 다른 음소라고 생각하는 증거들을 찾아 나열해 보자.

b. [l]과 [ɫ]의 분포(distribution)를 기술해 보자.

c. [l]과 [ɫ] 중 어느 것을 기저형(underlying form)으로 삼는 것이 가장 좋겠는가? 그리고 그 이유는 무엇인가?

d. 위의 (ii)에서 기술한 분포를 음절구조(syllable structure)를 사용하여 다시 기술해 보자.

영어에는 여러 가지 음운 규칙들이 있다. 다음에 많이 알려진 영어의 음운 규칙을 몇 가지만 추려서 살펴보도록 한다.

4.1. 기식음화(Aspiration)

/p, t, k/를 /b, d, g/와 구분할 수 있는 자질은 기식(aspiration)이라는 자질이다. 미국영어(American English)에서, 폐쇄음의 기식화는 흔히 일어나는 음운현상이다. (14)는 무성 폐쇄음들은 강세음절의 첫머리에 기식을 가지고 발음이 되는 예를 보여준다.

(14) pay [pʰeɪ]
take [tʰeɪk]
cab [kʰæb]

이러한 특징은 어두 위치(word-initial position)에만 한정된 것은 아닌데, 이는 다음 (15)와 같은 단어들을 보면 쉽게 알 수 있다.

(15) apart [əpʰàɹt]
attack [ətʰǽk]
occur [əkʰɜɹ]

(15)에 있는 단어들에서는 기식 폐쇄음(aspirated stops)이 어두(word-initial)가 아니라, 강세 음절(stressed syllables)의 첫머리(initial position)에 나타난다. (14)와 (15)의 자료들을 종합하면, 영어의 기식음은 강세 음절의 초성에서 난다고 할 수 있다. 이를 음운 규칙을 사용하면 다음 (16)과 같이 기술할 수 있을 것이다.

(16) voiceless stops → aspirated / σ[___ V
[+stress]

(16)에서 σ는 음절(syllable)을 표시하는데, (16)은 강세가 있는 음절의 초성에 무성폐쇄음이 오면 이 폐쇄음은 기식화(aspirated)된다는 것을 보여준다. 음절에서 강세는 일반적으로 모음에 오기 때문에, 모음을 나타내는 V아래에 강세가 온다는 [+stress]라는 자질을 적고, 그 범위(domain)이 음절이라는 것을 σ으로 표기함으로써, 위의 (14)와 (15)에서 관찰한 현상을 규칙으로 기술할 수가 있다.

4.2. 탄설음화(flapping) 혹은 단타음화(tapping)

많은 미국영어화자(speakers of American English)에게, letter, atom, header, ladder과 같은 단어들은 각각 다음의 (17)과 같이 발음된다:

(17) letter [lɛɾəɹ]
atom [æɾəm]
header [kɛɾəɹ]
ladder [læɾəɹ]

이 음운과정을 설정 폐쇄음(alveolar stop)을 유성 탄설음(flap) 혹은 단타음(tap)인 [ɾ]로 바꾼다고 하여 탄설음화(flapping) 혹은 단타음화(tapping)이라고 부른다. 편의상 여기서는 탄설음화(flapping)라고 부르기로 하겠다. 이 과정이 일어나기 가장 쉬운 환경은 두 모음 사이(intervocalic)에서, 두 번째 모음에 강세가 오지 않는 환경이다. 다음 (18)의 단어들을 예로 살펴보자.

(18) attic [ǽɾɪk]
attack [ətʰǽk]

첫 번째 단어인 attic에서는 설정 폐쇄음(alveolar stop)이 모음 사이에서 나타나며, 두 번째 모음에는 강세가 없기 때문에 탄설음(flap) 혹은 단타음(tap)으로 실현된다. 두 번째 단어인 attack에서는 비록 설정 폐쇄음(alveolar stop)이 모음 사이에서 나타나긴 하지만, 두번째 모음에 강세가 오기 때문에 탄설음으로 실현되지 않는다. 이러한 현상들은 (19)와 같이 형태상으로 관련되어 있지만, 강세가 다른 단어형에서도 관찰된다.

(19) atom [ǽɾəm] atomic [ətʰámɪk]
autumn [ɔ́ɾəm] autumnal [ətʰʌ́mnəl]
Italy [íɾəli] Italian [ɪtʰǽljən]
metal [mɛ́ɾəl] metallic [mətʰǽlɪk]

위 (19)에서, 왼쪽 행(left column)에 /t/는 비강세음절의 초성(onset of the unstressed syllable)에 위치해 있어서, 설탄음화(flapping)가 일어나지만, 오른쪽 행(right column)에 있는 단어는 비록 형태론적으로 왼쪽에 있는 단어와 관련이 있지만, 강세음절의 초성(onset of the stressed syllable)에 위치한 /t/는 이러한 음운규칙의 적용을 받지 않는다. 이상 (17)에서 (19)까지 제시된 자료를 토대로 영어 탄설음화(flapping) 규칙을 형식화하면 (20)과 같이 기술할 수 있다.

(20) alveolar stop → [ɾ] / V ____ V
[+stress]

비록 탄설음화(flapping)가 일어나는 대부분의 경우에, 첫번째 단어가 강세를 받지만, 이는 필연적인 조건이 아니다. 다음 (21)의 예를 살펴보자.

(21) nationality [næʃənǽləɾi]
sorority [səɹɔ́ɹəɾi]
calamity [kəlǽməɾi]

(21)에 열거된 단어에서, 탄설음화(flapping)가 두 비강세 모음(two unstressed vowels)사이에서도 일어난다. 따라서, 강세(stress)와 관련된 유일한 조건은 목표가 되는 설정 폐쇄음이 강세음절에 나타나서는 안된다는 것이다. 이를 반영하여 (20)의 규칙을 (22)와 같이 수정할 수 있다.

(22) alveolar stop → [ɾ] / V ___ V
[-stress]

(20)과 (22)의 차이점은 (20)에서는 목표가 되는 설정폐쇄음이 강세모음 뒤에 와야 한다는 것이고, (22)에서는 설정폐쇄음의 뒤에 나오는 모음이 강세가 있어서는 안 된다는 것이다. (22)의 규칙이 더 포괄적이어서 (21)의 자료까지 설명할 수 있다.

4.3. 비음화(Nasalization)

bead와 bean 이 두 단어는 최소대립쌍(minimal pair)을 이룬다. 대립(contrast)을 이루는 소리는 어말의 자음 [d]와 [n] 때문인 것처럼 보인다. 하지만, 이 두 모음사이에는 또 다른 차이가 있는데, 그 차이는 어말 자음에 선행하는 모음에 있다. 두 번째 단어 bean에 있는 모음의 음성학적 실현은 비음화(nasalized)된 모음이며, [bĩn]으로 전사된다. 여기서 모음 [i]위에 표시된 [˜]는 이 모음이 비음화되었다는 것을 표시해주는 첨가부호(diacritic)이다. 다음 (23)들의 예를 보면, 비음앞 모음의 비음화는 예측가능한 이음규칙(allophonic rule)이라는 것을 알 수 있다.

(23)	bean	[bĩn]	bead	[bid]
	bin	[bɪ̃n]	bit	[bɪn]
	lean	[lĩn]	leap	[lip]
	man	[mæ̃n]	map	[mæp]
	soon	[sũn]	soup	[sup]

프랑스어와 같은 언어에서는 다음 (24)의 최소대립쌍(minimal pairs)에서 볼 수 있듯이 비음화된 모음(nasalized vowels)이 그 자체로 음소

(phoneme)라는 것을 알 수 있다.

(24) pâte [pat] pente [pãt]
trait [trɛ] train [trɛ̃]
robe [rob] rhombe [rõb]

영어의 모음이 비자음(nasal consonant) 앞에 나타날 때, 비음화(nasalized)되는 규칙을 형식화하면 다음의 (25)와 같다.

(25) V → [+nasal] / ____ C
[+nasal]

(25)는 모음이 [nasal]이라는 자질을 가진 자음(즉 비음 자음) 앞에서 [nasal]이라는 자질을 얻어서 비음화된 모음(nasalized vowel)이 된다는 것을 나타낸다.

4.4. 모음약화(vowel reduction)

영어의 모음 중에는 약화된 모음인 [ə]가 있는데, 이는 강세가 없는 음절에서만 나타날 수 있는 제약을 가지고 있다. 즉, 비강세음절(unstressed syllable)에서 영어의 상이한 모음들은 schwa [ə]로 중화된다. 이 음운 과정을 모음 약화(vowel reduction)이라고 부른다. 다음 (26)의 예를 보자.

(26) photograph photography
compare comparable
admire admiration

(26)에서 각각 [oʊ]~[ə], [ɑ]~[ə], [æ]~[ə]의 교체가 일어나는데, [oʊ], [ɑ] 및 [æ] 등의 상이한 모음들이 [ə]로 약화되는 현상을 관찰할 수 있다. 모음 약화를 규칙으로 나타내면, 다음의 (27)과 같다.

(27) V → [ə] / ____
[-stress]

(27)은 강세자질을 가지고 있지 않은 모음이 [ə]로 축약된다는 규칙을 형식화한 것이다.

Exercise E

■ 다음의 영어 동사들을 고려해 보자. A행에 있는 동사들은 강세가 끝에서 두 번째 음절에 있고, B행과 C행에 있는 동사들은 강세가 마지막 음절에 떨어진다.

A	B	C
astónish	collápse	amáze
éxit	exíst	impróve
imágine	resént	surpríse
cáncel	revólt	combíne
elícit	adópt	belíeve
práctice	insíst	atóne

a. A, B, C행에 있는 단어들의 음소 전사(phonemic transcription)해 보라. 다만 강세가 없는 음절에 나타나는 모음은 schwa를 사용하여 표기하라. 예를 들어, astonish는 /əstɑnɪʃ/, collapse는 /kəlæps/, 그리고 amaze는 /əmeɪz/로 음소전사하기 바란다.

b. 이 동사들 중 강세음절의 음운 구조를 살펴보라. A행과 B행에 열거된 동사들의 마지막 음절의 차이는 음소 구조는 무엇인가? A행과 B행에 열거된 동사에서 어느 음절에 강세가 나타나는지를 예측할 수 있는 규칙을 형식화해 보라.

c. C행에 열거된 동사에서도 B행에서와 같이 강세가 마지막 음절에 나타난다. 이 사실을 설명하기 위해서는 어떤 요소들을 (b)에서 만든 규칙에 덧붙여야하는가? A행과 B행에 있는 단어들의 형태에서는 마지막 자음들도 고려해서 생각을 해 보고, C행에 있는 단어형에서는 모음들을 고려하면 이 문제를 푸는데 도움이 될 것이다.

4.5. 융합(Coalescence)

둘 또는 그 이상의 분절음들이 각각의 본래 특성을 공유하는 한 개의 분절음으로 대치되는 과정을 말한다. 일명 상호 동화(reciprocal assimilation) 또는 융해(fusion)라고도 칭하는 음운 변화이다. 융합의 전형적인 예는 다음 (28)에 제시된 것처럼 접미사 -ion [ɪən]을 붙였을 때 나타나는 예이다.

(28)	rebel	rebellion	[rɪbέlɪən] → [rɪbέljən]
	domain	dominion	[dəmínɪən] → [dəmínjən]

영어에서 모음 앞의 비강세 모음 [ɪ]는 반모음 [j]로 바뀐다. 이를 규칙화하면 다음의 (29)와 같다.

(29) /ɪ/ --> [j] / ____ V
[-stress]

(29)의 규칙은 예외 없이 적용되는 것은 아닌 것 같다. 예를 들어, /ɪ/ 앞에 [r]이 나오는 clarion과 같은 단어에서는 /ɪ/가 구개음 [j]로 바뀌지 않고 [klǽrɪən]으로 발음된다.

이 접미사가 s나 z로 끝나는 동사에 붙을 때에는 서로 결합하여 후치경 마찰음(post-alveolar fricatives)을 형성한다. 즉, 다음의 (30)에 제시된 예에서 보듯이 s+j = /ʃ/, z+j = /ʒ/가 되는 것이다.

(30)	confess	confession	/kənfɛ́s+ɪən/ → [kənfɛ́ʃən]
	confuse	confusion	/kənfjúz+ɪən/ → [kənfjúʒən]

(30)의 예들은 두 개의 규칙이 작용된 것을 알 수 있다. 우선은 /ɪ/가 구개음 [j]로 변하였고, 다음으로 [s+j] 혹은 [z+j]가 각각 [ʃ] 혹은 [ʒ]로 융합(coalescence)된 것을 알 수 있다.

5. 자유 변이(free variation)

지금까지 우리가 살펴본 바를 요약하면 다음 (31a-c)와 같다.

(31) a. 혹은 음운 분석의 목적은 둘 혹은 그 이상의 소리들이 한 언어 내에서 어떤 관계를 가지는가를 규명하는 것이다.

b. 두 언어에는 똑같은 소리들이 있을 수 있지만, 그 소리들의 기능이 다를 수 있다. 다시 말해, 음성적 동일성(phonetic identity)가 음소적 동일성(phonemic identity)을 반드시 가져오는 것은 아니다.

c. 언어에서 동일 음소의 이음들은 음성적으로 유사해야 하며, 상보적인 분포에서 나타나야 한다.

음소들은 중복된 환경에서 실현되며, 대조적인 기능을 한다. 다시 말해, 대조적인 기능을 한다는 것은 단어 내에서 한 음소를 다른 음소로 대체한다면, 그 단어가 원래 가지고 있던 의미가 달라질 수 있다.

대체로 위의 일반성은 잘 지켜지고 있지만, 영어에서 (31b)와 (31c)가 어겨지는 두 경우가 있다. 첫 번째 경우는 동일한 환경에서 한 음소의 이음들이 나타나는 경우이다. 예를 들어, 미국 영어(American English)에서 단어의 끝에 나오는 폐쇄음들은 bake [beɪk˺]나 dip [dɪp˺]과 같이 일반적으로 개방되지 않으며 기식되지도 않는다(unreleased and unaspirated). 여기서, [˺]는 폐쇄음이 개방되지 않은 채(unreleased) 발음된다는 표시를 하는 IPA 전사기호이다. 하지만, 어떤 화자들은 이 단어 말 폐쇄음들을 개방하여 발음하는 경우도 있다. 비록 어말 폐쇄음이 개방되어 발음되거나 개방되지 않고 발음되는 상황이 발생하기는 하지만, 이러한 교체형들이 의미에 있어서 어떠한 변화도 가져오지 않는다. 다시 말해서, 서로 다른 화자들의 발음에 있어서, 우리는 중복된 분포에서 개방된 이음과 비개방 이음이 나타나는 현상을 찾아볼 수 있다. 하지만, 단어의 의미가 변화하지는 않는다. 이를 우리는 자유변이(free variation)라고 부른다.

자유변이의 두 번째 유형은 동일 음소의 이음들과 관련된 것이 아니라, 서로 다른 음소들의 음성 실현과 관련된 것이다. 예를 들면, 영어에서 [i]와 [ɛ]는 서로 다른 음소로서, 각각 /i/와 /ɛ/라는 음소에 속한다. 이는 최소대립쌍인 영어단어들 bead [bid] - bed [bɛd], Pete [pit] - pet [pɛt]을 보면 알 수 있다. 이 단어 쌍(word pair)에서 모음을 서로 바꾸면, 의미의 변화가 생기므로 이들이 대조(contrastiveness)의 기능을 가진다는 것은 의심의 여지가 없다. 하지만, 어떤 특정 어휘 항목들(specific vocabulary items)에서 대조적으로 쓰이는 이 두 모음들이 중복된 분포에서 나타나며, 의미의 변화를 가져오지 않는 경우가 있다. 예를 들면, economics라는 어휘 항목은 [ɛkənámɪks] 혹은 [ɪkənámɪks]로 발음되면, [ɛ]와 [ɪ]가 중복된 위치에 나타나지만, 의미에 차이가 있는 것은 아니다. 이와 유사한 경우는 [aɪ]와 [i] 사이에서도 찾아볼 수 있다. [aɪ]와 [i]도 일반적으로 말해 대조적인 기능을 가지는 개별 음소들이다. cite [saɪt]와 seat [sit]는 단어가 개별적인 의미를 가지고 있고, 따라서 모음들이 대조적인 기능을 한다는 것을 보여준다. 두 개의 개별적인 음소임에도 불구하고, either의 발음이 [íðəɹ]나 [áɪðəɹ]로 발음된다거나 neither의 발음이 [níðəɹ]나 [náɪðəɹ]로 발음되는 예는 이 두 모음이 중복된 환경에서 나타나지만 의미의 변화를 가져오지 않는 자유변이(free variation)이라는 것을 보여준다.

요약하자면, 우리는 비록 빈번하게 관찰되는 것은 아니지만, 자유변이가

(a) 동일 음소의 이음들 사이에 나타날 수도 있고,
(b) 서로 다른 음소들이 음성실현을 할 때 나타날 수 있다는 것을 보았다.

(a)와 같은 자유변이를 이음적 자유변이(allophonic free variation)로, (b)와 같은 자유변이를 음소적 자유변이(phonemic free variation)이라 부른다.

6. 형태음운론(Morphophemics)

지금까지 우리는 이음 변이(allophonic variations)를 살펴보았다. 이음변이는 동일한 음소에 속하는 소리들이 문맥에 따라 바뀌는 변이(contextual variation of the sounds belonging to the same phoneme)를 말하고, 이는 한 형태소(a single morpheme) 내에서 일어하는 현상이다. 형태소는 의미를 가지고 있는 최소 단위라고 일반적으로 정의된다. 예를 들어, mission impossible은 mission이라는 단어와 impossible이라는 단어로 구성되어 있다. impossible이라는 단어는 im-이라는 형태소와 possible이라는 형태소가 결합되어 만들어진 단어이다. 이렇게 형태소의 경계(morpheme boundaries)에서는 형태소 내부에서 관찰되었던 이음변이와 같은 음운현상이 일어나기도 하고, 이음변이보다 더 흥미로운 음운현상들이 발생하기도 한다. 우선, 동일한 음운현상이 형태소 내에서 일어나는 경우와 형태소 경계를 가로질러서도(across morpheme boundaries) 일어나는 경우를 동화(assimilation)라는 음운현상을 예로 들어 살펴보기로 하자.

형태소내부에서 일어나는 음운과정이 형태소 경계를 가로질러 날 수도 있다는 점을 보기 위해, 우선 이탈리아어(Italian)에서 관찰되는 비음동화규칙(nasal assimilation process)을 (32)을 통해 살펴보도록 하자.

(32) 이탈리아어의 비음동화규칙(형태소 내에서)

[dʒɛnte]	"people" (사람들)	[aŋke]	"also" (또한)
[tinta]	"dye" (염색)	[staŋko]	"tired" (지친)
[tenda]	"tent" (텐트)	[bjaŋka]	"white" (흰)
[nero]	"black" (검은)	[fuŋgo]	"mushroom" (버섯)
[dansa]	"dance" (춤, 댄스)		

왼쪽 칼럼에서 볼 수 있듯이, [n]은 [t, d, s, e] 앞에서 나타나며, 오른쪽 칼럼에서 볼 수 있듯이, [ŋ]는 [k, g] 앞에서 나타난다. 이 두 [n]과 [ŋ]는 상보적 분포 내에서 있다. 연구개 이음[ŋ]는 단지 연구개 폐쇄음(velar stops) 앞에서만 나타나며, 치경 이음[n]은 치경 폐쇄음을 제외한 다른 곳에서(elsewhere) 나타난다. 이 소리 이음 교체의 음성학적인 동기인 조음상의 용이함(articulatory ease)을 위해 위치 동화(place of articulation assimilation)를 일으킨다. 이와 같이 음성적으로 동기화된 문맥상의 변이는 형태소 내부에서 나타나며, 이는 [n]과 [ŋ]가 이음 변이형들(allophonic variants)이라는 것을 나타내는 것이다. (32)에서 관찰되는 비음동화규칙을 형식화하면 (33)과 같다.

(33) /n/ → [ŋ] / ___ k, g

(33)은 /n/이 velar stop인 [k] 혹은 [g] 앞에서 [ŋ]로 변화된다는 것을 보여준다.

형태소들이 결합하여 두개 혹은 여러 형태소로 이루어진 단어들을 형성할 때, 동화현상들이 그 과정에서 적용될 수 있다. 이러한 경우 우리가 보는 것은 한 형태소가 문맥적으로 결정되는 교체형(alternants)을 가진다는 것이다. 이탈리아어의 비음동화규칙과 같이 음성적으로 동기화된 비음동화규칙이 형태소 경계를 건너 적용되는 현상을 다음 (34)에서처럼 영어에서 찾아볼 수 있다.

(34) 영어의 비음동화 규칙(형태소 경계를 가로질러서)

impersonal	[ɪmpəɹsənəl]	independent	[ɪndəpɛndənt]
improbable	[ɪmpɹɑbəbəl]	intolerant	[ɪntɑləɹənt]
impossible	[ɪmpɑsəbəl]	inadvisable	[ɪnædvaɪzəbəl]
incomplete	[ɪŋkəmplit]	inconclusive	[ɪŋkənklusɪv]
incapable	[ɪŋkeɪpəbəl]		

이 예들은 모두 형용사인데 철자로 im- 혹은 in-으로 표시된 부정 접두사(negative prefix)가 앞에 붙어있다. 철자로는 두 가지로 표시되어 있지만, 음성으로는[ɪm], [ɪn], 그리고 [ɪŋ]의 3가지의 형태로 구현된다. 즉, 이 부정 접두사(negative prefix)는 비음자음(nasal consonant)에서만 차이가 나다. 즉, 양순음(bilabial sound)으로 시작하는 형용사 앞에서는 양순음인 [m]이, 연구개음(velar sound)으로 시작하는 형용사 앞에서는 연구개음인 [ŋ]으로, 그리고 다른 환경에서는 치경음인 [n]으로 나타난다.

이렇게 비음의 교체를 예측할 수 있는 것(predictable alternation of the nasal)은 위에서 이탈리아어를 가지고 예를 든 형태소 내부에서 일어나는 비음의 위치 동화와 같은 유형을 가지고 있기 때문이다. 비록 이 소리 교체의 음성학적인 동기인 조음상의 용이함(articulatory ease)을 위해 위치 동화(place of articulation assimilation)를 일으키는 것은 이탈리어어의 비음 위치동화나 영어의 비음 위치동화나 다른 것이 없지만, 이 구조적인 면에서는 이 두 종류의 비음 위치동화가 차이가 난다. 영어의 [m], [n], [ŋ]은 동일 음소의 이음이 아니라, 각각 개별적인 음소들인 /m/, /n/, /ŋ/에 속한다. 이는 sum [sʌm], sun [sʌn], sung [sʌŋ]과 같은 단어를 통해 명확히 알 수 있다.

영어의 부정 접두사([in-], [im-] or [iŋ-])을 통해 우리가 알 수 있는 것은 이 비음인 음소들의 교체가 동일형태소 내에서 일어나고 있다는 것이다. 이러한 형태소내의 음소교체는 전통적으로 형태음소교체(morphophonemic alternation)이라고 불린다. 그리고 동일 형태소가 서로 다르게 음성적으로 실현되었을 때, 서로 다른 음성실현을 한 형태소, 즉, 형태소 교체형들(morpheme alternants)를 이형태(allomorphs)라고 부른다. 이를 (35)와 같이 도식화할 수 있다.

(35)	/in/		기저형(underlying form)
[in]	[im]	[iŋ]	표면형(surface form)
elsewhere	___ { p, b, m }	___ {k, g}	환경(environments)

이음교체에서와 마찬가지로, 형태음소교체에서도 세 가지의 이형태가 있을 때 기저형을 어떻게 설정하는가의 문제가 발생한다. [in]은 다음에 자음이 나오던 모음이 나오던 여러환경에서 나타날 수 있는 이형태이므로, 이 이형태를 기저형으로 잡았다.

영어의 비음동화규칙은 위의 (34)에서 알 수 있듯이 형태소를 가로질러 나타날 수 도 있고, ink [iŋk]와 같은 단어에서 볼 수 있듯이, 형태소내부에서도 일어날 수 있다. 이상에서 우리는 동화 과정(phonological process)이 형태소 내부에서만 일어나는 경우도 보았고, 형태소 내부뿐만 아니라 형태소 경계를 가로질러 일어나는 것도 보았다. 그렇다면 형태소 경계를 가로질러 동화과정이 일어나지만, 형태소 내부에서는 일어나지 않는 경우도 있을까? 영어의 과거 시제 접사(past tense endings)의 자질변화 동화과정(feature-changing assimilatory processes)은 형태음소과정(morphophonemic process)에만 일어나고 이음과정(allophonic processes)은 없는 예라고 할 수 있다.

(36) 과거시제 접사의 자질변화 음운과정(형태소를 가로질러서만)

attempted	[ətɛmtəd]	walked	[wɔkt]	robbed	[ɹabd]
blended	[blɛndəd]	pushed	[pʊʃt]	seemed	[simd]
tested	[tɛstəd]	sipped	[sɪpt]	swayed	[sweɪd]

위 (36)의 예들은 영어의 규칙과거시제 접사(regular past tense ending)가 세 가지의 예측가능한 소리로 실현된다는 것을 보여준다. [-əd]

는 동사의 마지막 소리가 치경 폐쇄음 /t, d/로 끝날 때 나타난다. 여기서 /ə/ (schwa)는 두 치경 폐쇄음(alveolar stops)을 연속해서 발음하지 않기 위해 삽입된다. 만약 동사의 끝소리(verb-final sound)가 치경 폐쇄음(alveolar stop)이 아니면, 과거시지접사의 형태는 [-t] 또는 [-d]가 되는데, 여기서 동사의 끝소리가 유성(voiced)이면 [-d]가, 무성(voiceless)이면 [-t]가 나타난다. 이는 유무성동화(voicing assimilation)을 보여주는 아주 좋은 예이다.

유무성 동화(voicing assimilation)의 예에서 과거시제접사는 형태소 경계를 가로질러 동사 끝에 나오든 소리의 유무성 자질과 동일한 자질을 가지려고 하는 제약이 있다는 것을 살펴보았다. "형태소의 끝에 만약 두개의 자음이 연달아 나왔을 때도 그 자음의 연쇄가 유무성에 있어서 일치를 하는 것 아닌가?"하는 의문을 가질 수 있다. 영어에서 형태소 끝에 나오는 자음의 연쇄들은 서로 다른 유무성 자질을 가지고 있을 수도 있다는 사실은 bent, tent 등과 같은 단어를 통해서 알 수 있다. 즉, 자음의 연쇄군(consonant clusters)은 유무성이 일치해야 한다는 제약(restriction)은 형태소 내부에서는 가해지지 않고, 형태소 경계를 갈로질러 있는 자음들에만 가해진다는 것을 알 수 있다.

우리는 형태음소 교체가 주로 여러 자질변화 동화 과정(feature-changing assimilatory processes)을 통해서 보여준다는 사실을 살펴보았다. 형태음소 교체는 동화 과정뿐만아니라 분절음의 삽입(epenthesis or insertion), 생략(deletion), 음위도치(metathesis or transposition)도 있다. 여기서 삽입과 생략은 이해하기 쉬울 것이나, 음위도치(metathesis)는 생소한 표현일 것 같아, 음위도치에 대한 간략한 설명을 하기로 하겠다. 음위도치는 단어에서 두 소리가 자리바꿈을 하는 현상이다. 영어에서 brid → bird, hrose → horse, waps → wasp로 바뀐 역사적인 음운 현상이 여기에 속한다. 현대 영어에서는 ask [æsk]를 [æks] (cf. axe [æks] '도끼')라고 metathesis를 적용하여 발음하는 예들이 자주 목격된다.

Exercise F

■ 다음은 Parker and Riley(2010: 157)에서 가져온 연습문제이다. 영어의 많은 남부 방언들은 다음과 같은 규칙이 있다:

Rule: mid front and lax vowels become high vowels before a nasal consonant.

이 규칙을 가지고, 다음의 단어들이 어떻게 발음되는 지를 표시하세요.

a. hem /hɛm/
b. pin /pɪn/
c. pen /pɛn/
d. pant /pænt/
e. strength /strɛŋθ/
f. teen /tin/
g. net /nɛt/
h. neat /nit/

7. 요약

우리는 이장에서 음운론의 기본개념인 상보적 분포, 대립적 분포 및 자유 변이에 대해서 알아보았다. 언어에서 어떤 소리들이 쓰이는 기능에 따라 음소 혹은 이음의 역할을 한다. 어떤 소리가 음소의 역할을 하는지 이음의 역할을 하는지는 그 소리들이 나타나는 분포와 그 소리들이 사용되는 단어의 의미 변화를 통해서 그 기능을 결정지을 수 있다는 것을 살펴보았다. 최소대립쌍은 소리들이 개별적인 음소라는 증거를 제시하는 중요한 수단이며, 상호 배타적인 환경에서 나타는 음성상 유사성을 지닌 소리의 짝들은 그 소리들이 한 음소의 이음들이라는 것을 보여주었다. 그리고 동일한 환경에서 나타난다고 하더라도 의미를 차이를 가져오지 않으면, 그 소리들은 자유 변이를 이룬다는 것을 살펴보았다. 이음이나 자유 변이에 의해 나타나는 소리들을 음소와 관계짓기 위해서 음운 규칙을 설정하였다. 그리고 영어의 몇 가지 대표적인 음운 현상을 통해 음운 규칙을 기술하는 방식도 살펴보았다. 음운 규칙은 기저형과 표면형을 사상(mapping)시키는 규칙을 일컫는다.

References and Supplementary Readings

Carr, Philip. (1993). *Phonology*. London: Macmillan.

Kuhl, Patricia K, Karen A. Williams, Francisco Lacerda, Kenneth N. Stevens, Bjőrn Lindblom (1992). Linguistic Experience Alters Phonetic Perception in Infants by 6 Months of Age, *Science*, 277, 684-686

O'Grady, William & Archibald, John. (2000). *Contemporary Linguistic Analysis: An Introduction*. (4th edition). Toronto: Addison Wesley Longman.

Parker, Frank and Riley, Katheyn. (2010). *Linguistics for Non-linguists*. New York: Pearson

Yavaş, Mehmet. (2011). *Applied English Phonology* (2nd). Wiley-Blackwell.

Chapter 4

형태론(Morphology)

1. 어휘 연구
2. 낱말의 정보
3. 낱말의 구조와 형태소(morpheme)
4. 형태부(morphological component)의 특성과 기능

1. 어휘 연구

'어휘'는 흔히 어떤 일정한 범위 안에서 사용되는 낱말의 수효나 그 낱말의 전체를 가리키는 것으로 풀이된다. 여기에서 '어떤 일정한 범위'라는 표현은 다양한 해석의 여지가 있는 말이다. 예를 들면, '이 소설에 사용된 어휘'처럼 그 범위가 하나의 작품이 될 수 있을 뿐만 아니라 '어떤 사람이 구사하는 어휘'라는 표현에서처럼 개인에 한정된 경우도 있을 수 있다. 한편 그 범위를 좀 더 넓혀보면, 한 언어가 가지고 있는 '낱말 전체'가 될 수도 있다. 어휘는 낱말로 구성되고 낱말은 인간의 언어에 있어 일종의 원소와 같은 역할을 하기 때문에, 언어 연구에 있어 어휘의 연구는 빠질 수 없는 대상이 되었다. 고대 그리스 시대부터 현재에 이르기까지 많은 사람들이 어휘에 대한 연구를 해왔는데, 이런 연구들은 크게 2가지 종류로 분류할 수 있다. 첫 번째 경우는 다음과 같은 3가지 질문에 대한 답을 찾는데 목표를 둔 연구이다.

(1) a. 인간은 어떻게 어휘를 습득하는가?
b. 습득한 어휘를 어디에 어떻게 저장하는가?
c. 필요할 때 어휘를 자신의 기억 장치로부터 어떻게 재생하여 사용하는가?

그런데 (1)에 제시된 질문들을 면밀히 검토해 보면, 어휘의 '습득'과 '저장' 그리고 '재생'과 같은 개념들은 상당히 포괄절인 개념이기 때문에, 우리는 각각의 개념이 다수의 하위 질문들을 포함할 수 있다는 사실을 인지할 수 있다. 예를 들면, 우리는 (1a)와 관련해서 다음 (2)에 나오는 것들과 같은 좀 더 구체적인 질문들을 던질 수 있다. 왜냐면 이런 질문들에 대한 답을 얻는 것이 (1a)에 대한 궁극적인 답을 얻는데 있어 필수적으로 거쳐야 하는 과정이기 때문이다.

(2) a. 특정 언어, 예를 들면, 영어를 모국어로 사용하는 성인의 경우 얼마나 많은 어휘를 알고 있는가?

b. 일반적으로 어린이들은 생후 1년 6개월부터 언어를 습득하고 사용할 수 있다고 하는데, 이때부터 성인이 될 때까지 어떤 과정을 통해서 어휘를 습득하는가?

c. 어린이의 어휘 습득과 성인의 어휘 습득에는 어떤 차이가 있는가?

그러나 이런 질문에 대한 연구는 아직도 우리에게 만족스런 답을 주지 못하고 있는 실정이다. Seashore and Eckerson (1940)의 고전적인 연구를 기반으로, Aitchison(1994)은 (2a)의 질문에 대해 영어를 모국어로 하는 성인은 '적어도 50,000'개의 단어를 이해할 수 있고 사용할 수 있다는 답을 제시하고 있다. Lewis (1978)도 the City College of New York의 the Adult Education Program에 참석한 학생들의 어휘력을 토대로 성인들은 약 50,000개의 어휘를 가지고 있다고 말함으로써 Seashore and Eckerson의 견해를 뒷받침하고 있다. 이상의 연구에서 나온 어휘수와 유사한 숫자를 제시하는 예를 Pinker (2000)에서도 찾아볼 수 있다. 그는 아이들이 학교에 입학할 때 13,000개 정도의 어휘를 구사하고, 고등학교를 졸업한 사람의 경우 약 60,000개의 어휘에 대해서 알고 있다고 밝히고 있다. 이를 종합해 보면, 영어를 모국어로 사용하는 성인의 경우 약 '5~60,000'개의 낱말을 알고 있다고 할 수 있을 것이다.

그런데 이런 주장을 사실로 받아들일 수 없게 만드는 문제가 하나 있다. 예를 들면, D'Anna, Aechmeister and Hall (1991)은 많은 측정치들이 잘못되어있는데, 특히 그 수치가 일반적으로 너무 높다는 주장을 한다. 그들에 따르면, 대학생이 알고 있는 어휘는 16,785개이다. 앞서 제시한 '5~60,000'개를 이들의 연구 결과에 대조해 보면, 둘 사이에 약 3배 정도의 차이가 있는 것을 발견할 수 있다. 그러면 연구자에 따라 이처럼 아주 현격한 차이를 보여주는 이유는 무엇인가? 이런 현상이 발생하는 근본적인 이유는 연구자마다 어휘수를 셀 때 사용하는 기본 단위인 '낱말(word)'에 대해 각기 다른 정의(definition)을 내리고 있기 때문이다. 즉, 낱말을 어떻게 정의하느냐에 따라 낱말로 취급할 수 있는 대상이 달라지기 때문에 차이가 발생하게 된다.

그러면 '낱말(word)'이란 무엇인가? 역사적으로 볼 때 많은 학자들이 이것을 정의하기 위해 노력해왔다. 예를 들면, Anna Maria Di Sciullo and Edwin Willams (1987)는 *On the Definition of Word*란 책 한권을 통해 낱말을 정의하려고 시도하고 있다. 그러나 이런 연구에도 불구하고 낱말의 정의에 대한 합치된 견해가 없는 것이 현재의 실정이다. 그러면 이렇게 낱말을 일관되게 정의하는 것이 어려운 이유는 무엇인가? 우리는 그 근거를 낱말에 대한 사전적인 설명 속에서 찾아볼 수 있다.

(3) ... a unit of language, consisting of one or more spoken sounds or their written representation, that can stand as a complete utterance or can be separated from the elements that accompany it in an utterance by other such units. Words are composed of one or more morphemes with relative freedom to enter into syntactic constructions, and are either the smallest units susceptible of independent use or consist of two or three such units combined under certain linking conditions...

(from the Webster's *Encyclopedic Unabridged Dictionary of the English Language*)

먼저 단어는 언어의 한 'unit'이라고 설명하고 있다. 그런데 'two or three such units'가 결합되는 경우도 역시 하나의 단어가 된다는 설명이 뒷부분에 나온다. 문제는 이렇게 2~3개의 units가 결합되어 한 단어가 될 조건을 분명히 밝히지 않고 'certain linking conditions'로 막연하게 기술하고 있다는 점이다. 즉, 낱말에 대한 이런 설명은 학자들이 자신들의 관점에 따라 각기 다른 조건을 부여할 수 있는 문제를 안고 있다.

이런 이유 때문에 연구자들마다 '낱말'로 취급하는 대상과 그 대상에서 제외하는 조건을 각기 다르게 설정하게 된다. 그리고 그 기준에 따라 어휘를 분류하기 때문에 어휘 수에 대한 의견이 서로 다를 수밖에 없다. 예를 들면, 50,000개를 주장하는 Seahore and Eckerson은 Thorndike의 주장에 따라 다음과 같은 낱말들을 제외한 것을 '기본 단어(basic word)'로 상정하고 있다.

(4) a. Plurals, *s*, or changing *y* to *ies*.
b. Adverbs, *ly*.
c. Comparatives and superlatives, *er* and *est*.
d. Verb forms *s*, *d*, *ed*, *ing*.
e. Past participles adding *n*.
f. Adjectives, adding *n* to proper nouns.

그러나 D'Anna, Aechmeister and Hall은 고유명사(proper names)와 고어(古語 archaic words)를 제외한 lemma를 '기본형(a base form)', 즉, 어휘수를 산정할 때 기준이 되는 '낱말'로 취급하고 있다.

(5) ... A lemma is a base form, that is, a set of lexical forms having the same stem and belonging to the same word class, although differing in inflection and/or spelling. Thus, a lemma, loosely speaking, is what in many dictionaries would be a bold-faced entry ...

이들이 계산한 어휘수가 앞서의 경우보다 현저하게 적은 이유는 'a set of lexical forms'가 하나의 lemma가 된다는 주장에서 찾아볼 수 있다. 다시 말해서 앞서의 경우에는 다른 낱말로 취급할 수 있는 어휘적 형태들을 이들은 하나의 집합(set)으로 취급하고 나아가서 하나의 '기본형'으로 간주하기 때문에 그런 결과가 나타날 수 있다.

이론적으로 볼 때 별 문제가 되지 않을 것으로 보이는 낱말의 정의와 분류가 이처럼 어려운 이유는 실제의 예를 검토해 보면 실감할 수 있다. 다음의 예를 보자.

(6) a. That problem does not concern us.
  b. Tom found that she was concerned about her math exam next week.
  c. To enhance the effectiveness of these therapies, the doctor may make recommendations concerning diet and nutrition.

(6a)에서 동사 concern은 '관계가 있다'를 의미한다. 그러나 나머지 2개의 문장에 나오는 형태들은 이런 의미와 직접적으로 관계가 없는 것으로 보인다. (6b)에서 concerned는 형용사로서 '걱정하는'을 의미하고, (6c) concerning은 전치사로서 '…에 관한'을 의미하는데, 과연 이들을 어떻게 분류하느냐가 문제가 된다. Seahore and Eckerson에 따르면 verb forms는 제외되는데, (6b)를 verb로 보는가 아니면 형용사로 보는가에 따라 분류가 달라진다. 또한 D'Anna, Aechmeister and Hall의 경우 concern, concerned, concerning 모두 같은 어간(stem)을 가지고 있지만 같은 word class에 속하지 않기 때문에 이들을 하나의 낱말로 분류해야 할지 분명치가 않다.

이상에서 우리는 (2a)와 관련된 연구 결과들을 간단하게 검토해 보았는데, 아직도 갈 길이 멀다는 느낌을 지울 수 없을 것이다. 그런데 (2b)와 (2c)에 제기된 질문에 대한 연구도 역시 만족스럽지는 않은 실정이다. Lewis가 Northwestern University의 Robert H. Seashore의 연구를 토대로 다음과 같이 정상적인 어린이들이 나이에 따라 습득한 어휘 수를 보여줌으로써, (2b)의 질문에 대한 답을 제시하고 있다. 또한 그는 어린이의 어휘는 6세 이후부터 매년 약 5,000개가 늘어나는 반면에 성인에 도달한 어른은 1년에 겨우 약 50개 정도를 습득한다고 주장하여 (2c)에 대한 답도 제시하고 있다. 그렇지만 어휘를 구성하는 낱말에 대한 기준에 따라 어휘수가 가변적일 수밖에 없기 때문에 이런 연구도 결정적이라고 말할 수는 없을 것이다.

(7)

나이	어휘 수
4	5,600
5	9,600
6	14,700
7	21,200
8	26,300
9	29,300

이밖에도 어휘의 저장과 재생에 관한 문제인 (1b)와 (1c)에 대한 연구도 미흡하기는 (1a)와 마찬가지이다. Broca와 Wernicke의 발견 이후 뇌의 좌반구의 일정 부분이 언어 처리와 관련되어 있다는 것이 알려져 있지만 구체적인 특성은 아직도 불분명한 실정이다. 따라서 앞으로 이런 분야에 대해서도 많은 연구를 할 필요가 있는 것으로 보인다.

어휘 연구에 있어 또 하나의 큰 방향은 어휘 자체에 대한 연구이다. 낱말은 사전적인 형태만으로 언어에 직접 사용될 수 있는 것이 아니다. 어떤 낱말들은 문맥(context)에 따라 다른 단어들과 적절히 어울리는 형태로 변화시켜 사용될 때 비로소 어법에 맞는 표현이 될 수 있다. 또한 인간의 생활 환경의 변화에 따라 출현하는 대상이나 현상을 나타내 줄 수 있는 새로운 낱말들이 필요하게 된다. 다음 글을 보자.

(8) APPLE doesn't keep secrets the way it once did. Before the company's latest product launch on September 10th rumours swirled that it would depart from its practice of rolling out one new iPhone a year and launch two instead. And so it did. But at least the pricier of the

new smartphones, the iPhone 5s, will make it easier for users to keep their secrets safe, thanks to a fingerprint scanner built into its "home" button. This feature, too, slipped out early, as did news of the arrival of a cheaper, plastic-backed and unusually colourful iPhone 5c.

(from the Economist)

예를 들면, 위의 문맥에서 볼 때 secrets, rumours와 같은 복수형이 필요하고, swirled, slipped 등과 같은 과거형이 있어야 한다. 또한 latest, pricier, cheaper와 같은 최상급, 비교급 표현들도 등장한다. 이와 같이 기존의 어휘의 형태를 변형시키는 경우 외에 과거에 없던 새로운 단어를 만들어 써야 하는 경우도 있다. 예를 들면, 기존에 있는 단어인 smart와 phone을 결합시켜 새로운 단어인 smartphone을 만든다. fingerprint도 마찬가지이다. 한편, 2개의 단어를 결합시켜 fingerprint scanner와 plastic-backed와 같은 복합어를 사용해야 할 때도 있다. 이렇게 다양한 언어적인 특징을 보여주는 낱말들을 연구하는 분야를 '형태론(morphology)'이라 한다. 형태론의 주요 연구 과제는 낱말의 형태를 변화시키거나 새로운 낱말을 만들 때 어떤 규칙과 원리들이 작용하는지 밝히는 것이다. 이제부터 우리는 낱말의 구성과 생성에 관한 연구의 결실들을 검토해 보고, 낱말과 어휘에 대한 이해를 높이도록 노력할 것이다.

Exercise A

■ 다음 밑줄 친 낱말들의 품사와 의미를 구분하시오.

a. Dreams have been regarded as prophetic communications.
b. You will write analytical papers about issues regarding international financial markets.

c. The economic decline will mean price rises for developed countries.
d. The catastrophic impact of the economic crisis will be more severe for developing countries.
e. Sweeping statements have been made about the effect of clothing on the behavior of a child.
f. Isn't auto repair too physically demanding for a woman?
g. Those cowards are seldom distinguished for courage.
h. She said, "He is a born liar."

2. 낱말의 정보

비록 사전적인 정의가 만족스럽지 못하고, 또 명확히 구조적으로 정의되어 있지 않지만, 낱말이 '구(phrase)'에서부터 시작하여 '문장(sentence)'를 구성하는 가장 기본적인 단위인 것은 확실하다. 그러면 우리가 어떤 낱말을 습득했다고 할 경우 과연 그 낱말에 대한 무엇을 습득했다고 하는 것일까? 다시 말해서 우리가 어떤 낱말을 안다고 할 경우 과연 그것에 대해서 무엇을 안다는 것일까? 여기에 대한 답도 보는 관점에 따라 다양한 것이 제시될 수 있지만, 최소한도 다음과 같은 것에 대해서 안다는 것을 의미할 수 있다. 즉, 낱말은 다음과 같은 정보를 담고 있는 것이라고 할 수 있다.

(9) a. sounds
b. meanings
c. lexical categories and subcategories

d. grammatical uses in sentences

낱말은 보통 하나 또는 그 이상의 소리들이 결합되어 만들어진다. 따라서 그 음가(音價)를 정확히 알고 있는 것은 어휘에 대한 기본적인 지식이 될 것이다. 예를 들면, 어떤 사람이 'that'의 소리를 안다고 하는 경우 다음 (10)에 사용되는 that의 소리를 안다는 것이다.

(10) a. What's that? That's my book.
b. Give me that book.
c. I know that he is a student of this university.

(10a)에 나오는 2개의 that는 모두 '(지시) 대명사'이고, (10b)의 that은 명사 book을 수식하는 '(지시) 형용사'이다. 이 둘의 경우 보통 [ðæt]로 발음이 되어야 한다. 그러나 (10c)에서 that는 특정한 의미가 없이 문장을 연결해주는 '접속사'의 기능을 한다. 이 경우 발음은 보통 [ðət]이 된다. that의 소리에 대해서 안다는 것은 이와 같이 that의 2가지 소리를 정확히 안다는 것을 의미한다.

낱말의 소리와 관련된 것으로 다음과 같은 경우도 주의가 필요한 예들 가운데 하나이다. moving은 2음절로 이루어진 단어이기 때문에 첫 번째 음절에 강세(stress)가 온다. 그런데 이 낱말을 다른 명사와 결합시켰을 때 다음 a와 b처럼 차이를 보여주고 있다.

(11) a. the móving company
b. the móving óbject

(11a)는 '이사짐 회사'를 나타내고, (11b)는 '움직이는 물체'를 의미한다. 이런 의미적인 차이는 moving이 (11a)에서 명사 역할을 하고, 다른 명사인 company와 결합해서 복합어(compound)를 만들지만, (11b)에서

는 형용사로서 뒤의 object를 수식하는 역할을 한다. (11a)와 같은 복합어는 대개 첫 번째 단어에만 강세가 오기 때문에 company에는 강세가 오지 않는다. 그러나 (11b)는 복합어가 아니라 형용사 moving의 수식을 받는 명사구이기 때문에 object에도 강세가 온다. 이와 같은 음성적인 정보도 낱말 moving에 대한 중요한 정보가 될 것이다.

낱말이 가지고 있는 정보 가운데 소리만큼 중요한 정보는 '의미'이다. 예를 들면, 다음 예처럼 부정관사 'a'는 아주 익숙한 단어들 가운데 하나이다. 그러나 다음과 같은 문장에 쓰일 경우 의미에 대한 주의가 필요하다.

(12) a. Jeremy bought a computer yesterday.
b. Jeremy wanted a computer to do his homework.

2개의 문장에 똑같이 쓰인 a computer는 의미적인 차이를 보여준다. (12a)의 경우, a computer는 지시대상(reference)이 있다. 그러나 (12b)에서 지시대상이 불투명하다. 즉, 어떤 특정한 컴퓨터를 가리키는 것이 아니다. 의미의 차이는 bought와 wanted의 의미와 밀접한 관계를 가지고 있다. 이와 같이 의미도 어휘를 이해하는데 있어 중요한 요소가 된다.

또 다른 중요한 요소는 소위 '품사(lexical categories/parts of speech)'라고 할 수 있다. 명사(Noun), 대명사(Pronoun), 관사(Article), 동사(Verb), 형용사(Adjective), 부사(Adverb), 전치사(Preposition), 접속사(Conjunction) 등으로 구분하고 있는 품사는 각각의 낱말이 구와 문장에서 쓰일 때 그것들이 하는 역할과 밀접한 관계를 가지고 있다. 그래서 정확한 품사의 구분은 낱말을 사용하는데 필수적인 정보이다. 그런데 이런 정보가 잘못 알려져 있는 낱말들이 있는데, 가장 대표적인 것으로 there가 있다.

(13) There was someone there.

문장에 나오는 첫 번째 There는 우리에게 흔히 '유도 부사'라는 명칭으로 알려져 있고, 두 번째 there는 '장소 부사'로 알려져 있다. 두 번째 there의 경우 '그곳'이라는 뜻이 있기 때문에 장소를 나타내는 부사로 쉽게 인정할 수 있다. 그러나 첫 번째 There의 경우 우선 부사인지 확실치 않을 뿐만 아니라 '유도'라는 말이 무엇을 의미하는지도 불명확하다. 다음 문장들을 비교해 보자.

(14) a. There is a man in the room.
b. ? A man is in the room.

c. ? There is the man in the room.
d. The man is in the room.

e. *There is he in the room.
f. He is in the room.

(14a)는 어법에 맞는 문장이다. 그러나 (14b)는 약간 어색하거나 좋은 문장으로 보이지 않는다. 그 이유는 문장의 주어 자리에 이미 알고 있는 사람이 아닌 '어떤 사람'이라는 일종의 새로운 정보에 해당하는 낱말이 있기 때문으로 보인다. 한편 the man이 되는 경우는 오히려 there가 나오는 (14c)가 어색하고 (14d)처럼 쓰는 것이 적절해 보인다. 왜냐면 the man은 이미 화자와 청자가 알고 있는 사람이기 때문이다. 주어가 he인데 there를 쓸 경우 (14e)처럼 어법에 맞지 않는 문장이 된다. 대신 (14f)처럼 써야 한다. there는 (13)의 someone이나 (14a)의 a man과 같은 새로운 정보를 나타내는 낱말 대신 주어 역할을 하는 '의미가 없는 대명사(expletive pronoun)'이다. 이와 같이 there의 품사와 성격을 정확히 알아야 비로소 이것에 대한 정보를 알 수 있고, 이런 정보

를 토대로 활용할 수 있는 지식이 생길 것이다.

품사 다음으로 중요한 정보는 소위 '하위범주(subcategory)'이다. 이것은 문장을 이해하거나 구성할 때 매우 중요한 역할을 한다. 예를 들면, 다음 (15a)에 나오는 'is'는 품사가 '동사'이다. 그러나 이 정보만으로는 진행형이 사용되는 (15b)는 어법에 맞지 않는 문장이고, (15d)는 어법에 맞는 문장인 것을 설명할 수 없다.

(15) a. He is a student.
b. *He is being a student.

c. He is foolish.
d. He is being foolish.

영어의 동사는 여러 가지 기준으로 하위분류를 할 수 있는데, 가장 대표적인 개념이 '동작동사'와 '상태동사'라는 분류이다. 예를 들면, (16a)가 어법에 맞는 이유는 read가 동작동사이기 때문에 진행형을 쓸 수 있기 때문이다. 그러나 (16b) 문장이 틀린 이유는 like가 진행형으로 쓸 수 없는 상태동사이기 때문이다.

(16) a. John is reading the book.
b. *John is liking the book.

영어의 동사는 이와 같이 2개로 하위분류가 되는데, (15)에 나오는 be 동사는 상태동사와 동작동사로 2가지 역할을 하는 동사이다. a student가 보어가 되는 경우는 상태동사가 되기 때문에 (15b)처럼 진행형을 사용하면 어법에 맞지 않는 문장이 된다. 그러나 (15c)처럼 형용사가 보어일 경우는 동작도 나타낼 수 있다. 그래서 진행형으로 쓰인 (15d)가 어법에 맞는 문장이 되어 '그는 바보짓을 하고 있다'로 해석된다. 이상에서 검토한 바와 같이 낱말의 하위범주에 대한 지식도 낱말의 중요한 정보 가운데 하나가 된다.

낱말에 포함되어야 할 또 하나의 중요한 정보는 문장에서 사용하는 방법이다. 왜냐면 아무리 소리와 의미, 그리고 품사를 알고 있어도 문장에서 적절하게 쓰는 방법을 모를 경우 그 낱말을 적절하게 사용할 수 없기 때문이다. 다음 문장에 사용되는 who의 경우가 하나의 대표적인 예가 될 수 있다. who는 보통 의문대명사로 알려져 있지만, 문장에서 관계대명사로 사용되기도 한다. 다음 (17a-b)의 경우를 비교해 보자.

(17) a. I met the man who helped me.
b. I met the man, who helped me.

(17a)처럼 who가 속한 절이 선행사와 바로 연결되는 경우를 '한정적 용법'이라고 하고, (17b)처럼 선행사 뒤에 쉼표가 오는 방식을 '추가적 용법' 또는 '연속적 용법'이라고 한다. 한정적 용법의 경우 the man의 속성을 who 이하가 한정시켜주는 역할을 하고, 추가적 용법의 경우, 이미 대상이 확정되어 있는 the man에 대한 추가적인 정보를 제공하는 역할을 한다. 이와 같이 보통의 경우 2가지 용법으로 사용이 가능하다.

그러나 다음을 보면, 관계대명사 who의 사용에서 고려해야 할 정보가 더 있는 것으로 나타난다.

(18) a. *I met him who helped me.
b. I met him, who helped me.

c. *I met Mr. Lieberman who helped me.
d. I met Mr. Lieberman, who helped me.

먼저 him이 선행사로 쓰인 경우 (18a)처럼 한정적 용법으로 사용하면,

어법에 맞지 않는 문장이 된다. 대신 (18b)처럼 추가적인 용법이 되어야 한다. 그 이유는 him과 같은 대명사의 경우 지시대상이 이미 한정되었기 때문에 다시 한정적 용법의 who 절을 사용하면, 이중으로 한정시키는 문제가 발생한다. 그래서 (18a)는 어법에 맞지 않고, 추가적인 (18b)가 어법에 맞는 문장이 된다. 이런 현상은 (18c)와 (18d)에서도 볼 수 있다. Mr. Lieberman은 고유명사로서 지시대상이 한정되었기 때문에 (18d)처럼 추가적인 용법으로 수식했을 때 어법에 맞는 문장이 된다.

이런 현상을 뒷받침해 주는 예는 다음에서도 찾아볼 수 있다.

(19) a. I met someone who helped me.
b. I met someone, who helped me.

who의 선행사로 someone이 나온다. 이 낱말의 품사는 him과 같은 대명사이다. 그런데 him과 달리 모두 어법에 맞는 문장이 된다. 그 이유는 someone이 비록 대명사이지만, 지시대상이 특정한 것으로 한정되어 있지 않는 '부정(不定)' 대명사이기 때문에, (19a)처럼 한정적인 용법으로 수식해도 어법에 맞는 문장이 된다. 이와 같이 어떤 어휘를 안다는 것은 그것이 문장에서 사용되는 경우 다른 낱말들과 어떤 구조로 사용되어야 올바른 표현이 될 수 있는지를 아는 것을 포함한다. 그래야 비로소 그 낱말에 대한 정확한 정보를 가지고 있다고 할 수 있다.

이상에서 우리가 검토한 사항들은 낱말이 포함해야 하는 정보 가운데 가장 핵심적인 정보에 속하는 것들이다. 이런 것 외에도 다른 정보들이 포함될 수 있고, 때로는 그 정보들이 반드시 알아야 그 낱말을 적절하게 사용할 수 있다. 이런 정보는 우리가 사전(dictionary)에서 볼 수 있는 정보와 다르기 때문에, 우리의 두뇌 속의 사전이랄 수 있는

lexicon에 저장되어 있는 정보라고 말하기도 한다. 그래서 낱말들을 흔히 lexical items라고 부른다.

Exercise B

1. 다음의 표현들이 어법에 맞지 않는 이유를 설명하시오.

a. *A my book
b. *The her book
c. *This your book

2. 다음 빈곳에 (a-b) 가운데 각각 적절한 낱말을 넣으시오.

a. Mary was ____ surprised by Jack.
b. Mary was ____ surprised at the news.
c. Mary was ____ more surprised at the news than Jane.

(a) very (b) much

3. 낱말의 구조와 형태소(morpheme)

모든 낱말이 하나의 요소로 구성되어 있다면, '낱말의 구조'라는 개념은 필요가 없을 것이다. 그러나 우리가 사용하는 낱말들은 하나 또는 그 이상의 요소들이 결합되어 있다. 그래서 '낱말의 구조'라는 개념이 쓰인다. 그러면, 낱말을 구성하는 요소는 무엇인가? '형태소(morpheme)'가 바로 그것을 가리키는 용어인데, 여기에서 '형태론(morphology)'라는 말이 나오게 되었다. 형태소는 음성학이나 음운론에서 다루는 '음소(phoneme)'와는 다른 언어적인 단위(unit)이다. 형태소에 대한 고전적인 정의는 Bloomfield(1936)에서 찾아볼 수 있는데, 그는 형태소를 'smallest meaningful unit of linguistic signaling'이라고 정의하고 있다. 이런 정의는 '음소(phoneme)'의 정의인 'smallest and meaningless unit of linguistic signaling'과 대조를 이루면서 그 특성을 아주 잘 보여주고 있다. 즉, 형태소와 음소는 언어적인 신호를 나타낸다는 점에서 같은 기능을 하지만, 형태소는 의미가 있는 것(meaningful)임에 반해 음소는 의미가 없다(meaningless). 한 가지 주목할 점은 음소는 모두 하나의 소리로 이루어져 있지만, 형태소는 하나 또는 그 이상의 소리로 이루어져 있다는 점이다. 다음의 예를 보자.

(20) a. dog : /dɔg/
b. dogs : /dɔg + z/

(20a)에 나오는 dog는 3개의 음소 /d, ɔ, g/로 이루어진 하나의 형태소이다. 이때 /d/, /ɔ/, /g/는 언어적인 기호이긴 하지만, 각각의 음소에는 의미가 없다. 3개의 음소가 합쳐질 때 비로소 '개'를 의미하는 하나의 형태소가 된다. 한편 (20b)에서 /z/는 비록 하나의 음소로 이루어져 있으나 '복수 (plurality)'라는 의미를 나타낸다. 그래서 /z/가 하나의 형태

소가 되기 때문에 dogs는 /dɔg/과 /z/의 2개의 형태소가 합쳐진 말이 된다.

이와 같이 의미를 지니는 단위인 형태소는 다양하게 분류할 수 있다. 예를 들면, 'dog'처럼 독립적으로 쓸 수 있는 형태소가 있는 반면에, 복수형 's /z/'처럼 반드시 다른 형태소에 붙여서 사용해야 하는 형태소들이 있다. 이밖에도 형태소들을 몇 가지 기준에 따라 각각 달리 구분할 수 있는데, 이제부터 그것들을 검토하기로 한다.

3.1. Free Morpheme과 Bound Morpheme

형태소를 분류하는 가장 대표적인 방식은 그것이 다른 것에 종속되지 않아도 되는 '자유로운(free) 것'인지, 아니면 복수형 어미와 같이 다른 형태소에 '결합되어야 하는(bound) 것'인지를 구분하는 것이다. 그래서 형태소들이 'free morpheme'과 'bound morpheme'으로 나눠진다. free morpheme의 대표적인 예에는 'dog'과 같은 명사 외에도 대명사 you, that, 동사 read, share, 형용사 nice, good, cool, 부사 fast, 전지사 in, on, over, 접속사 and, but, or 등이 있다. 이런 형태소들은 독립적으로 사용할 수 있기 때문에 흔히 '낱말(word)'이라고 부르기도 한다.

한편 bound morphemes는 반드시 free morphemes에 붙어야 되는데, 이것을 나타내기 위해서 그것들의 앞이나 뒤에 '-'을 붙인다. 영어 bound morphemes의 대표적인 예로 다음과 같은 것들을 볼 수 있다.

(21) a. –ize : hospitalize (hospital + ize), realize (real + ize), capitalize (capital +ize)
–able : statable (state + able), abatable (abate + able), translatable (translate + able)
–ation : derivation (derive + ation), occupation (occupy + ation), recitation (recite + ation)

b. im– : impossible (im + possible), immoral (im + moral), imperfect (im + perfect)
in– : indirect (in + direct), independent (in + dependent), inexpert (in + expert)
under– : underestimate (under + estimate), underspend (under + spend), undervalue (under + value)

(21a)의 '–ize'와 '–able', 그리고 '–ation'과 같은 bound morpheme들은 free morpheme 뒤에 붙기 때문에 '접미사(suffix)'라 하고, (21b)의 'im–', 'in–', 그리고 'under–'와 같은 bound morpheme들은 앞에 붙기 때문에 '접두사(prefix)'라고 부른다. 이런 종류의 형태소들이 세계의 언어에서 가장 흔히 발견되는 bound morphemes에 속한다.

한편, 낱말의 중간에 붙는 bound morpheme인 'infix'는 흔하지는 않지만 일부 언어에서 발견되는 것으로 보고되었다. 다음은 필리핀 인구의 약 1/4이 first language로 사용하는 Tagalog의 예이다.

(22) a. takbuh 'run' → tumakbuh 'ran'
b. lakad 'walk' → lumakad 'walked'

c. pili? 'choose' → pinili? 'chose'
d. sulat 'write' → sinulat 'wrote'

(from O'Grady, Dobrovolsky, and Aronoff 1989, and Rowe and Levine 2006)

(a-b)에서는 '–um–', 그리고 (c-d)에서는 '–in–'을 낱말의 중간, 즉 낱말의 첫 번째 소리 바로 뒤에 삽입하여 동사의 과거형을 만드는 것을 볼 수 있다.

이런 다소 희귀한 특성을 지닌 형태소에는 다음과 같이 free morpheme의 앞과 뒤에 동시에 붙는 bound morpheme들도 있다.

(23) a. German: spielen 'play' → gespielt 'played (past participle)'
b. Austronesian language : adil 'fair' → keadilan 'fairness'
(from Wikipedia http://en.wikipedia.org/wiki/Circumfix)

독일어는 과거분사를 만들 때 앞에 'ge-'를 붙이고, 또 뒤에 '–t'를 붙여야 한다. 또한 Austronesian language에서는 형용사를 명사로 만들 때 앞에 'ke-'를 붙이고, 동시에 뒤에 '–an'을 첨가한다. 이렇게 free morpheme의 앞과 뒤에 붙는 bound morpheme을 'circumfix'라고 부른다.

이상에서 본 prefix, suffix, infix, 그리고 circumfix와 같은 bound morpheme들은 모두 free morpheme(이 경우 free morpheme을 '어간(stem)'이라 함)에 붙는 것이라고 해서 보통 '접사(affix)'라고 총칭하고 있는데, 이런 접사들은 2가지 중요한 특징을 보여주고 있다. 첫째, 접사는 어간에 '선상 결합(linear combination)'을 하고 있다. 즉, 일직선으로 접사가 어간과 결합하는 것이다. 두 번째 특징은 접사가 구체적인 음성적 형태를 갖추고 있고, 음성적인 배치도 circumfix를 제외하면 모두 연속적(continuous)이라는 점이다. 그러나 이런 특징을 갖는 접사와 아주 다른 특이한 유형들이 있는데, 그 대표적인 예를 다음과 같은 아랍어의 예에서 관찰할 수 있다.

(24) a. kataba 'he wrote'
b. kita:ba 'writing'
c. ka:tib 'writer'
d. kutubi 'bookseller'
(from Finegan 1994)

(24)에 나오는 4개의 단어들은 2가지 중요한 특징을 보여준다. 먼저, 의미적으로 볼 때 모두 '글'과 관련된 단어라는 것을 알 수 있다. (a-c)의 낱말들은 '글을 쓰는 것을 나타내는 동사'와 '글쓰기', 그리고 '작가'

를 의미한다. 비록 (d)에는 '글'이 직접 나타나지 않지만, 이 단어는 글로 이루어진 책을 파는 사람을 나타낸다. 두 번째 특징은 자음 k, t, b가 모든 단어에 공통으로 들어있다는 점이다. 따라서 낱말들 사이에 나타나는 의미적인 차이는 모음의 변화와 밀접한 관계를 가지고 있다는 것을 알 수 있다. 이런 현상은 다음과 같이 '수(number)'를 나타내는 경우도 관찰된다.

(25) a. kita:b 'book'
b. kutub 'books'
(from Finegan 1994)

이런 관찰을 토대로 구조를 분석하면 아랍어의 낱말은 다음 2가지 특징으로 요약할 수 있다. 첫째, 각 형태소는 연속적인 것이 아니라 '비연속적(non-continuous)'이다. 둘째, 자음과 모음의 '층(tier)'으로 이루어진 2개의 형태소는 '비선상(non-linear)' 결합을 한다. 이런 특징을 종합하면, 아래 (26)과 같은 구조를 상정해볼 수 있다(C = 자음 (consonant), V = 모음 (vowel)).

(26) a. 자음 형태소의 위치

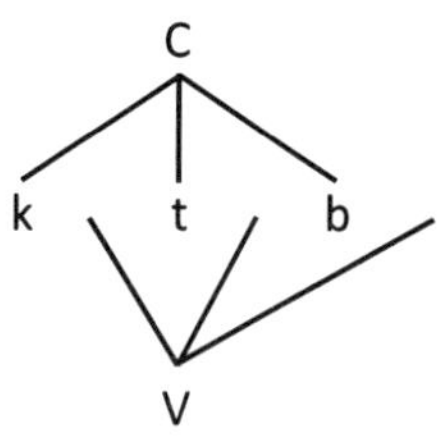

b. 모음 형태소들 : {a a a}, {i a: a}, {a: i}, {u u i:}, {i a:}, {u u}

그래서 Finegan (2012)에서 볼 수 있는 것처럼 이런 아랍어의 형태소를 'interweaving morpheme'이라고 부르기도 한다.

Exercise C

■ 다음 낱말들에 붙어 있는 형태소들을 가려내고, 각각 무엇을 의미하는지 말하시오.

a. presidential:
b. penniless:
c. stupidity:
d. incompetent:
e. redirect:
f. premature:
g. enslaver:
h. inactive:
i. unhappiness:

3.2. Inflectional Morpheme과 Derivational Morpheme

사전에 등재되어 있는 낱말들은 우리가 모두 실제 언어에 바로 사용할 수 있는 것들이 아니다. 구나 문장 속에 사용할 경우 우리는 '문맥(context)'에 적합한 표현으로 낱말들을 변형시켜서 사용해야 한다. 왜냐면 이렇게 해야 어법에 맞출 수 있고, 또 전달하고자 하는 의미를 적절하게 표현할 수 있기 때문이다. 이런 이유로 인해서 낱말은 다양한 형태적인 변화를 겪게 된다. 다음은 Darwin의 저서 '종의 기원(*ON THE ORIGIN OF SPECIES*)'의 앞부분에 나오는 말이다.

(27) When we look to the individuals of the same variety or sub-variety of our older cultivated plants and animals, one of the first points which strikes us, is, that they generally differ much more from each other, than do the individuals of any one species or variety in a state of nature. When we reflect on the vast diversity of the plants and animals which have been cultivated, and which have varied during all ages under the most different climates and treatment, I think we are driven to conclude that this greater variability is simply due to our domestic productions having been raised under conditions of life not so uniform as, and somewhat different from, those to which the parent-species have been exposed under nature.

비교적 길지 않은 이 글에서 우리는 다음과 같은 형태적인 변화가 있는 표현들을 찾아볼 수 있다.

(28) a. individuals, plants, animals, points, ages, conditions
b. strikes
c. older, greater
d. cultivated, varied, raised, exposed,
e. driven
f. having
g. generally, simply
h. treatment, variability, sub-variety, productions
i. somewhat, parent-species

이 단어들의 경우 사전에 등재되어 있는 것과 다른 형태(form)를 가지고 있다. 예를 들면, individuals처럼 individual에 '-s'가 붙어 있는 것이 있고, older처럼 old에 '-er'을 첨가시켜 문맥에 맞는 것으로 사용되고 있다.

이와 같이 문맥에 맞는 말을 만들기 위해서 쓰이는 다양한 형태소들은 크게 inflectional morphemes와 derivational morphemes의 2개의 종류로 구분된다. 먼저 다음의 예를 보자.

(29) a. book → books / dog → dogs / house → houses
b. child → children / ox → oxen

c. collect → collects : They collect the money / He collects the money.
d. drive → driving : He drives the car / He is driving the car

e. hard → harder : He works hard / He works harder than she.
f. smart → smartest : He is the smartest guy in his class.

(29a)에서는 단수형의 명사를 복수형으로 만드는 형태소의 예를 볼 수 있다. 글자는 '-s'로 나타내지만, 음성으로 나타내면 -s, -z, -iz와 같은 3개의 형태소가 있는 것을 볼 수 있다. (29b)에서는 -ren, -en이 복수형을 나타낸다. 한편, (29c)에서는 '-s'가 복수형을 나타내는 것이 아니라 주어가 3인칭 단수이고 시제는 현재인 것을 나타낸다. (29d)의 경우는 '-ing'를 통해서 진행형으로 나타내며, (29e-f)에서는 '-er'과 '-est'를 이용하여 부사 hard와 형용사 smart의 비교급과 최상급을 나타낸다.

이렇게 각각의 형태소들이 나타내는 의미가 다르고 기능도 다르며, bound morphemes가 결합하는 대상도 명사, 동사, 형용사, 부사 등 다르지만 이들에게는 공통적인 특징이 있다. 그것은 이런 형태소들이 결합해도 결코 낱말의 품사가 바뀌지 않는다는 점이다. 명사에 '-s'가 첨가되어도 그대로 명사이고, 동사에 '-ed'를 붙여도 동사이며, 부사와 형용사에 형태소들이 첨가되어도 품사는 변하지 않고 원래의 품사를 유지한다. 이와 같이 품사를 변화시키지 않으며, 어간에 해당하는 결합되는 낱말의 '수(number), 시제(tense), 상(aspect), 비교 및 최상급'을 나타내는 형태소를 'inflectional morpheme'이라고 한다.

이런 형태소와 관련해서 주의할 점은 '수'와 '시제' 그리고 '상'과 같은 요소들을 모든 언어에 반드시 반영해야 하는 것은 아니라는 점이다. 언어에 따라 이런 것들을 반영하지 않는 언어도 있고, 또 이것들과 전혀 다른 요소들을 반영하는 언어도 있다. 바로 우리말에서 그런 예들 가운데 대표적인 경우를 찾아볼 수 있다. 다음을 보자.

(30) a. 나는 아버지를 병원에 모시고 갔다.
b. 나는 동생을 병원에 데리고 갔다.
c. 어머니는 아버지를 병원에 모시고 가셨다.
d. 어머니는 동생을 병원에 데리고 가셨다.

우리말의 동사는 말하는 사람을 기준으로 주어와 목적어의 대상에 따라 동사가 달라진다. 먼저 주어와의 일치를 보자. (30a-b)의 경우 주어가 '나'이기 때문에 '갔다'를 사용하지만, (30c-d)에서는 '어머니'이기 때문에 '가셨다'가 되어야 한다. 한편 목적어의 경우 (30a)와 (30c)에서 '아버지'이기 때문에 '모시고'란 표현이 사용된다. 그러나 (30b)와 (30d)에서는 '동생'이기 때문에 '데리고'가 사용된다. 이런 어법적인 요소를 '존대법 (honorific)'이라고 한다. 우리말에서는 이런 어법에 따라 형태를 일치시켜야 하기 때문에 (30a-d)와 같은 4가지 inflectional forms가 쓰인다.

이처럼 '문법적인 일치(grammatical agreement)'를 나타내기 위해서 형태적인 변화를 하는 기준은 언어마다 다르다. 예를 들면, 동사와의 일치에서 영어의 경우 주어가 중요한 역할을 한다. 그래서 주어가 3인칭 단수일 경우 현재형에서는 (29c)에서처럼 'He collects …'가 된다. 그러나 우리말에서는 '존대법'이 있기 때문에 주어뿐만 아니라 목적어와의 일치가 필요하다. 또한 표현 방법도 '데리고 ↔ 모시고'와 같이 음성적인 형태가 아주 다른 형태소가 사용되기도 한다.

Exercise D

■ 다음 글에 나오는 낱말들에서 inflectional morphemes를 찾아 밑줄을 긋고 그 의미를 말하시오.

The greatest improvements in the productive powers of labour, and the greater part of the skill, dexterity, and judgment, with which it is anywhere directed, or applied, seem to have been the effects of the division of labour. The effects of the division of labour, in the general business of society, will be more easily understood, by considering in what manner it operates in some particular manufactures. It is commonly supposed to be carried furthest in some very trifling ones; not perhaps that it really is carried further in them than in others of more importance: but in those trifling manufactures which are destined to supply the small wants of but a small number of people, the whole number of workmen must necessarily be small; and those employed in every different branch of the work can often be collected into the same workhouse, and placed at once under the view of the spectator.

(Adam Smith의 국부론)

지금까지 검토해온 inflectional morphemes와 다른 특징을 보여주는 형태소로 derivational morphemes가 있다. 이런 형태소들의 가장 큰 특징은 이런 것들이 첨가될 경우 기존의 단어와 다른 품사의 낱말이 만들어진다는 점이다. 다음의 예를 보자.

(31) a. V + -able → Adj. : readable, changeable, collectable
b. N + -ful → Adj. : beautiful, doubtful, faithful

c. V + -er → N : worker, driver
d. V + -ment → N : enjoyment, punishment, pavement

e. Adj. + -ize → V : modernize, banalize, routinize
f. Adj. + -ate → V : activate, captivate, motivate motive

(31a)에서 볼 수 있는 것처럼 동사에 '–able'을 붙이면 형용사를 만들 수 있다. 또한 (31b)도 명사에 '–ful'을 첨가함으로써 새로운 형용사를 만드는 예를 보여준다. (31c-d)처럼 동사에 '–er'이나 '–ment'를 붙여 명사를 만들 수 있고, (31e-f)의 예들은 형용사에 '–ize'나 '–ate'가 붙어 동사가 된 낱말들이다.

이처럼 derivational morphemes를 붙이면 품사가 다른 낱말이 만들어지는데, 그렇지 않은 경우들이 종종 관찰된다. 다음의 예들은 바로 이런 현상을 보여주는 전형적인 예들이다.

(32) a. counter- : counteract, counterattack, counterbalance
b. re- : recharge, return, reconstruct
c. un- : unhappy, untrue, unworthy

(32a)에서 동사 act, attack, balance에 'counter-'를 붙일 경우 의미에서는 차이가 있지만 품사는 모두 그대로 동사이다. 또한 're-'와 'un-'의 경우도 마찬가지로 이것들이 첨가된 낱말들의 품사에 변화가 없다. 영어의 품사는 낱말의 뒷부분과 밀접한 관계가 있는데, (32)에 나오는 형태소들은 접두사이기 때문에 품사에 영향을 끼치지 못한다.

그런데 문제는 접두사들을 모두 derivational morphemes로 분류하고 있다는 점이다. 그 이유는 2가지 사항들을 고려한 결과로 보인다. 첫째 inflectional morpheme들은 grammatical features를 반영하는 것과 밀접한 관계가 있지만, derivational morpheme들은 이런 것들과 직접적인 관계가 없다는 점이다.

(33) a. one book vs. two books
b. I like her. vs. She likes me.

예를 들면, (33a)의 경우 one과 two가 나타내는 '수(number)'에 따라 book과 books의 쓰임새가 나눠진다. 또한 (33b)에서는 like가 '인칭(person)'과 일치하기 위해 likes로 변하는 것을 볼 수 있다. 이런 일치 현상은 프랑스어의 경우 더욱 두드러진다.

(34) a. un bon garçon 'a good boy'
b. une bonne fille 'a good girl'

c. bons garçons 'good boys'
d. bonnes filles 'good girls'

(34a-b)의 예들에서 볼 수 있는 것처럼 명사를 수식하는 형용사의 경우 남성형 bon과 여성형 bonne로 2개로 나눠진다. 왜냐면 프랑스어에는 grammatical features 가운데 하나인 '성(gender)'의 일치가 매우 중요한 요소이기 때문이다. 이것에 덧붙여서 (34c-d)의 'garçons'와 'filles'처럼 명사가 복수형일 경우 형용사도 'bons'와 'bonnes'로 써야 하기 때문에 형용사에도 복수를 나타내는 '-s'를 붙여야 어법에 맞는 말이 된다.

이와 같이 inflectional morpheme들은 2개 이상의 낱말들 사이에 존재하는 '수(number), 인칭(person), 그리고 성(gender)'과 같은 grammatical features를 반영하는 역할을 한다. 그러나 (32)에 나오는 접두사들은 이런 현상과 관계가 없다. 즉, 접두사를 어간에 붙여서 새로운 낱말을 만들 경우 다른 낱말의 grammatical features가 접두사를 결정하는 중요한 요소가 되지 않는다. 그래서 상반되는 특징은 접두사를 derivational morphemes로 분류하게 해주는 하나의 근거가 될 수 있다.

접두사를 derivational morpheme으로 분류하는 또 하나의 증거는 접두사를 붙인 낱말들도 품사가 달라지는 경우가 있다는 점이다.

(35) a Adj. +-en → V : deepen, brighten, harden
b. en- + N → V: enact, encash, enslave, endanger, encourage, enforce

접미사 '-en'은 (35a)에서처럼 형용사를 동사로 만드는 접미사 역할을 한다. 이와 형태가 유사한 접두사 'en-'가 (35b)에서 명사의 앞에 붙어 명사를 동사로 만들어주는 역할을 한다. 이와 같이 드물지만 접두사의 첨가로 인해 새로 만들어진 낱말의 품사가 변하는 경우도 있을 뿐만 아니라 접두사가 붙음으로 인해 문장의 구조가 달라지는 경우도 있다. 다음을 보자.

(36) a. *He supposed the answer.
b. He supposed that the answer would not come in time.

c. He presupposed the answer.
d. He presupposed that the answer would not come in time.

(36a)에서 볼 수 있는 것처럼 명사구는 동사 suppose의 목적어가 될 수 없다. 대신 (36b)처럼 절(clause)이 동사 suppose의 목적어가 될 때 이 문장은 어법에 맞는 문장이 된다. 그러나 suppose에 접두사 'pre-'를 붙이면 비록 품사는 바꾸지 않지만 동사의 특성이 바뀌는 현상을 관찰할 수 있다. 왜냐면 (36d)처럼 절은 물론 (36c)처럼 명사구도 목적어가 될 수 있기 때문이다. 물론 이런 종류의 증거들이 (32)에 나오는 접두사들을 derivational morphemes로 분류하는 직접적이며 결정적인 동기가 될 수는 없으나 상당히 그런 분류를 뒷받침해 주는 것으로 보인다.

Exercise E

1. 다음 글에 나오는 낱말들에서 derivational morphemes를 찾아 밑줄을 긋고 그 의미를 말하시오.

Some people, including many who support price-gouging laws, find the virtue argument discomfiting. The reason: It seems more judgmental than arguments that appeal to welfare and freedom. To ask whether a policy will speed economic recovery or spur economic growth does not involve judging people's preferences. It assumes that everyone prefers more income rather than less, and it doesn't pass judgment on how they spend their money. Similarly, to ask whether, under conditions of duress, people are actually free to choose doesn't require evaluating their choices. The question is whether, or to what extent, people are free rather than coerced.

(Michael Sandel의 *Justice*)

2. 다음의 문장에서 밑줄 친 부분에 나오는 형태소 '-ing'와 '-ed'의 종류를 말하시오.

a. He is studying English this year.
b. The boy studying English is my brother.
c. He has changed the secret codes for his bank account.
d. The burglar found the changed secret codes for his bank account.

4. 형태부(morphological component)의 특성과 기능

형태론 연구는 이제까지 우리가 검토한 낱말의 구조에 대한 지식을 토대로 낱말을 지배하는 규칙과 원리를 찾는 연구이다. 연구의 대상과 방향을 정하기 위해서, 먼저 우리는 '형태부(morphological component)'가 인간 언어에서 어떤 위치에 있고, 또 무슨 기능을 하는가를 알아야 할 것이다. 인간의 언어는 다음과 같이 4개의 핵심적인 요소로 구성되어 있다.

(37) a. phonetic component
b. semantic component

c. morphological component
d. syntactic component

이 요소들은 특성에 따라 크게 '해석적인(interpretive)' 분야와 '생성적인(generative)' 분야로 구분된다. 첫 번째 분야에 해당하는 (37a-b)와 같은 2개의 구성 요소는 주로 '음운론(phonology)'과 '음성학(phonetics)' 및 '의미론(semantics)'에서 다루어진다. 이 요소들은 낱말이나 구, 그리고 문장의 '소리'와 '의미'를 해석하는 기능을 한다. 두 번째 분야는 '형태부'와 '통사부'인데, 이런 부분에 대한 연구는 '형태론(morphology)'과 '통사론(syntax)'에서 이루어진다. 이 두 분야는 낱말 및 각종 구와 문장을 만드는 것과 관련되어 있기 때문에 생성적인 역할을 담당한다.

이런 속성으로 인해서 형태론 연구는 무엇보다 먼저 '낱말이 어떻게 생성되는가?'라는 물음에 대한 답을 제시하는 것이 되어야 할 것이다. 또 하나의 연구 과제는 낱말의 생성 과정에서 일어나는 제반 현상들을 밝히는 것이다. 그래서 형태론 연구 분야는 다음과 같은 2개의 분야로 구분된다.

(38) a. morphotactics
b. allomorphy

'morphotactics'를 사전적으로 정의하면, '형태소들을 배치하는 방법론'이라 할 수 있다. 왜냐면 형태소를 나타내는 'morph'와 배치를 나타내는 'tactics'가 합쳐진 것이기 때문이다. 그래서 좁은 의미로 해석하면, 이 용어는 '낱말의 구조를 분석하는 연구'를 의미한다. 그러나 낱말의 구조적인 특성이 새로운 낱말의 생성과 밀접한 관계가 있기 때문에 이 말은 '새로운 단어의 형성에 대한 연구'를 의미하는 것으로 확장될 수 있다. 한편, 'allomorphy'는 형태소의 변화와 관련된 것이다. 이런 현상은 음운론에서 본 것과 상당히 유사한 특징을 보여준다. 예를 들면, 음소(phoneme) /p/가 위치에 따라 [ph], [p], [p˥]와 같은 '변이음(allophones)'으로 나타나듯이, 형태소 (morpheme)도 환경에 따라 '이형태(allomorph)'로 나타나는 것을 관찰할 수 있다. 복수를 나타내는 -s, -z, -iz 가 바로 대표적인 예가 될 것이다. 형태론 연구의 2번째 분야는 바로 이런 이형태들과 그것들의 분포와 환경에 대한 연구를 하는 분야가 된다. 이제부터 우리는 이 분야들을 차례로 검토해 보기로 한다.

4.1. 낱말의 생성

우리가 평소에 의식하지 못해도 낱말은 생명체와 같이 새롭게 생성되고 또 사라져간다. 이런 현상을 자주 볼 수는 없지만 가끔 경험할 수 있다. 예를 들면, 매년 영국의 방송 매체를 통해서 새로운 어휘가 영어 사전에 등재되었다는 소식을 들을 수 있다. 또 사전을 찾다보면, 'obsolete'라는 표시가 되어 있는 단어를 종종 볼 수 있다. 우리는 이런 현상들을 별로 대수롭지 않은 것으로 여기지만, 자료를 검토해 보면, 비교적 짧은 기간 동안 영어의 어휘 수에 엄청난 변화가 있었다는 것을 알 수 있다. Crystal(2003)은 고대 영어의 언어자료(the Old English corpus)를 토대로 옛날에 영어는 약 24,000개의 어휘를 보유하고 있었다고 지적하고 있다. 한편 Oxford English Dictionary의 인터넷 홈페이지는 현대 영어의 어휘 수에 대해 다음과 같은 설명을 게시하고 있다.

(39) How many words are there in the English language?
There is no single sensible answer to this question. It's impossible to count the number of words in a language, because it's so hard to decide what actually counts as a word. ... It's also difficult to decide what counts as 'English'. What about medical and scientific terms? Latin words used in law, French words used in cooking, German words used in academic writing, Japanese words used in martial arts? ... The Second Edition of the 20-volume Oxford English Dictionary contains full entries for 171,476 words in current use, and 47,156 obsolete words. To this may be added around 9,500 derivative words included as subentries ...

Bragg (2003)는 서기 5세기경에 독일 방언을 쓰는 약 15만 명의 부족들의 언어인 고대 영어가 이제는 전 세계 약 15억의 인구가 쓰는 언어가 되었다고 말하고 있다. 위의 게시문은 이 과정에서 약 24,000개의 어휘가 17만개가 넘는 어휘로 확장되었다는 것을 확인해 주고 있다. 이 숫치를 단순히 계산하더라고 매 세기마다 약 1만개의 어휘가 늘어났다는 것을 알 수 있다.

그러면 새로운 어휘는 어떻게 태어나는가? 이런 문제에 정확한 답을 제시하기는 어렵지만, 크게 2개의 경로를 통해 그 과정을 예측해볼 수 있다. 첫 번째는 다른 언어 집단이나 문화권으로부터 새로운 어휘가 도입되는 경우이다. 예를 들면, 프랑스의 노르망디에 살던 사람들이 11세기에 영국을 점령한 이후 영어에는 많은 프랑스 어휘가 도입되었고, 또 르네상스를 거치면서 그리스와 로마의 고전 연구에서 나온 많은 어휘들이 영어에 편입되었으며, 신대륙 발견 이후 동서양의 교역 확대는 인도의 산스크리트어나 일본어 등에서 새로운 낱말들이 도입되는 결과를 나았다. 또 하나의 경로는 영어 자체 내에서 다양한 형태적인 작용(morphological operations)을 통해 새로운 어휘가 탄생하게 되었다. 이제부터 우리는 새로운 낱말들이 영어의 어휘에 도입되는 2개의 과정을 검토해볼 것이다. 논의의 효율성을 위해서 형태론과 관계가 있는 부문을 먼저 살펴보고, 다른 언어에서 들어온 어휘들은 이 섹션의 끝 부분에서 관찰할 것이다.

4.1.1. Affixing

새로운 어휘를 만드는 여러 방법들 가운데 가장 대표적인 방법은 '접사를 붙이는 방법(affixing)'이다. 이것은 접두사나 접미사를 기존의 낱말에 첨가하여 새로운 낱말을 만드는 방법을 가리킨다. 다음의 예를 보자.

(40) a. antidisestablishmentarianism
b. impossiblity

(40a)에 나오는 단어는 Halle (1973)의 논문에 나오는 고전적인 예이다. 물론 이 단어는 영어 사전에서 찾아볼 수 없는 단어이다. 그러면, 이 단어는 영어 단어가 아닌가? 그렇지는 않다. 영어를 모국어로 쓰는 사람이라면, 이 단어가 영어라고 답할 뿐만 아니라 비록 조금 힘들지만,

이 단어가 무엇을 의미하는지 알고 있다. 즉 establish를 중심으로 앞에 'anti-'와 '–dis-'가 붙었고, 뒤에 다시 여러 개의 형태소가 결합되어 있는 '–mentarianism'이 붙어서 만들어진 단어라는 것을 알 수 있다. (40b)의 단어도 웬만한 사전에는 등재되어 있지 않는 단어이다. 그러나 이 단어의 경우 좀 더 쉽게 그 구조를 분석하고 뜻을 유추해낼 수 있을 것이다. 왜냐면 형태가 조금 바뀌었지만, possible을 기반으로 앞에 접두사 'im-'이 오고, 뒤에 접미사 '–ity'가 붙은 것으로 분석할 수 있기 때문이다. 이와 같이 우리는 접두사와 접미사들을 이용하는 affixing을 통해 아주 생소한 (40a)와 같은 단어를 만들어 쓸 수 있을 뿐만 아니라 조금 익숙한 편이지만 사전에 등재되지 않은 단어들을 일상에서 무의식적으로 만들어 쓰는데, 이 방법이 가장 대표적으로 낱말을 만드는 방법이다.

그러면, 접사를 이용하는 방법을 통해서 영어의 모든 낱말에서 새로운 낱말들을 만들어 낼 수 있는가? 영어의 모든 낱말이 새로운 것을 만들 수 있는 기반이 되지는 못한다. 다음의 예를 보자.

(41) Word Classes
- a. Closed Class : pronoun, conjunction, determiner, preposition
- b. Open Class : noun, verb, adjective, adverb

영어의 낱말들은 크게 2개의 종류로 분류할 수 있다. 먼저, 'I, you, he, she, we, my, your, his, him, her' 등과 같은 대명사들은 이것들을 기반으로 다른 단어를 만들 수 없다. 또한 'and, but, or, if' 등과 같은 접속사들은 물론 'a, an, the'와 같은 한정사도 사용할 수가 없다. 전치사의 경우는 'into, onto' 등과 같이 전치사들을 연결하여 만들어진 예들이 있지만 극히 제한적이다. 이와 같이 다른 낱말을 만드는데 사용할 수 없는 부류를 '닫힌 부류(Closed Class)'라고 한다. 한편 noun이나 verb,

그리고 adjective와 adverb들은 새로운 단어를 만드는 기반으로 사용될 수 있기 때문에 이들은 '열린 부류(Open Class)'라고 부른다. 영어에서 새로운 낱말들은 바로 이런 부류에 속한 낱말들을 토대로 만들어진다.

Open Class에 속하는 낱말에 affixing의 방법을 적용해서 새로운 낱말을 만들 경우 2가지 사항을 유의해야 한다. 왜냐면 open class에 속하는 낱말들이라도 모든 형태소와 자유롭게 결합하여 새로운 낱말을 만들 수 없기 때문이다. 무엇보다 먼저 주의할 점은 형태소와 그것이 붙을 어간 사이의 제약이다. 다음의 예를 보자.

(42) a. curiousness, preciousness, audaciousness
b. happiness, famousness, lateness

c. curiosity, preciosity, audacity
d. *happity, *famousity, *latity

형용사를 명사로 만드는 접미사로 '–ity'와 '–ness'가 있다. (42a-b)처럼 형용사에 '-ness'를 붙이면 모두 어법에 맞는 명사가 된다. 그런데 '-ity'를 사용하면, (42c)처럼 'curious, precious, audacious'의 경우는 적절한 영어의 단어가 되지만, 'happy, famous, late'의 경우 (42d)와 같이 모두 어법에 맞지 않는 말이 된다. 이렇게 대조를 보이는 이유는 '-ness'와 '–ity'가 결합할 수 있는 어간에 제약이 있기 때문이다. '-ness'는 모든 형용사에 사용할 수 있다. 그러나 '-ity'는 '라틴어에서 유래한 말(Latinate)'에만 사용할 수 있고, 영어의 native어에는 사용할 수 없다. 그래서 (42c-d)와 같은 현상이 나타나게 된다.

이와 같이 접사가 붙는 대상에 제약이 있는 현상은 접두사의 경우에서도 찾아볼 수 있다. 다음의 예를 보자

(43) a. in- : indirect, inculpable, infinite
b. un- : unhappy, uncommon, unfair

c. *undirect, *unculpable, *unfinite
d. *inhappy, *incommon, *infair

(43a)와 (43b)에서처럼 우리는 '부정적인(negative)' 의미를 나타내는 접두사 'in-'과 'un-'을 붙어 새로운 낱말을 만들 수 있다. 그런데 이 접두사들을 (43c-d)와 같이 서로 바꿔 쓸 경우 모두 어법에 맞지 않는 낱말이 된다. 왜냐면 'in-'은 'direct, culpable, finite'와 같이 라틴어에서 유래한 형용사에 붙고, 'happy, common, fair'와 같은 영어의 어휘는 'un-'과 결합해야 하기 때문이다. 이상에서 본 바와 같이 새로운 낱말을 만들 경우 어간과 형태소의 사이의 제약을 반드시 고려해야 적절한 단어를 만들 수 있다는 점을 유의해야 한다.

다음으로 주의해야 할 점은 새로운 낱말을 생성할 때 순서를 지켜야 한다는 점이다. 하나의 낱말과 하나의 형태소를 결합할 때 이것은 큰 문제가 되지 않지만, 3개 이상의 요소로 낱말을 만들 경우에는 형태소들의 결합 순서가 아주 중요한 역할을 한다. 여기에는 2가지 이유가 있다. 왜냐면 우선 순서를 지키지 않으면 원하는 단어를 만들 수 없기 때문이다. 다음은 이미 만들어진 말의 의미를 정확하게 파악하려면 이런 순서로 인해 생기는 낱말의 구조를 아는 것이 중요한 관건이기 때문이다.

이제 구체적인 예를 통해 이런 사실을 확인해 보자. 다음 (44a)의 'un-happiness'는 접두사 'un-'과 어간 'happy', 그리고 접미사 '–ness'를 (44b)처럼 일직선으로 나열한 경우로 생각하는 경향이 있다. 즉, 3개의 요소 모두가 동시에 결합된 것처럼 보인다.

(44) a. unhappiness
b. un — happy — ness

그러나 이런 구조는 적절한 구조가 아니다. 다음 (45)의 a와 b를 비교해 보자.

(45) a.

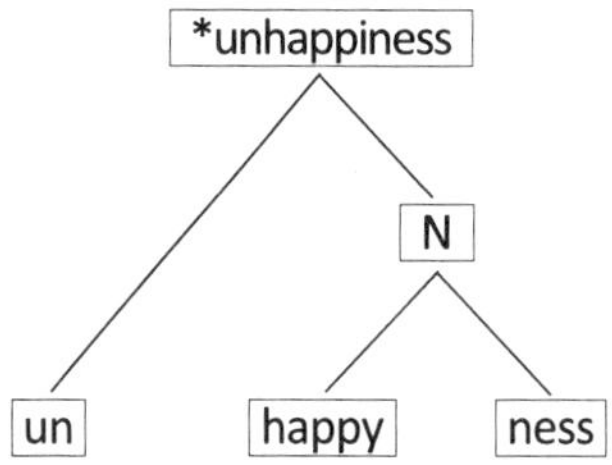

b.

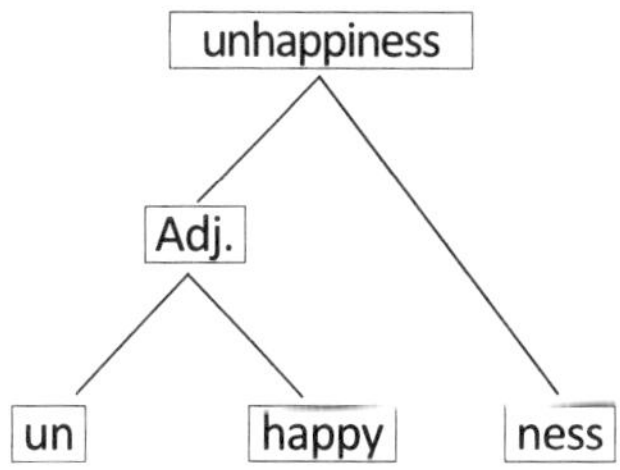

접두사 'un-'과 접미사 '–ness'는 모두 형용사와 결합해서 새로운 낱말을 만들 수 있다. 그래서 먼저 (45a)처럼 'happy'와 '-ness'를 결합하고, 다음에 'un-'을 붙이는 구조를 생각해볼 수 있다. 그러나 이런 순서는 적절하지 못하다. 왜냐면, 명사 'happiness'에 형용사에 붙는 'un-'을 붙일 수 없기 때문이다. (45b)처럼 먼저 'un-'과 'happy'를 결합한 뒤 '–ness'를 붙여야 한다. 왜냐면, 'unhappy'는 이런 접미사가 붙을 수 있는 형용사이기 때문이다. 이런 관찰을 통해서 우리는 낱말이 (44b)처럼 '선형적인 순서(linear ordering)'로 이루어진 것이 아니라 (45b)와 같은 '계층적인 순서(hierarchical ordering)'로 이루고 있다는 것을 알 수 있다. 나아가서 우리는 이런 순서를 기반으로 낱말의 의미를 파악하는데, 이와 관련해서 좀 더 현저한 대조를 보여주는 예들을 다음 섹션에서 검토해볼 것이다.

Exercise F

■ 다음 낱말들의 구조를 표시하시오.

a. productive:

b. arrangement:

c. incompetent:

d. intransitive:

e. redirection:

f. prematurity:

g. inactivity:

h. underestimation:

4.1.2. Compounding

다음으로 영어를 포함해서 많은 언어들이 새로운 낱말을 만들 때 가장 많이 사용하는 방법들 가운데 하나가 '복합(Compounding)'이다. 복합이란 접두사나 접미사가 아니라 기존에 있는 낱말들(free forms)을 사용하여 새로운 낱말을 만드는 방법을 가리킨다. 앞에서 관찰했던 affixing이 새로운 단어를 만드는 방법들 가운데 대표적인 방법이라고 알려져 있으나 실제로 일상생활에서는 이런 방법만큼 많이 쓰이는 것이 compounding이라 할 수 있다. 다음 언론 기사에 나타난 예들을 검토해 보자.

(46) a. Search for a term like "tennis balls" using Google, Bing or Yahoo, and two types of link appear. The majority form a long list of "organic" results. Companies pay the search engines nothing for these. But those at the very top and on the right-hand side of the screen are paid links, a form of advertising that accounts for most of the revenue of search engines.

(from The Economist July 13th 2013)

b. The North Carolina governor and Legislature, after going through several iterations of tax reform bills, are now considering lowering personal and corporate income tax rates. I strongly support such a move. It will help make North Carolina a more business-friendly, competitive, pro-growth state. Think of it as an investment by the state in more and better jobs.

(from New York Times July 12, 2013)

c. Last week, the administration announced it was delaying by a year the implementation of one of Obamacare's provisions,

> the requirement that large employers provide health insurance. You'd think the opposition party, which has spent four years denouncing the health-care reforms, would be delighted by the reprieve.
>
> (from Washington Post July 11, 2013)

간단한 몇 개의 문장에서도 발견할 수 있는 것처럼 많은 낱말들이 복합어로 사용되는 것을 볼 수 있다. 보통 tennis balls처럼 떨어져 있는 복합어도 있으나 right-hand처럼 '-'로 연결된 것도 있다. 또한 2개의 요소만이 아니라 tax reform bills나 health-care reforms처럼 3개의 요소가 결합된 것도 있고, Obamacare처럼 고유명사인 Obama와 care가 합쳐진 경우도 관찰할 수 있다.

이처럼 많은 복합어들이 일상생활에서 자주 사용되고 있는데, 이것들을 '명사구(Noun Phrase)'로 혼동하는 경우가 흔히 있다. 복합어와 명사구의 차이를 알아보기 위해 다음 예들을 검토해 보자.

(47) a. word processor, pay phone
b. ice cream
c. blackbird
d. high-born

(47a)에서 'word'와 'processor'가 합쳐서 컴퓨터와 관련된 용어인 'word processor(워드 프로세서)'를 만들고, 'pay'와 'phone'이 결합하여 '유료 전화'를 나타내는 명사가 만들어진다. 그런데 2개의 요소가 서로 떨어져 있고, 또 의미 파악도 비교적 쉽기 때문에 이런 표현들을 마치 명사구처럼 생각하는 경향이 있다. 그러나 이것들은 명사구가 아니라 각각 하나의 단어이다. 왜냐면 복합어의 의미는 구성 요소들의 의미를 합한 것이 아니기 때문이다. 이 점을 뒷받침해 주는 낱말을 (47b)에서 찾아 볼 수 있다. 'ice cream'은 'ice'와 'cream'의 의미를 합친 것이 아니

라 전혀 다른 의미를 나타낸다. (47c)의 'blackbird'는 'black'과 'bird' 사이에 빈 간격이 없기 때문에 비교적 복합어로 인식하기 쉽지만, 이것을 복합어로 분류하는 이유도 의미와 밀접하게 관련되어 있다. 왜냐면, 'blackbird'는 영국에서 '지빠귀'를 의미하고 '미국'에서는 '찌르레기'를 가리키는 것이고, 털의 색깔이 '갈색(brown)'인 새들도 있기 때문이다. (47d)의 경우도 복합어의 전형적인 특징을 보여준다. '-'이 있기 때문에 (47c)만큼 복합어로 판정하기 쉬운데, 이 낱말의 의미인 '명문 출신의'도 'high'와 'born'의 의미의 합이라고 단정할 수 없을 것이다.

compounding이 중요한 낱말 생성 방법으로 사용되는 경우는 다른 언어에서도 흔히 찾아볼 수 있다. 다음의 Turkish 합성어의 예를 보자.

(48) a. baş bakan 'head', 'minister' = 'Prime Minister'
b. yurt sever 'land', 'loving' = 'patriot'
c. büyük anne 'great', 'mother' = 'grandmother'
(from Spencer 1991)

예를 들면, 'head'와 'minister'을 의미하는 'baş'와 'bakan'이 결합하여 'Prime Minister'를 의미하는 복합어가 만들어지는 것을 볼 수 있다. 우리말에도 복합어의 예들이 많이 있는데, 국립국어원의 한글 맞춤법 규정에 나와 있는 다음 예들을 살펴보자.

(49) a. 국말이, 꽃잎, 끝장, 물난리, 부엌일, 웃옷, 젖몸살, 칼날, 팥알
b. 나룻배, 나뭇가지, 냇가, 맷돌, 머릿기름, 모깃불, 못자리, 바닷가, 뱃길

(49a)의 예들은 '국+말이', '꽃+잎'처럼 명사와 명사를 결합하여 생성된 복합어들이다. (49b)의 예들은 2개의 낱말이 결합될 때 사이시옷 '-ㅅ-'이 첨가되어 만들어지는 복합어들이다. 예를 들면, '나루'와 '배'를 '-ㅅ-'으로 결합하여 '나룻배'가 만들어진다.

우리말에서 복합어를 만들 때 사이시옷과 같은 특이한 요소를 첨가하는 것처럼 영어에서도 다른 것을 넣어서 복합어를 만드는 현상을 관찰할 수 있다.

(50) a. the children's swing
b. [[the children's] swing]
c. [the [children's swing]]

(50a)는 2가지 해석이 가능하다. 첫째, (50b)와 같은 구조로 분석하면, 이 말은 '그 아이들의 그네'로 해석된다. 그러나 (50c)와 같은 구조로 분석할 경우, 이 말은 '그 아동용 그네'를 나타낸다. (50c)에 해당하는 구조가 바로 명사에 '-s'를 첨가하여 복합어를 만든 경우이다. 이런 예들은 다음과 같은 경우에서도 찾아 볼 수 있는데, '-s'에 소유격 표시를 붙이는 경우도 있지만, 소유격 표시를 없애고 사용하는 경우도 흔히 볼 수 있다.

(51) a. girls' school / girls school (Quirk 1985)
b. men's wear / mens wear (Taylor 1996)
c. bull's eye / bulls eye (Adams 2001)

이와 같이 기존에 있는 낱말들을 이용하여 다양한 복합어들을 만들 수 있는데, 반드시 2개의 요소만 가지고 복합어를 만들어야 하는 것은 아니다. 때때로 3개 이상의 요소들을 사용할 수 있는데, 이때 주의할 점은 구조에 따라 의미가 달라질 수 있다는 점이다. 다음의 예를 보자.

(52) a. student film society
b. [[student film] society] : society for student films

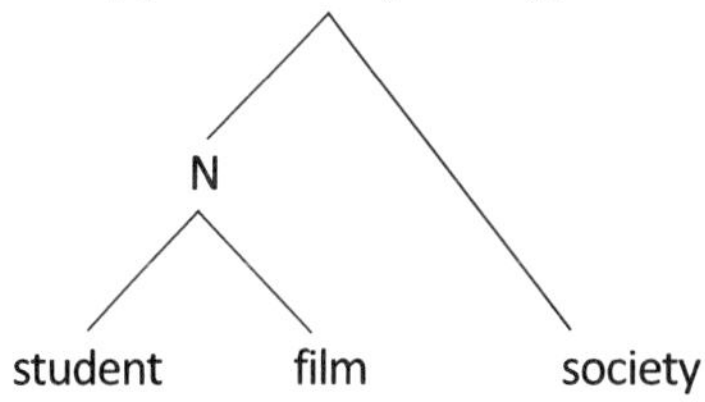

c. [student [film society]] : film society for students

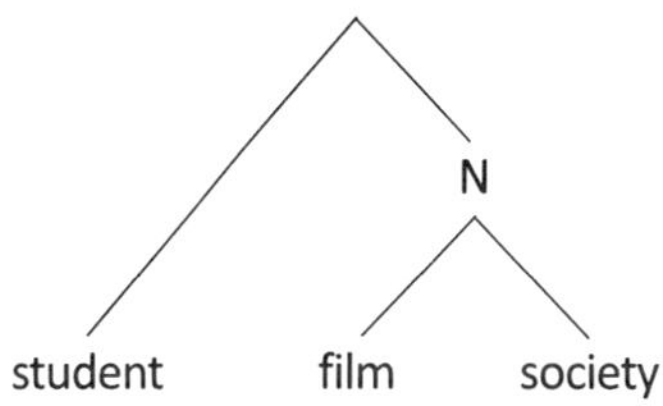

(from Spencer 1991)

(52a)가 (52b)와 같은 구조를 가지고 있는 경우, 즉, 'student'와 'film'을 먼저 결합하고 나중에 'society'가 첨가한 경우 이 복합어는 'society for students films'를 의미한다. 그러나 (52c)처럼 'film'과 'society'가 먼저 합치고 뒤에 'student'를 연결하면, 이것은 앞의 경우와 다른 의미를 나타낸다.

이처럼 구조에 따라 의미가 달라지는데, 복합어에 접미사가 붙는 경우는 결합된 순서와 구조에 따라 의미가 없는 말이 만들어질 수도 있기 때문에 주의할 필요가 있다. 다음의 예를 보자.

(53) a. nuclear physicist
b. [nuclear [physic + ist]]
c. [[nuclear physic] + ist]

(53a)를 (53b)와 같이 분석할 경우, 즉, 'physic'과 '–ist'가 먼저 결합하

고 뒤에 'nuclear'가 붙는 것으로 상정하면, 이것은 '핵으로 이루어진 물리학자'를 의미하기 때문에 말이 안 되는 복합어가 된다. 대신, (53c)처럼 먼저 'nuclear'와 'physic'을 합쳐 복합어를 만들면, 이것은 '핵물리학'을 의미하는데, 여기에 마지막으로 '–ist'를 결합해야 '핵물리학자'와 같은 의미가 도출된다. 이와 같이 복합어에서도 결합 순서와 구조가 의미를 결정하는 중요한 요소이기 때문에 정확한 도출과 분석이 필요하다.

Exercise G

■ 다음 글에서 복합어를 찾아 밑줄을 그으시오.

Gun runners once were so nonchalant about driving into Mexico that one smuggler stashed a .50-caliber rifle on the top of the engine block of a sedan, the weapon visible to anyone who bothered to pop the hood. It was 2010 and word hadn't yet spread that U.S. officials were beefing up outbound inspections, searching for guns that were fueling Mexico's raging drug war. Border agents confiscated the rifle and hundreds of other weapons and ammunition during the first few years of stepped-up enforcement along the southwestern border, federal data show. Mexican officials have also taken action, installing scales to see whether southbound cars are abnormally overweight – a possible indication of gun smuggling. But as inspections have become more aggressive, smugglers have become more sophisticated. Instead of sending a big shipment of AK-47s in one vehicle, U.S. officials said, arms traffickers dismantle weapons and transport the pieces in separate vehicles.... Smugglers have also used drivers who theoretically would avoid suspicion. Agents once recovered ammunition in the molding of a minivan. The vehicle was driven by a father. Mom sat beside him, with kids in the back. In December, one smuggler trying to pass through the San Luis port of entry in western Arizona concealed ammunition magazines in the rear seat, door panels and rear bumper of a 1991 Oldsmobile Cutlass.

(from Los Angeles Times July 12, 2013)

4.1.3. Shortening

'줄이기(shortening)'는 다양한 언어에서 발견되는 것으로 새로운 낱말을 만드는 방법들 가운데 하나이다. 우리말에서도 '줄인 낱말'들이 많이 사용되고 있다. 다음은 한글 맞춤법에서 제시하는 준말들 가운데 일부이다.

(54) 본말 → 준말

a. 어제저녁 → 엊저녁
b. 개었다 → 갰다
c. 더하여 → 더해
d. 그것은 → 그건

(54a)의 경우 복합명사가 4음절의 단어에서 3음절의 단어로 줄인 꼴이 되며, (54b)에서는 과거형 동사가 준말이 된다. (54c)처럼 부사가 2음절의 낱말로 바뀌고, (54d)에서는 대명사와 주격조사가 합쳐서 2음절의 단어가 된다. 이처럼 기존의 낱말의 줄여서 새로운 말을 만드는 경우는 영어에서도 흔히 볼 수 있다. 예를 들면, obituaries를 obits로 음절을 줄여서 쓰는 경우가 대표적인 예가 될 수 있다. 또한 영어에는 jet와 같이 jet airplane에서 뒤에 나오는 명사 airplane을 제거하고 앞의 단어만 쓰는 경우도 있다. 이밖에도 acronym, initialism, back formation, 그리

고 blending과 같은 준말을 만드는 방식들이 있는데, 이들을 차례로 검토해 보자.

ACRONYM / INITIALISM

현대 영어의 특징 중에 하나는 많은 '줄임말 (shorting)'들이 사용되고 있다는 점이다. 대표적인 준말은 영어 단어의 앞 글자들로 이루어진 말들이다. 예를 들면, 국제연합 (United Nations: UN)의 웹사이트에 들어가면 수많은 국제기구들이 '줄임말'로 표현되는 것을 볼 수 있다. 대표적인 예로 (55a)의 국제민간 항공기구를 의미하는 'ICAO'가 있다. 또한 (55b)처럼 우리나라도 회원국들 가운데 하나인 경제협력개발기구도 흔히 'OECD'와 같은 줄임말로 쓰이고 있다.

(55) a. Constantly seeking to foster and support the sustainable growth of air transport, the International Civil Aviation Organization serves as the global forum for its 191 Member States. Amongst its many other functions supporting all aspects of international civil aviation, ICAO brings together States and key industry organizations to determine areas of strategic priority, develops policies and standards, coordinates global monitoring, analysis and reporting initiatives, and delivers targeted assistance and capacity building.

b. The mission of the Organisation for Economic Co-operation and Development (OECD) is to promote policies that will improve the economic and social well-being of people around the world. The OECD provides a forum in which governments can work together to share experiences and seek solutions to common problems. We work with governments to understand what drives economic, social and environmental change.

c. UNICEF Executive Director Anthony Lake and President of the

UNICEF Executive Board .. Jarmo Viinanen, are currently in Botswana to attend the global thematic consultation on health in the post-2015 development agenda. During their visit, they have taken time to engage with young people in Botswana, a country hit hard by HIV/AIDS.

또한 (55c)에 나오는 'UNICEP'는 우리에게 익숙한 UN의 기구 중에 하나인 'United Nations International Children's Emergency Fund'를 줄인 말이다. 이외에도 (55c)의 끝에 나오는 'HIV'와 'AIDS'도 각각 'human immunodeficiency virus(인류 면역 결핍 바이러스)'와 'acquired immune deficiency syndrome(후천성 면역 결핍증)'의 앞 글자를 모아서 만든 말이다.

이렇게 앞 글자를 이용해서 새로운 말들을 만들 수 있는데, 영어의 경우 이런 낱말들을 다음과 같이 2개의 종류로 구분하고 있다.

(56) a. acronym: UNESCO, NASA, ASEAN
b. initialism: FBI, DNA, CD

먼저, 'acronym'은 앞 글자로 이루어진 낱말이지만, 마치 하나의 낱말인 것처럼 발음되는 것을 가리킨다. 그래서 (56a)의 예들은 각각 '유네스코, 나사, 아세안'이 된다. 한편, (56b)의 예들은 '에프비아이, 디엔에이, 씨디'처럼 철자를 차례대로 읽은 소리로 표현되는데, 이런 종류의 준말들을 'initialism'이라 한다. acronym을 보통의 낱말처럼 발음을 하는 이유는 이것들의 자음과 모음의 배열이 일반적인 낱말들의 그것과 유사하기 때문인 것으로 보인다. 이와 반면에 initialism에 해당하는 낱말들은 그런 구조를 가지고 있지 않기 때문에 철자 소리로 표현되는 것으로 보인다.

Exercise H

■ 다음 줄인 말의 예들 가운데, acronym과 initialism에 해당하는 것들을 구분하시오.

a. UNCTAD (United Nations Conference on Trade and Development)
b. WHO (World Health Organization)
c. CUNY (Citye University of New York)
d. SUNY (State University of New York)
e. KOTRA (Korea Trade-Investment Promotion Agency)
f. NYU (New York University)
g. UCLA (University of California Los Angeles)
h. ECB (European Central Bank)
i. NYPD (New York Police Department)
j. IBRD (International Bank for Reconstruction and Development)

BACK FORMATION

기존의 낱말을 줄여서 새로운 낱말을 만드는 또 하나의 방법은 'Back Formation'이다. 예를 들면, 'televise'와 같은 말이 대표적인 예인데, 이것은 명사 'television'에서 뒤에 나오는 명사형 접미사 '-ion'을 제거해서 만들어진 '동사'이다. 그래서 이런 방식을 'Back Formation'이라고 부르게 되었다. 영어에는 이런 유형에 속하는 말들이 많은데, 다음 낱말들이 대표적인 예들이다.

(57) a. babysit (babysitter), typewrite (typewriter), peddle (peddler),
b. edit (editor), sculpt (sculptor)
c. brainwash (brainwashing)

이런 방식의 두드러진 특성은 주로 기존에 있는 명사를 동사로 만드는 것이다. 특히 (57a)의 괄호 속에 있는 명사들은 모두 '-er' 형태를 가진 명사들인데, 이 낱말의 끝에 나오는 '-er'을 제거하고 'babysit, typewrite, peddle'과 같은 새로운 낱말이 만들어졌다. 이런 식으로 새로운 낱말을 만드는 것은 'driver (N) ↔ drive (V)'와 같이 'V-er'로 이루어진 단어는 그에 대응하는 동사가 있는 경우가 흔하기 때문에 이런 현상을 유추한 결과로 보인다. (57b)의 경우도 'director (N) ↔ direct (V)'와 같이 'V-or' 형태의 명사에는 그에 상응하는 동사가 있기 때문에 이런 현상을 응용한 결과로 추정할 수 있다. (57c)의 경우는 'working (N) ↔ work (V)'과 같이 '–ing'가 붙는 명사와 그것과 관련된 동사가 있는 현상을 토대로 새로운 낱말의 생성에 이런 관계를 적용한 결과로 볼 수 있다.

BLENDING

2개의 낱말을 줄여서 하나의 낱말로 만드는 방법에는 'narcotics agent'를 'narc'로 만들거나 'independent film'을 'indie'로 줄이는 방식이 있다. 이런 방식의 특징은 비록 'indie'의 경우 형태가 약간 변형되었기는 하지만, 2개의 낱말 가운데 하나를 삭제한다는 점이다. 그러나 낱말을 줄이는 방식에는 하나를 생략하지 않고 2개 모두를 이용하는 방법이 있다. 이런 방식을 'Blending'이라고 하는데, 다음과 같은 예들 속에서 그 특성을 관찰할 수 있다.

(58) a. smog (smoke + fog)

b. brunch (breakfast + lunch)
c. motel (motor + hotel)

이 낱말들은 괄호 안에 나오는 2개의 단어에서 일부를 삭제하고, 나머지를 합쳐서 만든 단어들인데, 이런 낱말들을 'portmanteau words'라고 부르기도 한다.

4.1.4. Shifting

앞에서 언급한 바와 같이 낱말들은 세월이 흐름에 따라 새롭게 생성될 뿐만 아니라 소멸하기도 한다. 또한 형태가 바뀌고 소리도 변화하며, 새로운 의미가 첨가되거나 품사가 달라지는 경우도 있다. 예를 들어 Oxford English Dictionary에 나오는 단어 'edgy'에 대한 설명을 보면, 이렇게 낱말이 변화하는 현상 가운데 하나를 실감할 수 있다.

(59) a. edgy: adj. tense, nervous, or irritable.
b. — The only thing edgy about Actually was the language and ...
— After making a name for himself with cool, edgy films like My Life as a Dog and ...
— wide-legged baggy-crotch jeans commercial – all edgy and alternative. ...
— casting of her may have seemed daring and edgy, it's all wrong. ...
— much worse than a film that thinks it's edgy and quirky but just plain ...
— Would it mention his great work in edgy films like Pulp Fiction ...
— Death, which was very contemporary and edgy ...
— I'm staying edgy and I'm not going to compromise ...
— To Hollywood, drunkards are figures of edgy fun right up to the moment ...
— Emin toprak are quite brilliant in these edgy battles for the remote control

c. Definition of *edgy* in English
edgy : adjective (edgier, edgiest)

1. tense, nervous, or irritable : he became edgy and defensive
   (of a musical performance or piece of writing) having an intense or sharp quality: tremendously edgy brass playing

2. informal at the forefront of a trend; experimental or avant-garde: their songs combine good music and smart, edgy ideas

1999년도에 출간된 the Concise Oxford English Dictionary에 따르면, 'edgy'는 (59a)에 설명되어 있는 바와 같이 하나의 의미(a single meaning)를 나타내는 단어였다. 그런데 (59b)와 같이 'edgy'가 쓰인 다양한 예들을 속에 나타난 의미는 (59a)와 다른 것이라는 사실을 발견했다. 이들 예에 나오는 의미를 추출한 결과 'edgy'는 'informal, avant-garde and unconventional'을 의미하고 있다는 것을 발견하게 되었다. 그래서 Oxford English Dictionary에 나오는 단어 'edgy'에 대한 정의는 (59c)와 같이 변하게 되었다.

이제까지 우리가 보아왔던 새로운 단어를 생성하는 방법들의 공통적인 특징은 기존의 단어를 구조적으로 변화시킨다는 점이다. 예를 들면, affixing의 경우 접두사나 접미사를 첨가시키고, compounding의 경우는 다른 단어들을 결합시키며, shortening의 경우 낱말의 형태를 줄여서 새로운 낱말들을 만들었다. 이와 반면에 낱말의 형태 자체에는 변화가 없이 의미나 품사 등이 변화를 일으켜서 마치 새로운 단어가 만들어지는 것과 같은 효과를 나타내는 현상이 관찰된다. 위의 (59)의 'edgy'의 경우도 하나의 예가 될 수 있다. 이와 형태를 그대로 유지한 채 다른 낱말이 되는 것과 같은 효과를 나타내는 것을 포괄적으로 말해서 'shift'라고 하는데, 이런 방식에는 어떤 낱말이 다른 의미를 나타내는 낱말이 되는 'semantic shift'와 품사가 바뀌는 'functional shift(혹은 conversion)'가 있다.

SEMANTIC SHIFT

이런 유형의 변화를 겪어 새로운 말로 사용되는 경우들을 우리 주변에서 흔히 볼 수 있다. 온라인 사전인 wikipedia에 나와 있는 몇 가지 예를 들어보자.

(60) a. Demagogue : Originally meant "a popular leader". It is from the Greek dēmagōgós "leader of the people", from dēmos "people" + agōgós "leading, guiding". Now the word has strong connotations of a politician who panders to emotions and prejudice.

b. Gay : Originally meant (13th century) "lighthearted", "joyous" or (14th century) "bright and showy", it also came to mean "happy"; it acquired connotations of immorality as early as 1637, either sexual e.g., gay woman "prostitute", gay man "womanizer", gay house "brothel", or otherwise, e.g., gay dog "over-indulgent man" and gay deceiver "deceitful and lecherous". In America by 1897 the expression gay cat referred to a hobo, especially a younger hobo in the company of an older one; by 1935, it was used in prison slang for a homosexual boy; and by 1951 and clipped to gay, referred to homosexuals.

'demagogue'는 원래 '민중의 지도자'란 말을 의미했다. 왜냐면 그리스어에서 '민중을 인도하는 사람'이란 뜻을 나타냈기 때문이다. 그런데, 요즘에는 이 말은 '(민중) 선동자, 선동 정치가'를 의미하는 말이 되었다. 'gay'의 경우도 13세기에는 '낙천적인, 즐거운' 등과 같은 의미를 나타내는 말이었는데, 17세기부터 성적으로 부도덕한 것을 나타내는 말이 되었다. 이후 특히 1935년경에 그것은 '감옥에서 사용하는 속어'로서 '남성 동성애자'를 가리키는 말로 사용되었고, 1951년부터는 일반적으로 '동성애자'를 가리키는 말로 뜻이 변하게 되었다. 이렇게 낱말의 형태는 변하지 않고, 의미가 변하여 마치 새로운 낱말이 만들어진 것과 같은 효과를 종종 관찰할 수 있다.

Exercise I

■ 다음 낱말들의 원래 의미와 변화된 의미를 말하시오.

a. coyote:
b. crack:
c. thumb-nail:
d. hawk:
e. dove:
f. mouse:
g. broadcast:

FUNCTIONAL SHIFT (CONVERSION)

'품사(lexical category)'는 낱말이 가지고 있는 중요한 정보 가운데 하나라는 것을 앞에서 관찰했다. 일반적으로 낱말의 품사는 비교적 고정되어 있는 것으로 생각하는 경향이 있지만 언제나 그런 것은 아니다. 품사도 마찬가지로 세월이 흐름에 따라 변할 수 있다. 다음 예를 검토해 보자.

(61) a. preposition : having the same characteristics or qualities as; similar to:
— he used to have a car like mine.

— they were like brothers
— she looked nothing like Audrey Hepburn
b. informal conjunction : in the same way that; as:
— people who change countries like they change clothes

여기에 나오는 설명은 Oxford English Dictionary에 나온 해설을 일부 발췌한 것이다. 'like'는 (61a)와 같은 의미를 가지고, 예문처럼 '전치사'로 사용되어 왔다. 그러나 (62b)의 예처럼 이것을 '접속사'로 사용하는 경우가 흔해졌기 때문에 'informal'이라는 단서를 붙이고 등재하게 되었다. 이와 같이 낱말의 형태와 의미는 유사하지만, 품사가 바뀌는 것을 'functional shift' 혹은 'conversion'이라고 부른다. 이런 방식도 새로운 낱말을 만드는 것과 같은 효과를 보여주고 있다.

이런 유형의 변화가 특히 두드러지게 나타나는 예는 명사가 동사로 변화한 낱말 속에서 찾을 수 있다. 다음의 문장들을 비교해 보자.

(62) a. This book is an essential guide to all facets of asphalt technology as applied to the construction and maintenance of highways.
b. The workers have asphalted the road newly constructed by the company.
c. Although its first cost is higher than asphalt, cement is stronger and lasts longer, so its life-cycle cost is lower.
d. Wooden posts were cemented into the ground.

'asphalt'는 사전에 정의된 것처럼 'a mixture of dark bituminous pitch with sand or gravel, used for surfacing roads, flooring, roofing, etc...'와 같은 물질을 가리키는 말이다. 이것은 보통 (62a)처럼 이 명사로 알려져 있다. 그러나 이제는 이 명사가 (62b)처럼 동사로 전환되어 사용되는 것을 볼 수 있다. (62c-d)는 'cement'가 명사와 동사로 사용되는 예를 보여준다. 이와 같이 functional shift도 새로운 낱말이 만들어지는 것과 같은 역할을 한다.

Exercise J

■ 다음 낱말들이 동사로 사용되는 예를 제시하시고, 그 의미를 말하시오.

a. e-mail:

b. bookmark:

c. market:

d. play:

e. update:

f. outrage:

g. delay:

4.1.5. Inventing

낱말을 만드는 방법 중에 아예 새로운 낱말을 만드는 방식이 있다. 이런 방법을 'inventing'이라고 하고, 이런 방법을 통해 만들어진 단어들을 'neologism'이라 한다. 이런 방식으로 만들어진 낱말들이 많은 것은 아니지만, 우리 생활 속에서 이런 예들을 종종 발견할 수 있다.

(63) a. Xerox Hopes Its New Logo Doesn't Say 'Copier'.

(from New York Times)

b. Letters you send should be xeroxed after you sign them.

c. Although gerrymandering is usually thought of as a bipartisan offense, the rather asymmetrical results may surprise you.

d. The word gerrymander (originally written Gerry-mander) was used for the first time in the Boston Gazette on 26 March 1812. The word was created in reaction to a redrawing of Massachusetts state senate election districts under the then-governor Elbridge Gerry. In 1812, Governor Gerry signed a bill that redistricted Massachusetts to benefit his Democratic-Republican Party. When mapped, one of the contorted districts in the Boston area was said to resemble the shape of a salamander. The term was a portmanteau of the governor's last name and the word salamander.

(from wikipedia)

(63a)의 'Xerox'는 1906년에 설립된 복사기 제조사인 'The Haloid Photographic Company'가 1958년 'Haloid Xerox'로 회사명을 개명했다가 1961년에 앞 글자인 'Haloid'를 삭제하고 쓰게 된 회사명이다. 이 회사의 주력 제품인 복사기의 이름도 회사명과 같았기 때문에 이 말은 (63b)처럼 '복사하다'를 의미하는 동사로 사용되게 되었다. 한편 (63d)의 설명에 따르면, (63c)의 'gerrymandering'은 일종의 'portmanteau word'이다. 즉, '주지사의 이름(Gerry)'에 '도롱뇽(salamander)'의 단어를 일부 잘라 붙여 'gerrymander'로 만든 말이다. 그래서 이것은 '(선거구를) 자기 당에 유리하게 고치다; 부정(不正)을 하다, 속이다)'를 의미하는 새로운 낱말이 되었다.

이와 같이 영어 어휘나 다른 언어에도 없는 말인 회사명이 이제는 영어의 단어로 사용되는 경우도 있고, 고유명사와 다른 낱말의 일부를 합쳐 새롭게 낱말들이 만들어지는데, 이런 말들은 3가지 종류로 나눌 수 있다. 다음의 예들을 비교해 보자.

(64) a. aspirin, kleenex, frisbee, Tupperware, Post-It
b. hyperspace, Internet, cyberspace, blackhole
c. laser (Light Amplification by Stimulated Emission of Radiation), taser (Thomas A Swift Electric Rifle), radar (Radio Detection And Ranging)

(64a)에 나온 단어들은 모두 상품의 이름에서 나온 단어들이다. 예를 들면, 1897년 독일의 과학자 Felix Hoffmann이 발견한 'aspirin'은 그가 근무하던 회사인 Bayer사의 상표명이 되었다. 그런데 이것이 이제 '해열진통제'를 가리키는 보통명사가 되었다. (64b)는 영어의 단어들을 결합하여 새로운 낱말을 만든 예들을 보여준다. 한편, (64c)의 예들은 괄호 속에 나오는 낱말들의 앞 글자를 추출한 'acronym'과 같은 말들인데, 이제 각각의 철자를 모두 대문자로 표기하지 않고 합쳐서 마치 하나의 낱말인 것처럼 취급하고 있다.

Exercise K

■ 다음 낱말들의 의미를 말하시오.

a. robotics:
b. webinar:
c. Chindia:
d. prion:
e. lidar:
f. genocide:
g. homophobia:

4.1.6. Borrowing

영어는 앞에서 지적한 바와 같이 서기 5세기에 유럽 대륙에서 살다가 영국으로 이주한 몇몇 부족들이 사용하던 언어에서 그 기원을 두고 있다. 초기의 영어는 문법적인 구조에서 오늘날의 영어와 아주 다른 모습을 띠고 있었고, 어휘수도 상당히 적은 편이었다. 이런 적은 수에서 Oxford English Dictionary에 등재된 바와 같이 17만개 넘는 어휘로 성장하는 과정을 단순히 영어 단어 내부의 변화로 설명하는 데는 분명한 한계가 있다. 왜냐면, 초기의 어휘들과 연관시킬 수 없는 단어들이 현대의 영어에는 아주 많이 보이기 때문이다. 이런 어휘들이 등장하게 된 이유는 소위 다른 문화권과의 접촉을 통해서 설명할 수 밖에 없는데, 외부에서 도입된 어휘들을 'borrowing words' 혹은 'loan words' 라고 부른다.

이와 같이 새로운 어휘들이 도입된 과정은 영국 역사와 밀접한 관계가 있는 것으로 보인다. 예를 들면 소위 Danelaw 시대라고 부르는 9세기에서 10세기 사이에 많은 Scandinavian 종족들이 영국의 북동부를 점령하게 되고 이들의 낱말들이 중세 영어에 편입되게 된다. 그 대표적인 예들로 다음과 같은 것들이 있다.

(65) Scandinavian Words:
anger, blight, by-law, cake, call, clumsy, doze, egg, fellow, gear, get, give, hale, hit, husband, kick, kill, kilt, kindle, law, low, lump, rag, raise, root, scathe, scorch, score, scowl, scrape, scrub, seat, skill, skin, skirt, sky, sly, take, they, them, their, thrall, thrust, ugly, want, window, wing ...
(from http://www.ruf.rice.edu/~kemmer/Words04/structure/borrowed.html)

이와 같이 문화 집단의 접촉은 어휘의 도입이란 결과를 야기했는데, 영어에는 특이한 점이 하나 발견된다. Angle족과 Saxon족 등이 영국을 점령하기 전에 Celt족이 영국 땅에 살고 있었는데, 이들이 분명 외침한 부족과 같이 살았던 것으로 예측할 수 있는데도 불구하고 그들이 사용하던 낱말들이 별로 남아있지 않다는 점이다. Bragg은 'It has been calculated that no more than two dozen words were recruited to the conquering tongue'라고 지적하면서, 그것들은 'Thames, Avon, Dover, London' 등 지명을 나타내는 말들을 예로 들고 있다.

외국어 가운데 영어의 어휘에 가장 많이 영향을 끼친 것은 프랑스어이다. 특히 서기 11세기에 프랑스 Normandy공 Duke William II(나중에 William the Conquerer로 불림)의 영국 정복과 더불어 많은 어휘들이 영어에 도입되게 된다. 그 대표적인 예로 다음의 (66a)에 해당하는 낱말들을 볼 수 있다. 이때 들어온 말들은 주로 '법률과 정부, 교회, 귀족계급, 군사, 요리, 문화, 사치품' 등과 관련된 말들이었다.

(66) a. Middle English Period (1100-1500):

Law and government: attorney, bailiff, chancellor, chattel, country, court, crime, defendant, evidence, government, jail, judge, jury, larceny, noble, parliament, plaintiff, plea, prison, revenue, state, tax, verdict

Church: abbot, chaplain, chapter, clergy, friar, prayer, preach, priest, religion, sacrament, saint, sermon

Nobility: baron, baroness; count, countess; duke, duchess; marquis, marquess; prince, princess; viscount, viscountess; noble, royal (contrast native words: king, queen, earl, lord, lady, knight, kingly, queenly)

Military: army, artillery, battle, captain, company, corporal, defense,enemy,marine, navy, sergeant, soldier, volunteer

Cooking: beef, boil, broil, butcher, dine, fry, mutton, pork, poultry, roast, salmon, stew, veal

Culture and luxury goods: art, bracelet, claret, clarinet, dance, diamond, fashion, fur, jewel, oboe, painting, pendant, satin, ruby, sculpture

Other: adventure, change, charge, chart, courage, devout, dignity, enamor, feign, fruit, letter, literature, magic, male, female, mirror, pilgrimage, proud, question, regard, special

b. Modern English (1650-present) :

High culture: ballet, bouillabaise, cabernet, cachet, chaise longue, champagne, chic, cognac, corsage, faux pas, nom de plume, quiche, rouge, roulet, sachet, salon, saloon, sang froid, savoir faire

War and Military: bastion, brigade, battalion, cavalry, grenade, infantry, pallisade, rebuff, bayonet

Other: bigot, chassis, clique, denim, garage, grotesque, jean(s), niche, shock

한편 (66b)에서는 17세기 이후에도 프랑스의 높은 문화와 관련된 말들이 많이 도입되었고, 그 밖에 전쟁이 많았던 시대로 인해서 군사적인 용어들도 많이 영어에 도입된 것을 관찰할 수 있다.

이와 같이 영어는 borrowing을 통해서 많은 어휘를 받아들이게 되었는데, 유럽 이외의 나라에서도 다음과 같이 많은 어휘들을 도입하여 풍부한 어휘수를 자랑하게 되었다.

(67) a. Sanskrit: avatar, karma, mahatma, swastika, yoga

b. Hindi: bandanna, bangle, bungalow, chintz, cot, cummerbund, dungaree, juggernaut, jungle, loot, nabob, pajamas, punch (the drink), shampoo, thug, kedgeree, jamboree

c. Dravidian: curry, mango, teak, pariah

d. Persian: check, checkmate, chess

e. Arabic: emir, gazelle, giraffe, harem, hashish, lute, minaret, mosque, myrrh, salaam, sirocco, sultan, vizier, bazaar, caravan

f. African languages: banana, banjo, boogie-woogie, chigger, goober, gorilla, gumbo, jazz, jitterbug, jitters, juke(box), voodoo, yam, zebra, zombie

g. American Indian languages : avocado, cacao, cannibal, canoe, chipmunk, chocolate, chili, hammock, hominy, hurricane, maize, moccasin, moose, pecan, possum, potato, skunk, squaw, succotash, squash, teepee, terrapin, tobacco, toboggan, tomahawk, tomato, wigwam, woodchuck

h. Chinese : chop suey, chow mein, dim sum, ketchup, tea, ginseng, kowtow

i. Japanese : geisha, judo, jujitsu, kamikaze, kimono, samurai, soy, sushi, tsunami

j. Pacific Islands : bamboo, gingham, rattan, taboo, tattoo, ukulele, boondocks

k. Australia : boomerang, budgerigar, kangaroo

4.2. 이형태(allomorph)의 특징과 분포

형태론과 음운론 사이에 아주 유사한 현상이 하나 있다. 우리는 음운론에서 '음소(phoneme)'의 음가(音價)는 개별적으로 볼 때 일정하다는 것을 목격했다. 즉, 음소를 하나씩 놓고 볼 때 음가는 고정되어 있다. 그러나 음소가 합쳐서 낱말을 이룰 때는 주변 환경에 따라 음가가 변화하는 현상이 나타난다. 다음의 예를 보자.

(68)

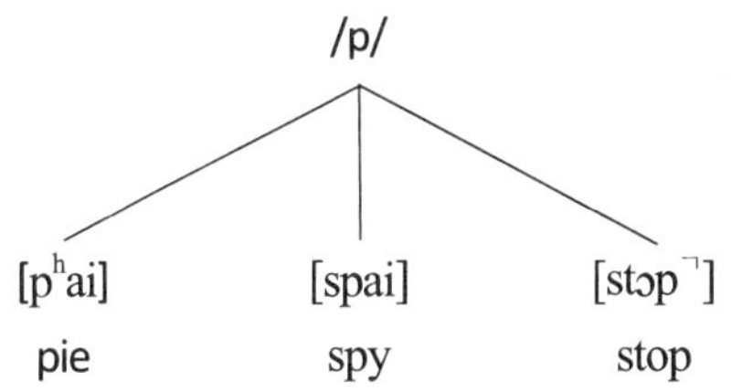

즉, 음소 /p/는 어두에 나올 경우 'aspirated p'가 되고, 's' 뒤에 나오면

'unaspirated p', 그리고 마지막에 나올 경우는 'unreleased p'가 되는 것을 보았다. 이와 같이 다른 소리와 어울릴 때 음소의 음가가 바뀌는데, 이렇게 변화된 소리를 '변이음 (allophone)'이라고 부른다. 형태론에서도 이와 비슷한 현상을 볼 수 있다. 다음의 예를 보자.

(69) a. enlarge, enrich
b. embitter, embrown

(69a)는 형용사 'large'와 'rich'에 접두사 'en-'을 붙여 명사가 된 예들을 보여준다. (69b)의 경우도 'bitter'와 'brown'을 토대로 동사를 만든 예들을 보여주는데, 여기에는 'en-'이 아니라 'em-'이 쓰이고 있다. 이 둘은 형용사에 붙어 동사를 만들기 때문에 각각 하는 역할도 같고, 의미도 유사하다. 다만, 형태가 다를 뿐인데, 이런 형태소를 '이형태 (allomorph)'라고 부른다. 'allomorphy 연구'라고 부르는 형태론 연구의 2번째 분야는 바로 이런 이형태들이 어떤 조건 아래서 발생하고, 어떤 변화가 일어나는가를 연구하는 것을 목적으로 한다.

이형태들이 나타나는 환경은 크게 2가지 경우로 분류된다. 첫 번째 경우는 변이음의 경우에서와 같이 주변의 소리에 따라 서로 다른 이형태들이 쓰이는 경우이다. 다음의 예들을 검토해 보자.

(70) a. undrinkable, uncommon, unfair
b. indirect, inculpable, infinite

(71) a. in- : intangible, indiscernible, insensible, infeasible, invisible, inhospitable, inaccessible
b. im- : impossible, imbalanced, immortal
c. il- : illegible, illimitable, illogical
d. ir- : irreplaceable, irrespectable, irresistible

(70)에는 나오는 'un-'과 'in-'은 같은 형태에서 나온 이형태는 아니다. 왜냐면 (43)에서 이미 검토한 바와 같이 이 둘과 함께 결합하는 어간에 서로 다른 제약이 있기 때문이다. 'un-'은 영어 고유의 단어에 붙일 수 있고, 'in-'은 라틴어에서 나온 어간에 첨가될 수 있다. 그런데 'un-'의 경우는 이형태가 없는데, 'in-'의 경우는 (71)처럼 다양한 이형태들을 볼 수 있다. (71)에 나오는 예들을 분석하면, 다음과 같은 특성이 있는 것을 발견할 수 있다.

(72) a. im- : bilabial sound에 해당하는 'p, b, m' 앞에 나타난다.
b. il- : l로 시작하는 낱말 앞에 나타난다.
c. ir- : r로 시작하는 낱말 앞에 나타난다.
d. in- : 't, d, s'와 같은 alveolar sound는 물론 'f, v, h'와 같은 자음, 그리고 모음 등 'im-, il-, ir-가 나오는 환경을 제외한 모든 곳(elsewhere)'에 나타난다.

여기에 나온 내용을 종합해 보면, 이형태들은 뒤에 나오는 어간의 첫소리와 밀접한 관계가 있다. 이와 같이 결합되는 소리에 영향을 받아 나타나는 이형태를 '음운론적으로 결정되는 이형태(phonologically conditioned allomorphs)'라고 한다.

이런 현상을 다음 (73a)와 같이 일반화시킬 수 있다. 즉, 'in-'이 기본형이고, 이것이 환경에 따라 'im-', 'il-' 혹은 'ir-'으로 변하는 현상으로 분석할 수 있다.

(73) a.

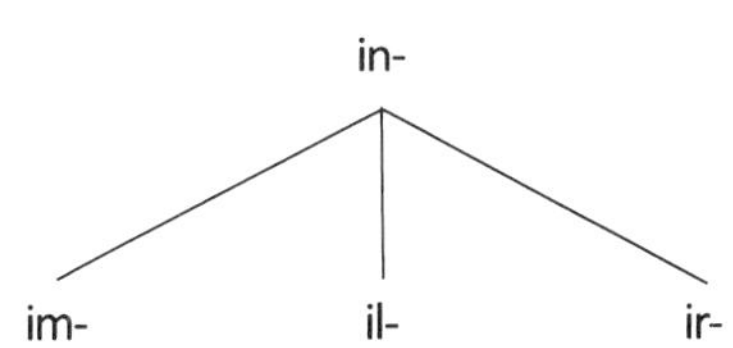

b. 이형태 규칙 1 : in- → im- / _____ bilabial sound

이형태 규칙 2 : in- → il- / _____ l
이형태 규칙 3 : in- → ir- / _____ r

즉, (73a)는 (73b)에 나오는 3개의 규칙을 통합적으로 나타내는 것이 된다. 여기에서 중요한 점은 이 규칙들이 주변의 소리와 같아지는 일종의 '동화(assimilation)' 규칙의 예라는 점이다.

이와 반면에 결합되는 소리에 의해서 결정되지 않는 이형태들도 있다. 다음의 예들을 비교해 보자.

(74) a. comfortable, commendable, comparable, deceivable
b. convertible, corruptible, credible, conversible, discernible, divisible, audible

(74a)의 '-able'은 형용사를 만드는 접미사이다. 이것의 이형태로 (74b)의 '-ible'도 있다. 그런데 이런 이형태들의 분포를 결정하는 요소는 어간의 소리가 아니다. 즉, 'comfort'와 'convert'는 모두 't'로 끝나지만, 전자는 '-able'을 붙여야 하고, 후자는 '-ible'를 첨가해야 한다. 그 이유를 Marchand(1969)에서 찾아볼 수 있다. 그는 '–ible'은 주로 프랑스어나 라틴어에서 '차용한(borrowing)' 낱말에 붙는다고 설명하고 있다. 음운적인 조건이 아니라 이와 같은 조건에서 나타나는 이형태를 '형태론적 혹은 어휘적으로 결정되는 이형태(morphologically or lexically conditioned allomorph)'라고 부른다.

Exercise L

■ 다음 동사들에 적절한 형태를 첨가하여 명사로 만드시오.

예) digest → digestion

a. assert:
b. prohibit:
c. propose:
d. repeat:
e. recite:
f. realize:
g. permit:
h. remit:

5. 형태적인 특성과 언어의 분류

우리는 이제까지 영어를 중심으로 형태적인 특성을 검토해 보았다. 그러나 세계의 언어들은 모두 영어와 같은 특성을 가지고 있는 것은 아니다. 언어에 따라 다양한 모습을 보여주고 있는데, Bloomfield (1933)는 이를 다음과 같이 분류하고 있다.

(75) a. analytic languages
b. synthetic languages

가장 극단적인 analytic language의 예인 중국어의 경우 한 단어는 하나의 음절로 된 형태소나 복합어 혹은 구절어(phrase-word)로 구성되어 있다고 밝히고 있다. 그러나 대표적인 synthetic language인 에스키모어는 아주 긴 bound forms를 다음과 같은 하나의 단어로 결합시키고 있다고 지적한다.

(76) a: wlisa-ut-issʔar-si-niarpu-ŋa
'I am looking for something suitable for a fish-line'

Bloomfield는 이런 분류 외에도 형태적인 특징에 따라 언어를 다음과 같은 4가지 부류로 나누고 있다.

(77) a. isolating:
b. agglutinative:
c. polysynthetic:
d. inflecting:

'isolating'의 대표적인 예는 Chinese이다. 이 언어의 특징은 형태소적인 변화가 거의 없다는 점이다. 즉, 주어와 동사의 일치와 같은 agreement를 나타내는 inflectional morphemes도 사용하지 않을 뿐만 아니라 새로운 단어를 만들 때 derivational affixes를 거의 사용하지 않는 특징을 보여주고 있다. 'agglutinative language(교착어)'의 경우는 낱말에 다양한 접사가 붙어 새로운 낱말이 만들어지는 특성을 보여주고 있는데, 우리말이 대표적인 예가 될 수 있고, 이밖에도 터키어, 일본어, 헝가리어 등이 이런 언어에 속한다. polysynthetic language의 예는 앞서 언급한 에스키모어에서 찾아볼 수 있다. inflecting language는 영어를 비롯해서 서유럽에서 사용되는 언어들이 여기에 속한다. 다음은 독일어와 프랑스어의 예이다.

(78) a. 독일어 정관사 변화표

격 \ 성	남성	여성	중성	복수
nominative	der	die	das	die
genitive	des	der	des	der
dative	dem	der	dem	den
accusative	den	die	das	die

b. 프랑스어 동사 변화표: manger 'eat'

인칭 \ 수	단수	복수
1	mange	mangeons
2	manges	mangez
3	mange	mangent

독일어의 정관사는 (78a)에서 볼 수 있는 것처럼 '성(gender)'과 '격(case)' 및 '수(number)'에 따라 다양한 형태로 변화되고 있는 것을 볼 수 있다. 또한 프랑스어에서는 '인칭(person)'과 '수(number)'에 따라 형태가 변화한다. 이런 언어를 inflectional languages라고 하는데, 영어도 고대 영어는 독일어나 프랑스어와 같은 변화가 있었으나 현대 영어로 변하면서 이런 것들이 많이 없어졌다.

inflectional languages 가운데 가장 대표적인 언어이자 지금은 모국어 화자가 없지만, 많은 유럽 언어에 영향을 끼친 것으로 Latin이 있는데, 그 예를 검토해 보자.

(79) a. agricola vidit lupum 'The farmer saw the wolf'
b. agricola lupum vidit
c. lupum vidit agricola

(79a)의 'agricola(the farmer)'는 주격이고, 'lupum(the wolf)'은 목적격이

다. 이와 같이 낱말 자체가 격을 나타내기 때문에 어순을 (79b)와 (79c)처럼 바꿔도 모두 'The farmer saw the wolf'를 의미한다. 다음의 예를 이것과 비교해 보자.

(80) a. Lupus vidit agricolam 'The wolf saw the farmer'
b. agricolam lupus vidit
c. agricolam vidit lupus

(80a)의 'lupus (the wolf)'는 주격이고, 'agricolam(the farmer)'은 목적격이다. 이 경우도 (80b)와 (80c)처럼 어순을 바꿔도 언제나 (80a)와 같은 의미를 나타낸다. 이런 양상은 라틴어가 어순이 비교적 고정되어 있는 영어와 아주 다른 형태적 특징을 지니고 있기 때문에 나타나는 현상으로 볼 수 있다.

이상에서 간단하게 검토한 바와 같이 세계의 언어는 다양한 형태적 특성을 지니고 있다. 우리는 앞에서 형태론 연구의 방법, 즉 낱말을 생성하는 방법과 이형태 분포의 설명과 같은 이론적인 연구 방법들을 관찰했다. 그런데, 이런 연구는 주로 영어의 형태론적 특징을 설명하는데 목적이 있었기 때문에, 모든 언어에 일률적으로 적용할 수 있는 것은 아니라고 할 수 있다. 언어의 특성에 따라 새로운 연구 대상과 방법들이 등장할 것으로 기대된다.

Supplementary Exercises

1. 다음 글에서 inflectional morphemes와 derivational morphemes를 찾으시오.

Since the beginning of the current wars in Iraq and Afghanistan, growing numbers of veterans have been diagnosed with post-traumatic stress disorder and treated for the condition. Symptoms include recurring nightmares, severe depression, and suicide. At least three hundred thousand veterans reportedly suffer from traumatic stress or major depression. Advocates for these veterans have proposed that they, too, should qualify for the Purple Heart. Since psychological injuries can be at least debilitating as physical ones, they argue, soldiers who suffer these wounds should receive the medal.

a. inflectional morphemes:

b. derivational morphemes:

2. 다음 형태소들을 사용하여 만들어지는 낱말들의 예를 몇 개씩 제시하고, 이 예들을 토대로 각 형태소들의 특징, 예를 들면, 음성적인 특징들을 설명하시오.

a. un-:

b. in-:

c. -ness:

d. -ity:

3. 다음 헝가리어(Hungarian) 자료들을 검토하고, 복수를 나타내는 이형태(allomorph)들을 찾고, 이것들의 분포적인 특성을 설명하시오. (from Language Files)

	singular	gloss	plural
a.	astal	'table'	astalok
b.	munka:ʃ	'worker'	munka:ʃok
c.	ember	'man'	emberek
d.	fehe:r	'white'	fehe:rek
e.	ez	'this'	ezek
f.	ʃor	'line'	ʃorok
g.	semüveg	'eyegalsses'	semüvegek
h.	iŋ	'shirt'	iŋek
i.	fey	'head'	feyek
j.	doboz	'box'	dobozok
k.	dob	'drum'	dobok
l.	kor	'age'	korok
m.	kaba:t	'coat'	kaba:tok
n.	vira:g	'flower'	vira:gok

References and Supplementary Readings

Aitchison, J. (1994). *Words in the Mind.* Oxford UK & Cambridge USA: Blackwell.

Aronoff, M. (1976). *Word Formation in Generative Grammar.* Linguistic Inquiry Monograph 1. Cambridge: the MIT Press.

Bloomfield, L. (1933). *Language.* Chicago : University of Chicago Press.

Bragg. M. (2003). *The Adventure of English : The Biography of a Language.* London: Sceptre.

Crystal, D. (2003). *The Cambridge Encyclopedia of the English Language.* Cambridge: Cambridge University Press.

D'Anna, C., E. Zechmeister, and J. Hall. (1991). Toward a meaningful definition of vocabulary size. *Journal of Reading Behavior* 23, 109-122.

Di Sciullo, Anna Maria and E. Williams. (1987). *On the Definition of Word.* Linguistic Inquiry Monographs Fourteen : MIT Press

Finegan, E. (1994, 2012). *Language : Its Structure and Use.* Boston: Thomson Wadsworth.

Halle, M. (1973). Prolegomena to a Theory of Word Formation. *Linguistic Inquiry.* 4. 3-16

Marchand, H. (1969). *The Categories and Types of Present-Day English Word-Formation.* C. H. Beck'sche Verlagsbuchhandlung: Müchen.

McManis, c., D. Stollenwerk, Z. Zhang. (1987). *Language Files.* Advocate Publishing Group : Reynoldsburg.

Pinker, S. (2000). *Words and Rules.* New York: Perennial.

Radford, A. (2004). *Minimalist Syntax.* Cambridge : Cambridge University Press.

Sanderl, M. (2007). *Justice.* New York: FSG.

Seashore, R. and L. Eckerson. (1940). The Measurement Of Individual Differences In General English Vocabularies. *Journal of Educational Psychology* 32, 14-38.

Selkirk, E. (1982). *The Syntax of Word.* Linguistic Inquiry Monographs Fourteen : MIT Press

Spencer, A. (1991). *Morphological Theory.* Cambridge : Basil Blackwell Ltd.

Chapter 5

통사론(Syntax)

1. '통사론(Syntax)'이란 무엇인가?
2. 학교문법(School Grammar)의 주요 개념들
3. 어휘범주(Lexical Category)와 구범주(Phrasal Category)
4. 구구조 규칙(Phrase Structure Rules): 성분구조(Constituent Structure)와 제약(Constraints)
5. 변형규칙(Transformational Rules): 이동(Movement)과 제약(Constraints)
6. 성분구조의 수정과 검증: 이동(Movement)과 대치(Substitution)
7. 요약

1. 통사론이란 무엇인가?

'통사론(Syntax)'이라는 용어는 학생들에게는 생소하게 들릴지도 모른다. 설사 영어를 좋아해서 열심히 공부하는 학생들조차도 관련 분야를 전공하지 않으면 이 용어를 접할 기회가 그리 많지 않을 것이다. 그래서 통사론은 무엇을 공부하고 왜 공부하고 어떻게 공부해야하는지 감이 오질 않을 것이다.

하지만 실상은 많이 다르다. 용어 자체는 생소할지 모르지만 실제 다루는 내용들은 이미 많이 알고 있다고 해도 과언은 아니다. 영어와 관련해서 예를 들면 영어의 8품사(parts of speech)에는 무엇이 있고 영어 문장(sentence)의 5형식(forms)은 무엇으로 어떻게 이루어지는지를 지겹게 들어봤을 것이다. 영어가 좋든 싫든 영어를 전공하든 다른 분야를 전공하든 우리나라 중·고등학교 영어 정규 과정을 거친 학생들이라면, 적어도 이 책을 읽고 있는 독자라면 누구나 접했을 내용들이다. 그리고 우리는 이런 분야를 가리켜 '영어문법/영문법(English Grammar)'이라고 부른다는 점도 잘 알고 있다.

통사론이란 기본적으로 문법을 연구하는 학문이다. 그래서 영어 통사론(English Syntax)에서는 영어문법을 다룬다. 둘 이상의 영어 낱말(word)들을 일정한 방식으로 조합하여 궁극적으로 (옳은) 영어 문장들을 만들어내는 규칙(rules)을 탐구하는 분야이다. 그래서 이 분야의 주요한 목적 중 하나가 문법규칙에 따라 여러 낱말들로 이루어진 문장의 내부구조를 밝히고 이와 관련된 다양한 문법현상들을 설명하는 데에 있다.

하지만 앞으로 다루게 될 통사론의 구체적인 관점과 방법은 우리가 배워왔던 것들과는 여러 가지로 다르다. 우리가 학습한 영어문법은 주로 학교문법(School Grammar)/전통문법(Traditional Grammar)

의 관점에서 상당히 규범적(prescriptive)인 성격을 띠고 있는 반면 현대영어통사론은 기술적(descriptive), 설명적(explanatory), 명시적/실증적(empirical) 방법을 중요하게 보고 있다. 여기서는 노엄 촘스키(Noam Chomky)가 제창한 변형 · 생성문법(Transformational and Generative Grammar)의 주요 개념과 방법을 가지고 영어 문법을 탐구한다.

다음 2절 에서는 품사와 문장의 5형식 등 학교문법의 근간이 되는 주요한 개념들을 살펴보고 학교문법이 안고 있는 몇 가지 문제점들을 제시한다. 3절에서는 논의와 설명에 필요한 품사, 즉 범주를 다룬다. 4절에서는 기본적인 문형을 만들기 위해 필요한 구구조 규칙과 이 규칙에 따라 성분구조를 살펴보고 옳은 성분구조를 갖기 위한 제약을 살펴본다. 5절에서는 다양한 문형들을 기술하는 데에 필요한 변형규칙들과 제약에 대해 알아본다. 6절에서는 앞서 살펴본 성분구조에 대한 검증방법으로서 이동과 대치에 대해 살펴본다. 7절에서는 본 장에서 다룬 내용을 요약 · 정리한다.

2. 학교문법의 주요 개념들

앞서 말한 대로 영어통사론이 영어 낱말로 구성된 영어 문장을 탐구하는 학문이라면 '낱말'과 '문장'은 무엇일까? 사실 이 용어들을 개념적으로 정확히 정의내리기는 쉽지 않다. 왜냐하면 구체적인 정의는 학자와 이론에 따라 정도의 차이를 두고 다를 뿐만 아니라 그 자체가 학자들의 궁극적인 연구 목적이 될 수도 있기 때문이다. 다만, 여기서는 독자들의 이해를 돕기 위해 두 용어를 아래와 같이 간단히 정리한다.

(1) a. 낱말(word): 글의 띄어쓰기를 기준으로 앞뒤 공백이 있는 언어적 단위

b. 문장(sentence): 글을 기준으로 첫 낱말의 첫 글자를 대문자로 시작하고 구두점을 사용하여 완결된 생각을 전하는 언어적 단위(여기서 구두점이란 마침표(.), 물음표(?), 느낌표(!) 중 하나를 뜻함.)

예를 들면, 아래 (2)는 대문자(The)로 시작하고 마침표가 찍힌 하나의 문장이고 이 문장은 총 4개의 낱말, 즉 the, student, likes, apples로 구성된다.

(2) The student likes apples.

하지만, 여러 낱말들을 단지 열거한다고 (옳은) 문장이 되지는 않는다. 앞서 사용한 낱말들을 아래와 같이 배열하면 사용하지 않는 표현이 된다.

(3) *likes the student apples

왜냐하면 영어에는 둘 이상의 낱말들을 일정한 어순(word order)으로 결합하는 규칙들이 있기 때문이다. 이러한 규칙들의 집합을 가리켜 문법(grammar)이라고 하고 그런 규칙을 다시 문법규칙(grammatical rules)이라고도 한다. 여기서는 (2)와 같이 문법 혹은 문법규칙에 따라 만들어진 옳은 문장/표현을 정문(grammatical)이라 부르고 (3)과 같이 그렇지 못한 문장/표현을 비문(ungrammatical)이라 부를 것이다. 특히, 비문은 앞에 별표(*)로 표시하고 첫글자의 대문자와 마침표는 사용하지 않을 것이다.

영어의 문법규칙은 학교문법의 문장의 5형식에 잘 나와 있다(Onions 1971). 그 골자만 적어보면 아래와 같다.

- 문장(sentence/S)의 다섯 가지 형식들은 일차적으로 모두 주어(subject/Subj)와 술부(predicate/Pred) 순으로 구성된다.

- 이 다섯 가지 형식들은 모두 주어를 공통으로 갖고 있고 술부는 8품사 중 하나인 동사(verb/V)의 종류와 술부를 구성하는 다른 요소의 유무에 따라 구분된다.
- 1형식의 술부는 완전자동사(V)로만 구성된다.
- 2형식의 술부는 불완전자동사(V)와 주격보어(subject complement/SC) 순으로 구성된다.
- 3형식의 술부는 완전타동사(V)와 (직접)목적어((direct) object/O) 순으로 구성된다.
- 4형식의 술부는 수여동사(V)와 간접목적어(indirect object/IO)와 직접목적어(direct object/DO) 순으로 구성된다.
- 5형식의 술부는 불완전타동사(V)와 목적어와 목적격보어(object complement/OC) 순으로 구성된다.

이 내용을 구체적인 예를 들어서 정리해 보면 아래와 같다.

(4)

문장의 형식	문장의 구성		동사의 종류
	주어(Subj)	술부(Pred)	
a. 1 형식	Birds	fly. V	완전자동사
b. 2 형식	She	became angry. V SC	불완전자동사
c. 3 형식	The student	read the books. V O	완전타동사
d. 4 형식	He	gave Mary a book. V IO DO	수여동사
e. 5 형식	That news	made her very happy. V O OC	불완전타동사

먼저, '주어'와 '술부'를 살펴보자. 주어와 술부는 문장에서 서로 다른 '기능'을 수행하고 서로 어떤 '관계'를 맺고 있기 때문에 이들을 통칭해서 문법기능(grammatical functions)/문법관계(grammatical relations)라고 한다. 앞서 언급한 (직접/간접) 목적어와 (주격/목적격) 보어도 문법기능에 속하고 그 외에도 부가어(adjunct)가 있다. 이를 정리하면 아래와 같다.

문법기능

- 주어: 술부가 말하고자 하는 사람이나 사물로 술부/동사 앞에 온다. 위의 예에서 Birds, She, The student, He, That news가 주어에 해당된다.
- 술부: 주어가 나타내는 사람이나 사물에 대해 말한 것으로 주어 뒤에 온다. 위의 예에서 fly, became angry, read the books, gave Mary a book, made her very happy가 술부에 해당된다.
- (직접/간접)목적어: 동사의 행위가 전달된 사람이나 사물로 보통 동사 뒤에 온다. 수여동사의 경우 목적어 두 개가 올 수 있는데 첫 번째가 여격(dative)에 해당하는 간접목적어이고 두 번째가 직접목적어이다. 위의 예에서 Mary는 간접목적어에 해당되고 a book은 직접목적어에 해당된다.
- 보통 (간접)목적어를 가진 능동문(active sentence)은 수동문(passive sentence)에서 주어가 될 수 있다. 위의 능동문은 다음과 같이 수동문으로 바꿀 수 있다.

(5) a. The students read the books. ↔ The books were read (by the students).
b. He gave Mary a book. ↔ Mary was given a book (by him).
c. That news made her very happy. ↔ She was made very happy (by that news).

- (주격/목적격)보어: 동사의 의미를 완결하고 주어나 목적어의 술어가 된다. 주어의 술어가 주격보어이고 목적어의 보어가 목적격보어이다. 위의 예에서 angry는 주격보어에 해당되고 very happy는 목적격보어에 해당된다.
- 부가어: 방법, 장소, 시간, 이유 등을 전달하고 술부 안에 올 수 있다.

(6) a. They speak English perfectly.
b. He watched TV at home for two hours.
c. She was late because her car broke down.

문장의 문법기능들은 결국 낱말들로 구성이 된다. 이 낱말들은 8품사로 분류되고 결합하여 문장 내에서 어떤 문법기능을 수행하게 된다. 여덟 개의 품사와 특성을 예와 함께 간단히 나타내면 다음과 같다.

8품사

- 명사(noun): 사람, 사물, 장소 등을 나타내는 낱말. 예) John, friend, park, Seoul 등등

(7) John met his friend at a park outside Seoul.

- 대명사: 명사를 대신하는 낱말.

(8) He loves her, but she hates him.

- 형용사(adjective): 상태, 성질 등을 나타내고 명사를 꾸미거나 술어로 쓰이는 낱말. 예) beautiful, diligent, good, handsome

(9) Good students tend to be diligent.

■ 부사(adverb): 동사, 형용사, 부사, 문장 등을 꾸미는 낱말. 예) extremely, hard, perhaps, very,

(10) Perhaps, this is an extremely difficult question that he is not able to answer though working very hard.

■ 동사(verb): 동작, 상태 등을 나타내는 낱말. 예) come, fall, go, lie, 등등

(11) He lied on the bed and fell asleep at 11pm.

■ 전치사(preposition): 위치, 방향, 등을 나타내고 명사(구)를 목적어로 취하는 낱말. 예) by, from, of, up, 등등

(12) He looked up the sky from the street.

■ 접속사(conjunction): 둘 이상을 연결해주는 낱말. 예) that, if, and, but, 등등

(13) They reported that she had stolen the car and he had sold it.

■ 감탄사(interjection): 놀람, 유감 등 감정을 나타내는 낱말. 예) ah, aha, oh, ouch, 등등

(14) Ah, there you are!

하지만 낱말들로만 문장의 문법기능들을 수행하는 것은 아니다. 둘 이상의 낱말들이 일정한 방식으로 결합되어 그러한 문법기능들을 수행할 수 있다. 이렇게 둘 이상의 낱말들로 결합되어 어떤 특정한 문법기능을 수행하는 문법단위를 구(phrase)라고 한다. 구에는 여러 가지가 있으나 여기서는 다섯 가지만 예와 함께 언급한다.

구의 종류

- 명사구(noun phrase/NP) 예) the student, a park, pretty girls, 등등
- 동사구(verb phrase/VP) 예) drive a car, meet a friend, enter a room, 등등
- 형용사구(adjective phrase/AP) 예) very nice, extremely difficult,
- 전치사구(prepositional phrase/PP) 예) at a park, on the bed, in the room, 등등
- 부사구(adverb phrase/AdvP) 예) very hard, quite often, 등등

또한 둘 이상의 낱말이나 구가 주어와 술어 관계, 즉 주술관계를 이루는 경우가 있는데 이를 가리켜 절(clause)라고 한다. 예를 들면, 하나의 절 안에 다른 절이 들어갈 수 있다. 이 경우 전체를 주절(main clause)라고 하고 주절 안에 있는 절을 종속절(subordinate clause)이라고 한다.

(15) I think (that) she is nice. (주절 'I think...'와 종속절 '(that) she is nice')

하지만, 위와 같이 학교문법에서 제시한 영어 낱말의 품사/구/절과 문법기능과 문장의 5형식은 몇 가지 풀어야할 숙제가 있다. 앞으로 논의할 내용을 중심으로 요약해 보면 다음과 같다.

- 품사와 관련하여 더러 혼란을 주는 경우가 있다. 예를 들면, 영어의 관사는 지시형용사(demonstrative adjective)로 익히 알고 있는 this, that, these, those의 쓰임과 비슷하다(a book, the book, this book). 그 때문에 관사를 일종의 (지시)형용사로 취급하기도 한다. 하지만 관사와 지시형용사는 happy와 같은 일반적인 형용사와는 많은 차이를 보인다.

- 문장의 5형식은 공통적으로 주어/주부와 술어/술부로 나누어진다. 하지만, 왜 이렇게 나누어야 하는지에 대해 실증적 근거가 부족하다.
- 진행조동사(progressive auxiliary) be, 서법조동사(modal auxiliary) would, 형식조동사(dummy auxiliary) do 등을 모두 동사(V)로 본다. 따라서 조동사와 일반동사의 여러 가지 문법적인 차이를 보여주지 못한다.

(16) a. He was writing a letter. (진행조동사 be)
b. He will write a letter. (서법조동사 will)
c. He has written a letter. (완료조동사(perfect auxiliary) have)
d. That letter was written by him. (수동조동사(passive auxiliary) be)
e. He did write the letter. (형식조동사 do)

- 아래 예와 같이 평서문과 의문문, 3형식과 4형식, 능동문과 수동문 등 다양한 문형들 사이의 연관성과 일반성을 보여주지 못한다.

(17) a. She wrote a letter. (평서문)
b. Did she write a letter? (의문문)

(18) a. Tom gave Mary a book. (4형식)
b. Tom gave a book to Mary. (3형식)

(19) a. The policeman arrested the boy. (능동문(active sentence))
b. The boy was arrested by the policeman. (수동문(passive sentence))

학교문법이 안고 있는 이러한 문제들에 대해 현대영어통사론에서는 상당히 실증적인 방법들을 제시한다. 다음 절에서는 변형·생성문법의 주요한 이론적 개념과 실증적 근거를 살펴본다.

Exercise A

1. 다음 각각의 문장을 구성하는 낱말들이 어떤 품사/어휘범주에 해당하는지 적으시오.

   a. Have you booked a holiday this year?

   b. She still looks pretty miserable.

   c. Milk, cereal, juice - oh, and put lettuce on the list too.

   d. Why is he suddenly so friendly towards you, Charlotte?

2. 다음 각각의 문장에서 밑줄 친 부분이 어떤 구/구범주에 해당하는지 적으시오.

   a. The traffic's moving very slowly this morning.

   b. He was running towards the door.

   c. Her room was pleasant and airy.

   d. After the accident, the other car just drove off

3. 다음 각각의 문장에서 밑줄 친 부분이 주절(main clause)인지 아니면 종속절(subordinate clause)인지 구분하여 적으시오.

a. We met when we were students.

b. If more evidence isn't found, Harris will walk.

c. We didn't enjoy the day because the weather was so awful.

d. Maurice asked me whether I needed any help.

4. 다음 각각의 문장에서 밑줄 친 부분이 어떤 문법기능을 수행하는지 적으시오.

a. Ann didn't seem very sure.

b. Make sure you keep the wound clean.

c. We sent Mom flowers for Mother's Day.

d. He drives a BMW estate.

5. 다음 각각의 문장이 몇 형식인지 적고 그 이유를 쓰시오.

a. A family of mice had made their nest in the roof.

b. She cooked them all a good dinner every night.

c. The baby slept peacefully in its cradle.

d. She found the work very dull.

e. George became King at the age of 54.

(예문 출처: Longman Dictionary of Contemporary English,
웹주소: http://www.ldoceonline.com/)

3. 어휘범주와 구범주

학교문법의 품사 분류는 더러 혼란을 주는 경우가 있다. 왜냐하면 그 분류의 근거가 매우 제한적이고 약하기 때문이다. 예를 들면, 앞서 언급한 관사 a(n)와 the를 일종의 형용사로 취급하는데 그 이유가 다른 형용사처럼 뒤에 나오는 명사를 꾸미기 때문이라는 것이다.

(20) a. a boy, a girl, a chair, ...
b. the boys, the girls, the chairs, ...
c. happy boys, beautiful girls, comfortable chairs, ...

하지만, 관사는 다른 많은 형용사가 갖는 특성들을 공유하지 못한다. 어떤 낱말이 형용사라면 그것을 부사로 만들 때 접미사(suffix) -ly를 붙일 수 있고 비교급과 최상급을 만들기 위해는 접미사 –er과 –est를 붙이거나 more와 most를 앞에 사용할 수 있으며 very와 같은 부사/

강화사(intensifier)가 앞에 위치하여 꾸밀 수도 있고 다른 형용사와도 함께 사용될 수 있어야 한다.

(21) a. happily, beautifully, comfortably
b. happier/happiest, more/most beautiful, more/most comfortable
c. very happy, very beautiful, very comfortable
d. a safe, comfortable chair

그러나 관사는 아래에서 보는 바와 같이 그렇지 못하다. 부사접미사 -ly나 비교급과 최상급 접미사 –er과 –est가 붙을 수 없고 very의 수식도 받지 못하며 중복해서 사용할 수도 없다.

(22) a. *the-ly, *a-ly
b. *the-er/-est, *a(n)-er/-est
c. *very the, *very a
d. *a the chair, *the a chair

다른 지시형용사들도 마찬가지다.

(23) a. *this ly, *that ly, *these-ly, *those-ly
b. *this-er/-est, *that-er/-est, *these-er/-est, *those-er/-est
c. *very this, *very that, *very these, *very those
d. *this a chair, *this the chair, *this that chair, *these those chairs

따라서 혼동을 피하기 위해서라도 이 낱말들을 재분류할 필요가 있다.
현대영어통사론에서는 보통 (부)정관사와 지시형용사를 한정사(determiner, determinative)로 분류한다. 이 부류(class)에는 my와 같은 인칭대명사(personal pronoun)의 소유격(possessive)도 포함된다. 그리고 '한정사'와 함께 다른 품사들을 가리켜 범주(category) 혹은 더 구체적으로 어휘범주(lexical category)라고 부른다. 여기서 사용할 어휘범주를 중심으로 정리해 보면 다음과 같다.

(24) 어휘범주

a. 명사(N): boy, girl, chair, water, peace, love, Mary, John, Susan, 등등

b. 한정사(D): the, a(n), this, that, these, those, my, your, his, her, our, 등등

c. 형용사(A): tall, nice, happy, smart, beautiful, comfortable, curious, 등등

d. 동사(V): advise, become, bring, eat, fly, give, go, take, tell, write, 등등

e. 전치사(P): at, by, for, from, in, into, of, on, over, to, under, with, 등등

범주에는 어휘범주 외에도 구범주(phrasal category)가 있다. 구범주는 둘 이상의 낱말이 형성한 문법적 단위(grammatical unit)를 가리키는데 여기에는 적어도 세 가지 특징이 있다. 첫째, 둘 이상의 낱말이 결합하여 구를 형성할 때 거기에는 중심이 되거나 핵심이 되는 낱말이 있다. 이 낱말을 가리켜 핵(어)(head)이라고 부른다. 둘째, 구범주는 핵어의 어휘범주가 결정한다. 즉, 명사구(noun phrase, NP)의 핵어는 명사(N)가 되고 형용사구(adjective phrase, AP)의 핵어는 형용사(A)가 되며 동사구(verb phrase, VP)의 핵어는 동사(V)가 되고 전치사구(prepositional phrase, PP)의 핵어는 전치사(P)가 된다. 셋째, 구범주는 둘 이상의 낱말/구(의 범주)로 이루지기 때문에 일정한 어순을 따른다. 이러한 어순을 어기면 사용하지 않는 표현이 된다.

(25) 어휘범주와 구범주

a. 명사(N) - 명사구(NP), 예) the student, *student the

b. 형용사(A) - 형용사구(AP), 예) very happy, *happy very

c. 동사(V) - 동사구(VP), 예) read the books, *the books read

d. 전치사(P) - 전치사구(PP), 예) at a park, *a park at

결국 핵이 되는 낱말이 자신의 어휘범주를 중심으로 일정한 어순에 따라 다른 낱말과 결합하여 구를 이룬다. 그렇다면 위와 같은 구의 형성과정은 어떤 방식으로 나타낼 수 있을까?

Exercise B

1. 다음에 열거한 인칭대명사의 소유격 형태가 형용사인지 아니면 한정사로 분류할 수 있는지를 -ly 접사화, 비교급/최상급, 반복어구의 사용여부 등의 예를 들어 논증하시오.

   인칭대명사 소유격: my, your, his, her, our, their

2. 다음에 해당하는 영어의 예를 세 가지 이상 적으시오.

   a. 명사구:

   b. 동사구:

   c. 형용사구:

   d. 전치사구:

   e. 부사구:

4. 구구조 규칙: 성분구조와 제약

위에 언급한 구의 특성들은 소위 낱말을 가지고 구를 만드는 구구조 규칙(phrase structure rules)에 잘 나와 있다. 구구조 규칙은 때에 따라 다양하고 복잡할 수 있지만 여기서는 앞서 살펴본 문장의 5형식을 중심으로 살펴본다.

(26) 구구조 규칙

문장 규칙 (S rule)	S→NP-VP	문장(S)는 명사구(NP)와 동사구(VP) 순으로 나뉜다.
명사구 규칙 (NP rule)	NP→(Det)-(AP)-N-(PP)	명사구(NP)는 명사(N)를 중심으로 앞에 한정사(D)와 형용사(A) 순으로 올 수 있고 뒤에는 전치사구(PP)가 올 수 있다.
동사구 규칙 (VP rule)	VP→V-(NP)-(NP/AP/PP)	동사구(VP)는 동사(V)를 중심으로 뒤에 아무것도 없을 수도 있고 하나의 명사구(NP)나 형용사구(AP)나 전치사구(PP)가 올 수 있으며 각각 하나씩 올 수도 있고 둘 다 명사구(NP)가 될 수도 있다.
형용사구 규칙 (AP rule)	AP→(I)-A	형용사구(AP)는 형용사(A)를 중심으로 앞에 강화사(I)가 올 수 있다.
전치사구 규칙 (PP rule)	PP→P–NP	전치사구(AP)는 전치사를 중심으로 명사구(NP)가 온다.

앞서 살펴본 문장의 5형식은 이 구구조 규칙으로 다시 쓸 수 있다. 다섯 가지 형식은 동사구의 구성에 따라 구분이 되므로 아래와 같이

동사구 규칙을 적용시켜서 나타낼 수 있다.

(27) 문장의 5형식과 동사구 규칙

	VP →	예시
1형식	V	fly.
2형식	V-AP	became angry.
3형식	V-NP	read the books.
4형식	V-NP-NP	gave Mary a book.
5형식	V-NP-AP	made her very happy.

또한, 위의 구구조 규칙의 적용 결과를 다른 두 가지 방법으로 나타낼 수 있다. 하나는 수형도(tree diagram)을 사용하는 방법이고 다른 하나는 표지괄호(labelled-bracketing)로 나타내는 방법이다. 위의 3형식 동사구 규칙을 이 두 방법으로 나타내면 아래와 같다. 여기서 NP1와 NP2 등에서 볼 수 있는 숫자는 편의상 추가하였을 뿐이고 이 둘은 똑같이 명사구 규칙이 적용된 결과이다.

(28) 수형도

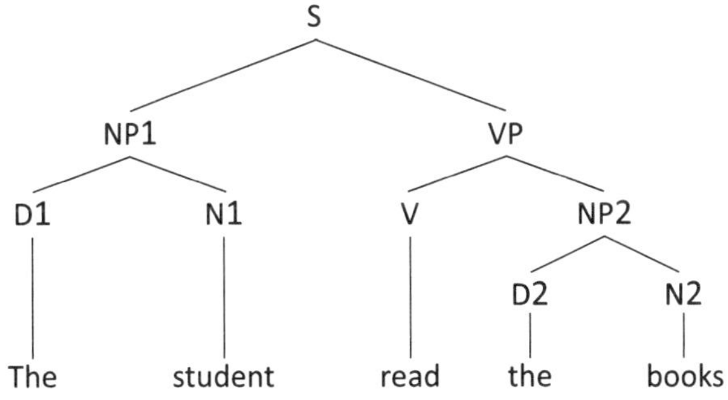

(29) 표지괄호: [$_{S}$ [$_{NP1}$ [$_{D1}$ The] [$_{N1}$ student]] [$_{VP}$ [$_{V}$ read] [$_{NP2}$ [$_{D2}$ the] [$_{N2}$ books]]]]

이 두 표기방법에서 알 수 있는 것은 똑같이 S는 구범주인 NP1, VP, NP2와 어휘범주인 D1, N1, V, D2, N2로 이루어진다는 점이다. 이들을 통칭해서 이 문장의 성분(constituent)이라고 하고 이 성분들로 이루어진 위와 같은 구조를 가리켜 성분구조(constituent structure)라고 한다.

이 성분구조의 특징은 계층성(hierarchical)을 띤다는 점이다. 즉, S는 NP1과 VP가 '직접' 구성하고, NP1은 다시 D1과 N1이 직접 구성한다. VP는 다시 V와 NP2가 직접 구성하고 NP2는 D2와 N2가 직접 구성한다. 다르게 말하자면 N1(student)는 D1(the)과 함께 직접 NP1(the student)을 구성하는 성분이 되지만 뒤따르는 V(read)와는 함께 직접 무엇을, 즉 어떤 구를 구성하는 성분이 되지 못한다(*student read). 또한, D2는 N2와 함께 직접 NP2(the books)를 구성하는 성분이 되지만 V와는 함께 어떤 구를 구성하는 성분이 되지 못한다(*read the). V는 차라리 NP2 전체와 함께 VP를 구성하는 성분이 된다(read the books). 이렇게 직접 문장을 이루는 구들과 직접 구를 이루는 어휘들을 각각 직접성분(immediate constituent)이라고 부르고 이렇게 만들어진 성분구조는 계층구조(hierarchical structure)의 성격을 띠게 된다.

계층구조는 가족관계의 용어를 가지고 기술하기도 한다. 위의 수형도에서 S를 포함한 성분들을 절점(node)라고 부른다. 이 절점들 중에 둘 이상의 직접 성분들로 이루어진 절점을 가리켜 모절점(mother)이라고 하고 그 직접 성분들의 절점을 딸절점(daughter)이라고 하며 둘 이상의 딸절점들 사이의 관계를 자매(sister)라고 한다. 여기서 중요한 사실은 항상 모절점이 되는 S와 항상 딸절점이 되는 어휘범주 D1, N1, V, N1, N2를 제외한 NP1과 VP와 NP2는 모절점이면서 동시에 딸절점이 된다.

(30) a.–d.

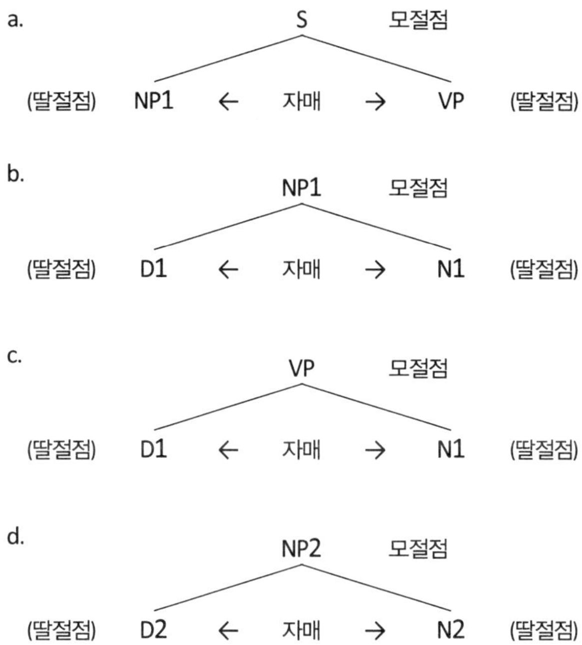

이렇게 계층성을 띠는 성분구조는 학교문법에서 살펴본 문장의 5형식과 몇 가지 차이점이 있다. 그 대략을 세 가지로 정리하면 다음과 같다.

- 위의 성분구조에는 주어, 술부, 목적어 등과 같은 문법기능을 따로 사용할 필요가 없다. 왜냐하면 그런 문법기능들은 구조적으로 규명이 가능하기 때문이다. 위의 예에서 주어와 술부는 각각 S의 직접 성분이 되는 NP1가 VP가 되고 목적어는 V와 함께 VP의 직접 성분이 되는 NP2가 된다. 가족관계 용어로 표현하자면 주어와 술부는 각각 모절점 S의 딸절점 NP1과 VP가 되고 목적어는 모절점 VP의 딸절점 NP2가 된다.
- 주어 NP1와 목적어 NP2는 동일한 구구조 규칙이 적용된다. 즉, 명

사구 규칙에 의해 한정사 D와 명사 N이 결합하여 동일한 명사구 NP를 만든다.

- 이렇게 구구조 규칙의 반복적인(recursive) 적용의 결과로 끝이 없는 표현의 구조를 생성할 수도 있다. 예를 들어 위의 명사구 규칙과 전치사구 규칙을 반복적으로 적용하면 아래와 같은 구조를 만들 수 있다.

(31) 명사구 규칙: NP → Det-N-PP (PP에 아래 전치사구 규칙을 (다시) 적용)
전치사구 규칙: PP → P–NP (NP에 위 명사구 규칙을 (다시) 적용)

(32) a. the pen in the box on the desk in the room...

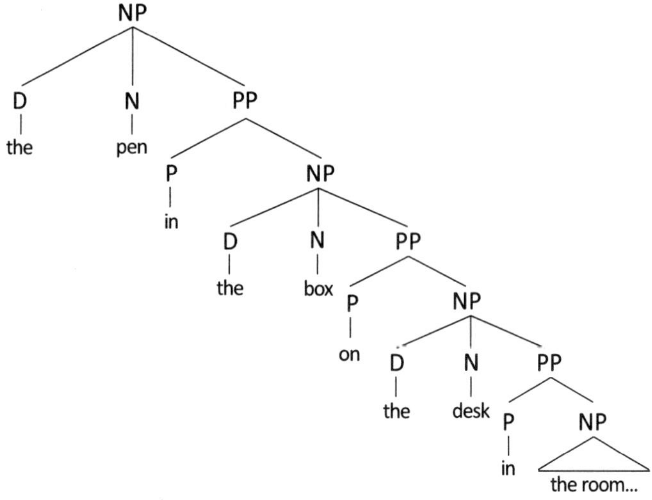

위와 같은 성분구조는 다양한 언어현상을 명시적으로 설명하는 데에 도움을 준다. 그 중 하나를 언급하자면 구조적 중의성(structural ambiguity)을 들 수 있다. 구조적 중의성이란 한 문장이 구조적으로 둘 이상의 의미로 해석되는 경우를 말한다. 예를 들면, (33)의 문장은 둘로 해석할 수 있다.

(33) The boy saw a girl with binoculars.

하나는 '그 소년이 쌍안경을 사용하여 어떤 소녀를 봤다'는 뜻이고 다른 하나는 '그 소년이 쌍안경을 지니고 있는 소녀를 봤다'는 뜻이다.

(34) a. 'The boy saw a girl by means of binoculars' (동사(구) 꾸밈)
b. 'The boy saw a girl who was carrying binoculars' (명사(구) 꾸밈)

즉, 전자는 'with binoculars'가 동사(구) 'saw(a girl)'를 꾸미는 경우이고 후자는 명사(구) '(a) girl'를 꾸미는 경우이다.

이러한 수식 관계의 차이는 성분구조를 통해서 명시적으로 설명할 수 있다. (34)의 두 해석과 관련하여 다음과 같은 동사구 규칙과 명사구 규칙을 중심으로 다른 구구조 규칙을 적용해 보자.

(35) a. VP → V-NP-PP ((34a)와 관련하여)
b. NP → D-N-PP ((34b)와 관련하여)

(34a)의 해석과 관련하여 (35a)의 동사구 규칙을 중심으로 성분구조를 그려보면 다음과 같은 수형도를 얻을 수 있다.

(36)

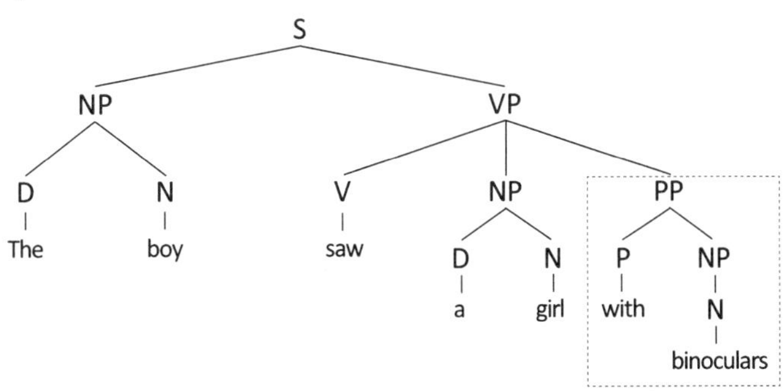

(34b)의 해석과 관련하여 (35b)의 명사구 규칙을 중심으로 성분구조를 그려보면 다음과 같은 수형도를 얻을 수 있다.

(37)

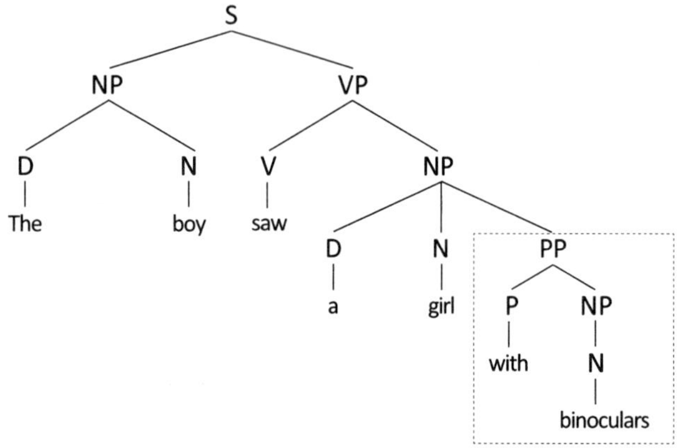

위 두 수형도의 차이에서 볼 수 있듯이 (34a)의 해석이 되는 이유는 PP가 VP의 딸점으로서 V(P)를 꾸미고 있기 때문이고 (34b)의 해석이 되는 이유는 PP가 NP의 딸점으로서 N(P)를 꾸미기 때문이다. 즉, (33)의 문장은 문제의 전치사구가 어떤 구범주의 딸점이냐에 따라 두 해석이 가능한 것이다.

이러한 이점에도 불구하고 구구조 규칙의 의해 생성된 성분구조는 실제 문장을 만들기에 충분하지 않다. 구구조 규칙은 가장 일반화된 (어휘)범주의 정보를 가지고 성분구조를 만들기 때문에 더 세분화된 하위범주(subcategory)를 요구하는 문장과 일치하지 않을 수 있기 때문이다. 예를 들면 devour와 같은 (완전)타동사(transitive verb)를 가지고 동사구를 만들 때 1형식 동사구 규칙을 적용하면 그 규칙에 의해 만들어진 성분구조가 타동사의 목적어를 수용하지 못하여 비문이 될 수 있다.

(38) a. He devoured an apple.
b. *he devoured

반대로 disappear와 같은 (완전)자동사(intransitive verb)를 가지고 문장을 만들 때 3형식 동사구 규칙을 적용하면 자동사가 수용할 수 없는 목적어를 갖게 되기 때문에 비문이 될 수 있다.

(39) a. She disappeared.
b. *She disappeared the table

즉, 동사(V)라는 범주 외에 적어도 그 동사가 자동사인지 타동사인지에 관한 동사의 하위범주를 고려하여 동사구 규칙을 적용해야 정문을 만들 수 있게 되는데 이를 가리켜 하위범주화 제약(subcategorisation restriction)이라고 한다.

또한, 구구조 규칙 혹은 성분구조에는 동사가 수용할 수 있는 의미가 배제되어 있다. 이 때문에 구조상 문제가 없지만 의미상 적절하지 못한 표현을 만들 수도 있다. 예를 들면, scold('꾸짖다') 등과 같은 동사들은 보통 사람을 나타내는 주어와 목적어와 함께 써야 한다.

(40) a. She scolded her child.
b. *she scolded her desk
c. *her dog scolded her child

이렇게 주어진 동사가 주어와 목적어의 의미를 제한하는 것을 가리켜 선택제약(selectional restriction)이라고 한다.

지금까지 영어의 낱말들을 가지고 어떻게 문장을 만드는지 살펴보았다. 특히, 구구조 규칙을 통해 어떻게 어휘범주에서 구범주를 만들어 궁극적으로 평서문을 형성하는지를 살펴보았다. 구구조 규칙은 기본적으로 어휘범주를 가지고 성분구조를 만들기 때문에 낱말의 세부적인 하위범주와 의미속성도 함께 고려해야 함을 알게 되었다.

그렇다면 의문문 등과 같은 다양한 문형들은 어떻게 기술할 수 있고 어떤 일반화를 이끌어낼 수 있을까? 다음 절에서는 평서문을 중심으로 다양한 변형규칙(transformational rules)을 살펴보고 이 변형규칙들의 공통적인 특징인 이동(movement)에 대해 알아본다.

Exercise C

1. 다음 각각의 예를 수형도와 표지괄호로 나타내시오. (단, 괄호의 표현들은 제외하고 참고만 하시오)

a. the books, that old lamp, a pretty doll on the desk

b. (he) behaves badly, (she) looks nice, (he) eats heavy breakfast

c. (that's) very nice, (I'm) pretty good, (that's) really cool

d. by mail, in my car, at the end of the road

e. (doing) very well, (working) very hard, quite quickly

f. The teacher found the sentence unintelligible.

2. 다음 문장은 구조적으로 두 가지 해석이 가능하다. 그 두 가지 해석을 적고 그 이유를 수형도를 그려서 설명하시오.(b와 c는 Radford (1988: 106)의 예문을 변형하였음)

a. a Korean music student

b. Mary seemed very keen on the boat.

c. John shot the terrorist with a rifle.

3. 다음 예들 중 비문의 경우 하위범주화 제약과 선택 제약 중 어떤 제약을 어겼는지 결정하고 그 이유를 적으시오.

a. John murdered his brother.

b. *John murdered his cat.

c. *the cat murdered the suspect

d. *John murdered

5. 변형규칙: 이동과 제약

영어에는 평서문만 있는 것이 아니다. 앞서 살펴보았듯이 의문문도 있고 수동문도 있다. 게다가 똑같은 동사가 서로 다른 문형을 만들 수도 있다. 예를 들면 동사 give는 여격을 포함한 3형식도 가능하고 4형식도 가능하다.

그렇다고 다양한 문형들을 평서문과 전혀 다른 방식으로 만든다고 보기에는 어렵다. 오히려 상당히 많은 부분을 공유하고 일부분만 차이가 나기 때문이다. 이런 차이들을 평서문의 변형(transformation)이라고 부른다. 게다가 그 차이들이 상당히 규칙성을 띠기 때문에 관련된 규칙을 가리켜 변형규칙(transformational rules)이라고 한다. 또한 이 변형규칙이 적용되기 이전의 (성분)구조를 가리켜 심층구조(underlying structure)라 하고 적용된 후의 (성분)구조를 가리켜 표층구조(surface structure)라고 한다. 심층구조에서 표층구조를 만들어내는 변형규칙에는 많은 것들이 있을 수 있지만 여기서는 앞서 언급한 세 가지 변형들을 중심으로 살펴보고자 한다.

■ 의문문을 만드는 주어-조동사 도치(subject-auxiliary inversion)가 있다. 평서문의 조동사를 주어 앞으로 도치시켜 의문문을 만든다. 알다시피 평서문에 조동사가 없는 경우 형식조동사 do를 사용한다.

(41) a. <u>He</u> <u>was</u> writing a letter. (진행조동사 be)
b. <u>He</u> <u>will</u> write a letter. (서법조동사 will)
c. <u>He</u> <u>has</u> written a letter. (완료조동사 have)
d. <u>That letter</u> <u>was</u> written by him. (수동조동사 be)
e. <u>He</u> <u>did</u> write the letter. (형식조동사 do)

(42) 주어-조동사 도치
a. <u>Was</u> <u>he</u> writing a letter?
b. <u>Will</u> <u>he</u> write a letter?
c. <u>Has</u> <u>he</u> written a letter?
d. <u>Was</u> <u>that letter</u> written by him?
e. <u>Did</u> <u>he</u> write the letter?

■ 능동문을 수동문으로 만드는 수동화(passivisation)가 있다. 능동문의 목적어는 주어가 되고 수동조동사 be가 쓰이며 뒤따르는 동사는 과거분사형을 쓴다. 이때 능동문의 주어는 전치사 by와 결합하여 전치사구를 만들어 문장 뒤에 부가어로 둘 수 있다.

(43) a. The policeman arrested the boy. (능동문)
b. The boy was arrested (by the policeman). (수동문)

■ 수여동사의 3형식을 4형식으로 고치는 여격 전환(dative shift)이 있다. 전차사 뒤에 있는 여격 명사구를 간접목적어로 삼고 남은 전치사를 삭제한다.

(44) a. Tom gave a book to Mary. (3형식)
b. Tom gave Mary a book. (4형식)

이런 변형들을 잘 들여다보면 한 가지 공통점을 찾을 수 있다. 어떤 낱말이 추가되든 삭제되든 평서문이든 능동문이든 문장의 한 성분이 문장 내의 다른 장소에 위치한다는 사실이다. 이를 가리켜 이동(movement)이라고 한다.

'이동'이라는 개념을 사용하여 위의 변형들을 다시 살펴보면 다음과 같다. 이 개념을 이용하면 더 다양한 변형들을 효과적이고 효율적으로 기술할 수 있다.

■ 가부의문문(yes-no question)을 만들기 위한 조동사 이동(auxiliary/Aux movement)이 있다.

(45) a. Was he ____ writing a letter?
b. Will he ____ write a letter?

c. Has he ____ written a letter?
d. Was that letter ____ written by him?
e. Did he ____ write the letter?

■ 의문문에는 가부의문문 이외에도 의문사가 있는 의문문(wh-question)이 있다. 의문사 의문문을 만들기 위한 의문사 이동(wh-movement)이 있다. 이때 의문사는 문장의 주어와 목적어에 해당하는 성분이 될 수도 있고 부가어에 해당하는 성분이 될 수도 있다.

(46) a. What was he writing _____? (목적어)
b. Which letter _____ was written by him? (주어)
c. How/When/Where/Why did he write the letter _____? (부가어)

부가어 의문문은 아래 밑줄 친 부분을 고려하여 만들 수 있을 것이다.

(47) a. He wrote the letter by hand.
b. He wrote the letter last night.
c. He wrote the letter in the library.
d. He wrote the letter because he got badly treated.

■ 수동문을 만들기 위한 명사구 이동(NP-movement)이 있다. 능동문의 목적어 자리에 있는 명사구를 주어 자리로 이동시켜 수동문을 만든다.

(48) The boy was arrested _______ (by the policeman).

명사구 이동은 여격 전환에도 적용될 수 있다. 이를 가리켜 여격 이동(dative movement)라고 부른다.

(49) Tom gave Mary a book ______.

게다가 명사구 이동은 주어가 종속절의 주어 자리에서 주절의 주어 자리로 상승하는 주어-주어 상승(subject-to-subject raising)을 기술할 수 있다. 아래와 같이 it와 that의 삭제와 부정사 to의 추가를 제외하면 주어-주어 상승은 결국 명사구 이동으로 볼 수 있다.

(50) a. The student seems [____ to like boxing].
b. It seems (that) the student likes boxing.

이 외에도 이동이라는 개념은 더욱 다양한 문장의 변형들을 기술할 수 있다. 명사구 외에도 다른 구범주를 이동시켜 문장에 변화를 줄 수 있다. 아래에 대표적인 구범주의 이동을 예문과 함께 제시한다.

■ 동사구 이동(VP-movement)

(51) John says that he will read the books, and read the books she will ______.

■ 형용사구 이동(AP-movement)

(52) a. Very busy though she is ________, she won't be late for the meeting.
b. Though she is very busy, she won't be late for the meeting.

■ 전치사구 이동(PP-movement)

(53) a. A man ________ appeared with red hair and a beard.
b. A man with red hair and a beard appeared.

즉, 문장의 한 성분을 전치(preposing)시키거나 후치(postposing)시킴으로써 다양한 표현을 만들 수 있다.

하지만, 위와 같이 다양한 변형들을 이동이라는 개념으로 일반화시키다보면 정문과 거리가 먼 비문을 양산할 수도 있다. 이 경우에 비문을 제외하고 정문만을 만들기 위한 조건이 필요한데 이를 가리켜 제약(constraint)이라고 부른다. 여기서는 이동과 관련된 제약으로 세 가지만 살펴보자.

- 등위접속구조 제약(coordinate structure constraint): 등위접속사로 결합된 구조는 전체가 이동할 수는 있어도 일부분만 이동할 수 없다는 제약이다.

(54) a. Did you meet [$_{NP}$ John and Mary] yesterday?
b. Who did you meet [$_{NP}$ ________] yesterday?
c. *who did you meet [$_{NP}$ John and _____] yesterday

- 하위인접 제약(subjacency constraint): (종속)절의 한 성분이 한번 이동할 때 둘 이상의 NP나 S를 넘어갈 수 없다는 제약이다.

(55) a. Did he claim [$_{S}$ (that) he had lost [$_{NP}$ his wallet]]?
b. What did he claim [$_{S}$ (that) he had lost [$_{NP}$ _______]]?
c. *what did he make [$_{NP}$ the claim [$_{S}$ that he had lost [$_{NP}$ _______]]]

- 시제문 제약(tensed S constraint): 어떠한 성분도 시제가 있는 문장/절 밖으로 이동할 수 없다. 이 경우 wh-이동은 적용되지 않는다.

(56) a. It seems [$_{S}$ [$_{NP}$ the student] likes boxing].
b. The student seems [$_{S}$ _____ to like boxing].
c. *the student seems [$_{S}$ _____ likes boxing]

지금까지 학교문법에서 다루는 다양한 변형들을 이동이라는 개념으로 일반화할 수 있다는 점을 알게 되었다. 또한 이동 규칙이 비문을 양산하지 못하도록 이동에 대한 제약이 필요함도 알게 되었다. 이점을 고려하면 여기서 말하는 영어문법이란 결국 구구조 규칙과 이동 규칙, 그리고 각각에 대한 제약들이 유기적으로 구성된 체계로 이해할 수 있을 것이다. 그래서 다음절에서는 이런 영어문법 체계를 기반으로 앞서 언급한 성분구조에 대한 검증 방법을 간략히 소개한다.

Exercise D

■ 다음 예들 중 비문인 경우 어떤 종류의 이동 제약을 어겼는지 결정하고 그 이유를 적으시오.

(1) a. It is very likely that he will pass the exam.
    b. He is very likely to pass the exam.
    c. *he is very likely will pass the exam

(2) a. The police arrested the suspect and his accomplice.
    b. The suspect and his accomplice were arrested by the police.
    c. *the suspect was arrested and his accomplice by the policed.
    *his accomplice was arrested the suspect and by the police

(3) a. The fact that an article about Trump was just published was unexpected.
b. The fact that an article was just published about Trump was unexpected.
c. *The fact that an article was just published was unexpected about Trump (Park & Riley (2010: 70))

6. 성분구조의 수정과 검증: 이동과 대치

앞서 문장 The student read the books의 성분구조에 대해서 살펴보았다. 문장 S는 먼저 명사구(NP) the student와 동사구(VP) read the books로 이루어지고 동사구는 다시 동사 read(V)와 명사구(NP) the books로 이루지면 명사구(NP) the student와 the books는 각각 한정사(D) the와 명사(N) student, 한정사(D) the와 명사(N) books로 이루어진다. 이 성분구조를 수형도로 다시 나타내면 다음과 같다.

(57)

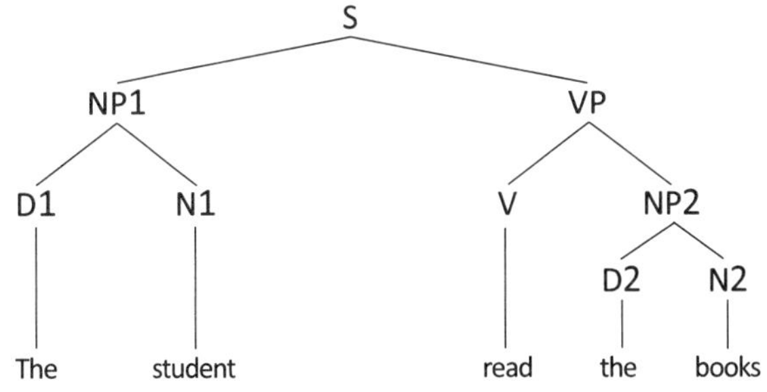

하지만 이 수형도는 영어의 다양한 표현들을 수용하기에는 아직 충분치 않다. 예를 들어 영어의 동사에는 크게 조동사(auxiliary)와 일반동사로 나누어지고 조동사는 평서문뿐만 아니라 의문문을 만들 때에도 꼭 필요한 성분이다.

(58) a. The student will read the books.
b. *Will* the student _____ read the books?

따라서 조동사를 위의 성분구조에 반영할 필요가 있다.

그러면 조동사를 성분구조에 어떻게 반영할 수 있을까? 성분구조는 구구조 규칙이 적용된 결과이므로 우선 앞서 제시한 구구조 규칙을 수정해야한다. 수정한 문장 규칙은 조동사(Aux)를 포함하여 다음과 같이 기술할 수 있다.

(59) 문장 규칙(수정): S → NP-Aux-VP

수정된 문장 규칙에 따라 위 평서문의 성분구조를 수형도로 그려보면 다음과 같다.

(60) 수형도(수정)

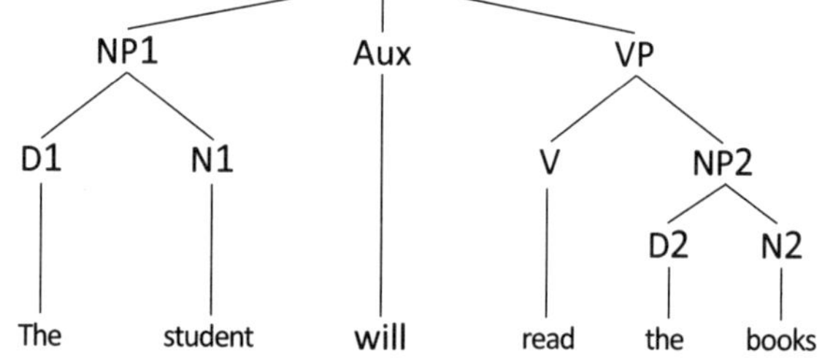

그렇다면 위의 성분구조를 어떻게 증명할 수 있을까? 이와 관련하여 다음 세 가지 점을 밝혀야 할 것이다.

- 먼저 문장 S가 NP1과 Aux와 VP 성분으로 구성된다는 점.
- D1과 N1, D2와 N2가 마치 하나의 단위(unit)처럼 각각 NP1과 NP2를 구성한다는 점. (여기서 두 성분이 하나의 절점으로 수렴되므로 마치 하나의 단위가 된다. 이 단위는 다시 또다른 단위를 구성하는 성분이 된다.)
- 마찬가지로 V와 NP2가 마치 하나의 단위처럼 VP를 구성한다는 점.

먼저, 문장 S가 NP1과 Aux와 VP 성분으로 구성된다는 점은 문장부사(sentence adverb)의 분포(distribution)를 통해서 증명할 수 있다. 예를 들면, 위 문장에 문장 부사 perhaps를 삽입(insertion)할 수 있는 모든 경우의 수를 살펴보면 다음과 같이 일곱 가지 경우의 수가 나온다.

(61) a. *Perhaps*, the student will read the books.
b. *the *perhaps* student will read the books.
c. The student *perhaps* will read the books.
d. The student will *perhaps* read the books.
e. *the student will read *perhaps* the books.
f. *the student will read the *perhaps* books.
g. The student will read the books, *perhaps*.

하지만 이 일곱 가지 경우의 수에서 네 가지만 가능하다. 즉, perhaps는 문법적으로 문장의 맨 앞, 주어와 조동사 사이, 조동사와 동사구 사이, 문장의 맨 뒤에 올 수 있다.

(62) 성분구조 내의 문장 부사의 위치

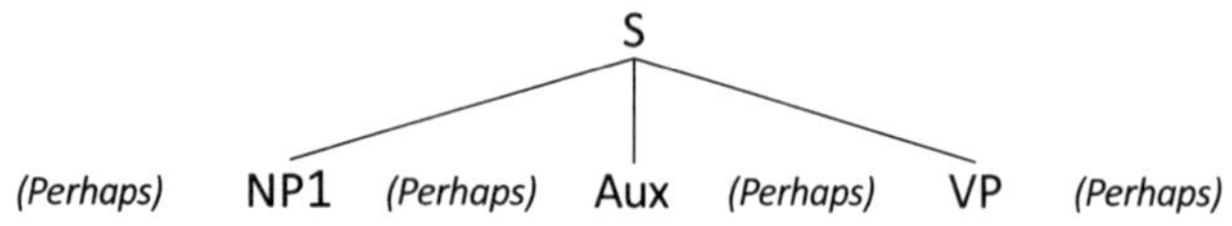

이는 NP1과 Aux와 VP가 문장 부사가 삽입될 수 있는 공간을 경계로 문장 S를 구성하는 성분이 된다는 뜻이다.

그렇다면 나머지 성분들은 어떻게 증명할 수 있을까? 이와 관련하여 두 가지 방법을 사용할 수 있다. 하나는 문장의 일부를 이동시키는 방법이고 다른 하나는 문장의 일부를 대명사를 포함한 대형태(pro-form)로 대치시키는 방법이다.

- 이동(movement): 문장의 일부를 이동시켜서 정문을 만들 수 있으면 그 일부는 문장의 성분 혹은 단위가 된다.
- 대치(substitution): 문장의 일부를 대형태로 대치하여 정문을 만들 수 있으면 그 일부는 문장의 성분 혹은 단위가 된다.

먼저 대형태와 관련해서 위 성분구조의 the student와 the books는 성분이 된다. 왜냐하면 이 두 명사구는 각각 대명사 she/he와 them으로 대치가 가능하여 마치 하나의 단위처럼, 즉 하나의 '낱말'처럼 행동하기 때문이다. 만약 그렇지 않고 각각의 명사만을 이 대형태로 대치할 경우 비문이 된다.

(63) a. The student will read the books.
b. She will read them. (she=the student, them=the books)
c.*the she will read the them

위 문장에서 read the books도 성분이 된다. 왜냐하면 이 동사구는 대형태 do so로 대치가 가능하기 때문이다.

(64) She will read the books, and he will do so, too. (do so=read the books)

동사구의 경우 삭제(deletion) 방식으로 대치할 수도 있다.

(65) A: Will you read the books?
B: Yes, I will. (=I will read the books)

따라서 대치가 가능한 the student, read the books, the books는 주어진 문장의 성분이 된다.

이동과 관련해서는 앞서 살펴본 동사구 이동을 예로 들 수 있다. 동사구 이동에서는 동사만 이동할 수 없고 동사구 전체가 이동해야 한다. 따라서 동사구 전체가 성분이 된다.

(66) a. John says that he will read the books, and read the books he will _____.
b. *John says that he will read the books, and read he will _____ the books.

또한 앞서 살펴본 수동문의 명사구 이동을 보면 한정사나 명사만 이동할 수 없고 명사구 전체가 이동해야 한다. 따라서 명사구 전체가 성분이 된다.

(67) a. Those books were read [________] by many students.
b. *those were read [_____ books] by many students
c. *books were read [the _______] by many students

따라서 이동이 가능한 the student, read the books, the books는 문장의 성분이 된다.

Exercise E

■ 다음 문장들의 성분구조를 이동과 대치의 검증방법을 사용하여 입증하고 그 결과를 수형도로 나타내시오. 또는 각 문장의 성분구조를 수형도로 나타내고 이를 이동과 대치의 검증방법을 사용하여 입증하시오.

a. John may clean the room.

b. Mary will send his son a parcel.

c. We can push the door open.

7. 요약

통사론은 학교문법과 마찬가지로 기본적으로 문장의 내부구조를 연구하는 학문이다. 주이진 낱말들을 가지고 궁극적으로 문장(혹은 정문)을 만드는 과정을 다루는 분야이다. 이를 위해 현대통사론에서 주로 사용하는 몇 가지 개념들을 소개하였다.

먼저 범주와 관련해서 어휘범주와 구범주로 구분하였다. 낱말의 어휘범주가 구범주의 핵어가 되는 방식으로 더 큰 표현을 형성하고 궁극적으로 문장을 형성한다고 보았다. 이런 형성 과정에 작용하는 것이 구구조 규칙이지만 이 규칙에 따라 만들어진 성분구조는 비문을 생성할 수 있는 가능성이 있기 때문에 이를 막을 수 있는 제약이 필요하였다. 그래서 하위범주 제약과 선택 제약과 같은 제약이 필요함을 알게 되었다.

영어의 문장에는 평서문만 있는 것이 아니어서 다른 문형들을 기술하고 설명할 수 있는 방법이 필요하였다. 평사문과 의문문, 문장의 3형식과 4형식, 능동문과 수동문 등을 변형규칙이 적용될 결과로 보고 이 변형규칙들을 이동 규칙으로 일반화하였다. 구구조 규칙과 마찬가지고 이동 규칙도 비문을 양산할 가능성이 있기 때문에 이에 대한 제약이 필요하였다. 여기서는 등위접속 제약, 하위인접 제약, 시제문 제약 등 세 가지만 살펴보았다.

더 다양한 영어 문장들의 구조를 파악하기 위해 앞서 살펴본 구구조 규칙과 성분구조를 다시 검토하였다. 특히, 구구조 규칙과 성분구조를 왜 수정해야하고 그리고 정말 그런 계층구조를 갖는지를 알아보았다. 제시한 성분구조를 증명하기 위해서 크게 두 가지 방법을 소개하였다. 하나는 이동으로 문장의 일부를 한 장소에서 다른 장소를 옮김으로써 그 일부가 문장의 성분임을 증명하는 방법이었고 다른 하나는 대치로 문장의 일부를 다른 낱말이나 구로 대신함으로써 그 일부가 문장의 성분임을 증명하는 방법이었다.

앞서 말했듯이 영문법이란 영어의 표현이나 문장을 만드는 규칙이다. 우리가 영어로 의사소통을 원활하게 수행하기 위해서는 일차적으로 그런 문법규칙에 맞는 문장을 만들 수 있어야 할 것이다. 또한 영어로 말을 하거나 글을 쓸 때 영어의 다양한 문형들을 요구하는 경우가 많다. 그래서 다양한 문형들을 사용하며 영어의 표현력을 기를 필요가 있다. 영어통사론은 영어의 다양한 문장을 만드는 규칙과 원리를 다루는 학문이기 때문에 영어의 정문을 만들고 다양한 문형들을 만드는 데에 큰 도움이 될 것이다.

References and Supplementary Readings

Aarts, B. (2008). *English Syntax and Argumentation (3rd ed.).* London: Palgrave

Chomsky, N. (1957). *Syntactic Structures*. Berlin: Mouton.

Chomsky, N. (1965). *Aspects of the Theory of Syntax*. Cambridge, MA: MIT Press.

Chomsky, N. (1981). *Lectures on Government and Binding*. Dordrecht: Foris.

Onions, C. T. (1971). *Modern English Syntax* (New edition of *An Advanced English Syntax* prepared from the author's materials by B.D.H. Miller). London: Routledge.

Parker, F. and K. Riley. (2010). *Linguistics for Non-Linguists* (5th ed.). MA, Boston: Pearson.

Priestley, J. 1761. *The Rudiments of English Grammar*, London: Printed for J. and F Rivington.

Radford, A. (1988). *Transformational Grammar*. Cambridge: Cambridge University Press.

Ross, J. R. (1986[1967]). *Infinite Syntax!* Norwood, NJ: ABLEX Publishing Corporation.

Quirk, R., S. Greenbaum, G. Leech, and J. Svartvik. (1985). A *Comprehensive Grammar of the English Language*. London: Longman.

Chapter 6

의미론(Semantics)

1. 기호학(Semiotics)과 의미론(Semantics)
2. 언어의 의미 연구
3. 어휘 의미론(Lexical Semantics)
4. 문장 의미론(Sentential Semantics)

1. 기호학(Semiotics)과 의미론(Semantics)

우리는 일상생활에서 '의미'를 전달하기 위해서 다양한 '기호(sign)'를 사용한다. 이런 기호들 가운데 가장 대표적인 것은 물론 '언어적인 기호(linguistic sign)'지만, 이밖에도 다음과 같은 기호들을 우리 주변에서 흔히 볼 수 있다.

(1) a.

b.

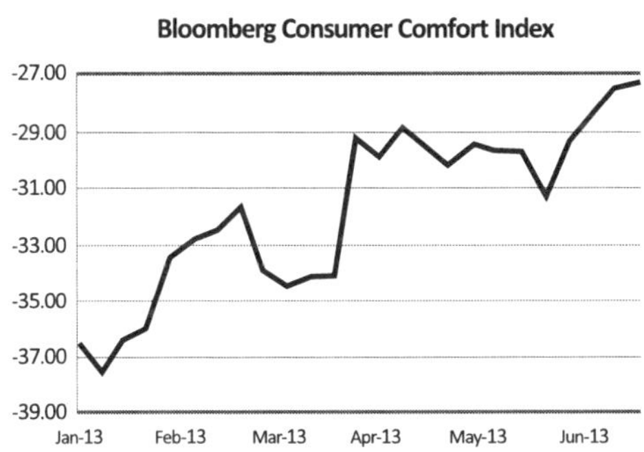

c.

컴퓨터의 워드 프로세서(word processor)의 화면을 보면, (1a)에 나오는 그림들을 볼 수 있는데, 이것들은 '프린터'와 '디스켓'을 나타낸다. 이것

들은 기호로서 '인쇄'와 '저장'을 의미한다. 한편 (1b)는 그래프인데, 이 그래프에 나타난 곡선은 소비자의 만족도를 나타낸다. (1c)는 잘 알려진 바와 같이 군인들의 계급을 나타내는 계급장이다. 이 계급장에 나오는 가로 막대의 숫자를 보고 계급장을 착용한 군인의 등급을 알 수 있다. 이와 같이 각종 기호들은 의미를 전달하는 역할을 하는데, 이런 체계를 Saussure (1974)는 다음과 같은 관계를 이용해서 설명하고 있다.

(2) signifier ←→ signified
↑
signification

Saussure는 'signifier'는 '기호(sign)'를 가리키고, 'signified'는 '의미(meaning)'를 나타내며, 이 둘은 'signification'의 관계를 갖는다고 지적하고 있다. 또한 그는 이 둘 사이의 체계를 연구하는 분야를 '기호학(semiotics)'라고 부르고 있다.

그러면 인간 언어도 일종의 기호이기 때문에 의미를 연구하는 분야도 '기호학'이라고 부를 수 있는가? 넓은 의미에서 언어의 의미를 연구하는 분야도 '기호학'의 일종이라 할 수 있지만, 우리는 그것 대신 '의미론(semantics)'이라는 용어를 사용하고 있다. 이렇게 구분하는 이유는 여러 가지 있지만, 가장 대표적인 것은 인간의 언어 기호는 (1)에 나오는 여러 가지 기호와 아주 다른 특성을 가지고 있기 때문이다. (1a)에 나와 있는 그림을 보면 signifier와 signified의 관계를 바로 알 수 있는데, 그 이유는 둘 사이에 '유사성(similarity)'이 있기 때문이다. 그래서 이런 기호들을 'icon'이라고 부른다. 한편 (1b)의 도표가 의미하는 바는 (1a)의 그림처럼 바로 파악할 수 없다. 대신 그래프에 나타난 선과 세로축의 숫자를 분석해야 이 도표가 나타내고자 하는 소비자의 만족도를 알 수 있다. 이와 같이 밀접한 관계가 있지만, '소비자의 만족감' 자체를 나타내지 않는 기호를 'index'라 한다. 이런 종류의 기호에 해당하는 또 하나의 예로서, '연기(smoke)'를 들 수 있다. 우리가 어떤 건물에 '연기'가 나는 것을 보면 '불'이 났다고 생각할 수 있는데, 이 경우 '연기'는 '불'을 나타내는 'index'가 된다. (1c)에 나오는 계급장들은 이것들이 나타내는 것과 시각적으로 직접적인 관계가 없다. 이것들이 각기 다른 계급을 나타내는 것은 일종의 '약속(convention)'이 있기 때문이다. 즉, '막대(bar)'의 숫자에 따라 차등적으로 계급을 나타내기로 한 규정을 이해할 때 이것들이 나타내는 바를 파악할 수 있다. 이밖에도 각 나라의 국기 등도 바로 이런 특징을 갖는데, 이런 것들을 'symbol'이라 한다.

그러면 인간의 언어는 이런 기호들과 다른 어떤 특징을 가지고 있는가? 우리가 사용하는 언어는 (1)의 기호와 다른 '임의적인(arbitrary)' 성질, 즉, 기호와 의미 사이의 관계가 '제멋대로인' 특성을 가지고 있다. 앞서 보았던 기호들은 signifier와 signified 사이에 시각적 또는 의미적 '유사성(similarity)' 또는 '관련성(relatedness)'이 있다. 이것을 통해서 우리는 각각의 기호들이 나타내는 바를 파악할 수 있다. 그러나 언어는 완전히 임의적인 특성을 보여준다. 다음의 예들을 비교해 보자.

(3) Korean : 개
English : dog
French : chien
German : Hund
Spanish : perro
Chinese : 狗 [gǒu]
Japanese : いぬ [inu]

몇 개의 예를 통해서 보더라도, '개'를 나타내는 기호, 즉, 낱말들이 언어마다 다른 것을 볼 수 있다. '개'를 나타내는 '의미'와 이것을 가리키는 '기호'가 이렇게 다른 것은 이 둘 사이의 관계가 '임의적'이기 때문이다.

낱말들 가운데 '의성어(onomatopoeia)'를 '기호'와 '의미' 사이에 유사성이나 관련성이 있는 것으로 간주하는 사람도 있다. 그러나 이것도 몇몇 언어를 비교해 보면, 임의적인 것을 확인할 수 있다. 예를 들어, 우리는 개가 짖는 소리를 '멍멍'이라고 표현하지만, 영어에서는 'bow-wow', 프랑스어에서는 'ouah', 독일어에서는 'wauwau', 그리고 스페인어에서는 'guau'로 나타낸다. 이와 같이 의성어도 마찬가지로 언어마다 다르기 때문에 임의적 특징을 보여준다. 이런 특성이 바로 인간의 언어와 다른 기호들을 구분하는 중요한 지표가 된다.

Exercise A

■ 다음의 기호에 해당하는 예를 제시하시오.

a. icon:

b. index:

c. symbol :

2. 언어의 의미 연구

우리는 이 섹션에서 언어의 의미를 직접적으로 분석하고 연구하기보다는 의미론의 이론적 토대와 관련된 2가지 사항을 다루게 될 것이다. 먼저, 언어의 다양한 표현들 가운데 어떤 것들이 '의미론 연구의 대상(object)'이 되는지 규정할 것이다. 다음에는 이런 대상들 속에 나타나는 '의미(meaning)'를 '정의(definition)'하고, 의미의 종류에 대해서 검토할 것이다.

2.1. 연구 대상

의미를 전달하기 위한 수단인 언어를 구성하는 단위는 여러 가지 다양한 것들이 있다. 예를 들면, '음소'는 의미를 나타낼 수 있는 하나의 단위이다. 그러나 소리의 기본 단위인 음소는 그 자체로 의미를 나타내지 못한다. 예를 들어, 'man'이란 단어를 보자. 이 단어는 /m/, /æ/, /n/과 같은 3개의 음소로 구성되는데, 각각의 음소는 독립된 의미를 나타내지 못한다. 이것들이 모여서 'mæn'과 같은 '형태소(morpheme)'가 만들어질 때 비로소 의미를 갖는다. 따라서 의미의 국면을 논의할 수 있는 첫 번째 대상은 '형태소'라 할 수 있다.

그러나 '형태소'는 의미론 연구의 직접적인 대상이 될 수 있는 것은 아니다. 형태소는 '형태론'에서 살펴본 바와 같이 'free morphemes'와 'bound morphemes'로 구분된다. 다음의 예를 보자.

(4) a. books
b. possession
c. presuppose

(4a)의 'books'는 2개의 형태소, 즉, 'book'과 '–s'가 결합되어 만들어진 단어이다. 이 2개의 요소 모두 의미를 가지고 있지만, 복수를 나타내는 접미사는 의미론 연구의 대상이 아니다. 그것의 의미와 특성은 명사와 관계를 통해서 다루어져야 하기 때문이다. (4b)와 (4c)에 나오는 형태소 '–ion'과 'pre-'도 마찬가지로 bound morphemes이기 때문에 다른 낱말에 붙어야 사용될 수 있는 요소이다. 그래서 이런 것들은 의미론이 아닌 형태론(morphology)에서 다루어지고 있다.

이런 관점에서 볼 때 의미론의 첫 번째 대상은 'free morphemes'에 해당하는 '낱말'이 된다. 낱말의 의미라 하면 우리는 대개 사전을 보면 그 이미를 알 수 있기 때문에 과연 의미론에서 다루어져야 할 것인지 의구심을 가질 수 있다. 그러나 낱말의 의미는 우리가 생각하는 것만큼 간단히 처리할 수 있는 것은 아니다. 다음 예들을 검토해 보자.

(5) a. John went to a bank to meet his friend.
b. John was looking for a bank to open a check account.

(5a)의 문장은 '중의성 (ambiguity)'이 있는 문장이다. 즉, 이 문장은 2개의 의미가 있는 것으로 해석된다. 왜냐면 (5a)에 나오는 'bank'는 '은행'이라는 말과 '둑/제방'이라는 뜻을 갖기 때문이다. 이런 중의성을 '어휘적 중의성(lexical ambiguity)'이라고 한다. 한편 (5b)에도 'a bank'가 나오는데, 이 문장은 중의적인 문장은 아니다. 왜냐면, 'to open a check account'를 통해서 이것이 '은행'을 가리킨다는 것을 쉽사리 예측할 수 있기 때문이다. 그런데 여기에서 문제가 되는 것은 (5a)의 'a bank'와 (5b)의 'a bank'가 가리키는 대상이 다르다는 점이다. 즉, (5a)의 경우 'a bank'가 가리키는 '지시 대상(referent)'가 있지만, (5b)에서는 그것이 없다는 점이다. 왜 똑같은 'a bank'인데, 이런 의미적인 차이가 생기는 것인가? 이런 문제에 대한 답을 찾는 것도 의미론 연구의 과제가 될 것이다.

두 번째로 의미론 연구의 대상이 되는 표현은 '구 (phrase)'이다. 예를 들어, 다음 문장 (6a)를 검토해 보자.

(6) a. Mary helped the old men and women.

b. old men and women.

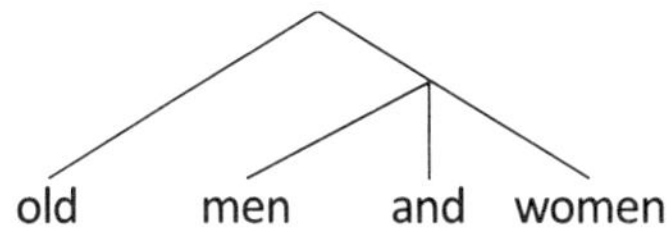

c. old men and women

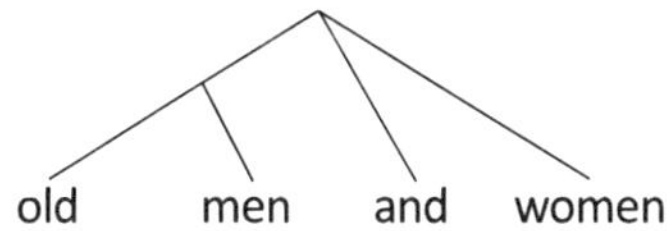

문장 (6a)는 2개의 의미가 있는 것으로 분석된다, 왜냐면 여기에 나오는 'the old men and women'이 중의적이기 때문이다. 먼저 이 구문은 (6b)처럼 남녀 모두 '나이를 먹은(old)' 사람들을 가리키는 것으로 해석할 수 있다. 한편 이 구문은 (6c)와 같은 구조로도 분석할 수 있기 때문에, 이 표현은 '남자 노인과 나이에 관계없는 여성'을 나타내기도 한다. 이와 같이 구조에 따라 의미가 달라지는 것을 '구조적 중의성 (structural ambiguity)'이라고 한다. 이런 중의적인 현상이 발생하는 이유를 논리적으로 설명하는 것도 의미론 연구가 해야 할 일이 될 것이다.

'문장(sentence)'은 이제까지 의미론 연구의 가장 대표적인 대상이었다. 왜냐면 문장은 낱말들과 구들이 결합되어 의미를 전달하는 중요한 수단이고, 또 낱말과 구의 결합 관계에 따라 문장은 다양한 의미적인 양상을 나타내기 때문이다. 문장의 의미와 관련해서 몇 가지 중요한 주제가 연구자들의 관심을 끌었는데, 무엇보다 중요한 과제는 '과연 문장의 의미란 무엇인가'라는 물음이 될 것이다. 다음의 예를 보자.

(7) The man likes the woman.

문장의 의미를 판정하는 기준으로 '진리치(truth value)'를 사용하는 방법이 있다. 예를 들면, 문장 (7)에서 명사구(noun phrase) 'the man'과 'the woman'이 가리키는 대상이 있고, 전자가 후자를 좋아하는 'likes'의 관계가 있을 때, 즉 이 문장을 실제 세계와 대비해볼 때 '참(true)'이면, 이 문장은 의미가 있다는 말을 할 수 있다. 반대로 이런 관계가 실재하지 않는다면, 이 문장은 '거짓(false)' 문장, 즉 의미가 없는 문장이 된다. 이렇게 문장의 의미를 분석하는 이론을 '진리조건적 의미론'이라 한다.

그런데, 이런 판단을 내리기 쉽지 않은 문장이 존재한다. 예를 들면, (8a)는 오래 동안 의미론을 연구하는 사람들 사이에서 문제시 되어온 문장이다.

(8) a. The king of France is bald.
b. There exists a king of France.

Russell(1974)에 따르면, (8a)가 의미가 있는 문장이 되려면 (8b)를 '함의(entailment)'해야 한다. 그런데 (8b)가 '참(true)'이 아니라 '거짓(false)'이기 때문에 (8a)도 '거짓' 즉, '의미가 없는 문장'이 된다. 왜냐면, 'The king of France'가 가리키는 대상이 실제 세계에 존재하지 않기 때문이다. 그러나 Strawson(1974)은 문장 (8a)는 진리치를 따질 수 없는 문장이라는 견해를 제시하고 있다. 왜냐면, (8a)의 '진리치'를 판정하려면, (8b)가 '전제(presupposition)'가 되어야 하는데, 이 전제가 성립되지 않기 때문에 (8a)는 'true' 또는 'false'를 평가할 수 없는 문장이 된다는 주장이다. 이와 같이 문장의 의미와 관련해서 함의와 전제의 문제는 의미론 연구의 중요한 과제가 되었다.

문장의 의미와 관련된 연구에서 또 하나의 중요한 주제는 문장들 사이의 의미적인 관계이다. 일반적으로 능동태의 문장과 그에 상응하는 수동태 문장 사이에는 의미적인 차이가 별로 없는 것으로 알려져 있다. 그러나 언제나 그런 것은 아니다. 때때로 두 종류의 문장 사이에 두드러진 의미의 차이가 존재하기도 한다. 이런 현상을 확인해 보기 위해서 다음 문장들을 비교해 보자.

(9) a. Every boy likes a girl.
b. A girl is liked by every boy.

이 문장들이 사용되는 배경을 각각 3명의 소년과 3명의 소녀로 이루어진 6명의 집단으로 상정해 보자. 이 경우 문장 (9a)는 2개의 의미를 가진 중의적인 문장이고, (9b)는 하나의 의미만 있는 문장으로 분석된다. 먼저, 문장 (9a)는 (10a)처럼 소년들이 좋아하는 소녀들이 각각 다를 경우를 의미할 뿐만 아니라 (10b)처럼 3명의 소년들이 한명의 소녀만을 좋아하는 것으로 해설될 수 있다.

(10)

그러나 문장 (9b)는 단 하나의 의미만 있는 것으로 (10b)와 같은 해석만 가능하다. 이렇게 다른 해석이 나오는 현상을 무엇으로 설명해야 하는가? 이 문장들은 '구조적인 차이(syntactic difference)'가 있기 때문에 통사론에 기반을 둔 설명을 제시해볼 수 있다. 즉, (9a)는 능동태의 문장이고, (9b)는 수동태의 문장이기 때문에 이런 현상이 발생하게 되었다는 주장을 할 수 있다. 그러나 이런 주장은 완전한 답이 될 수는 없을 것이다. 왜냐면 '태(voice)'의 변화가 모든 문장에서 이런 차이점을 유발하지는 않기 때문이다. 이런 현상의 원인을 설명하기 위해서

'양화사(quantifier)'라는 개념이 사용되고 있다. 즉, 위와 같은 현상이 발생하는 이유를 'every'와 'a' 같은 양화사에서 찾고 있는데, 양화사의 의미에 대한 연구도 의미론의 중요한 과제 중에 하나이다.

문장의 의미와 관련해서 또 하나 반드시 고려해야 할 대상은 문장과 '문맥(context)'의 관계이다. 일상생활에서 우리는 단지 하나의 문장만으로 의사소통을 하는 것이 아니라 때에 따라 많은 문장들을 사용하기 때문에 다른 문장의 의미와 연관된 면도 개별 문장의 의미 파악에 있어 중요한 국면이다. 예를 들어 다음 대화를 보자.

(11) Mary: Hi, John! How are you today?
John: Good! By the way, it's too hot here, isn't it?
Mary: OK, I'll open the windows.

어떤 교실에 Mary가 먼저 와 있는데, 이곳에 John이 들어오면서 위와 같은 대화를 하게 되었다고 가정하자. John은 창문을 쳐다보면서 'it's too hot here ...'와 같은 말을 한다. 이 말을 있는 그대로 해석하면, '여기가 덥다'는 것을 의미한다. 그러나 Mary의 반응을 보면, 그녀는 이 말을 'why don't you open the windows?'라고 해석하고, 이를 실행하고 있다. 이와 같이 문장은 쓰이는 환경에 따라 다른 의미로 해석될 수 있는 여지가 있기 때문에 이런 현상의 특성도 연구할 필요가 있는 것으로 보인다.

이상에서 우리는 언어의 표현들 가운데 의미 연구의 대상들이 될 수 있는 것들을 검토해 보았다. 간단하게나마 낱말과 구, 그리고 문장들을 분석하는 과정에서 발견한 여러 가지 의미적인 국면들은 충분히 우리의 관심을 끌 수 있는 대상들이었다. 의미 연구의 목표는 바로 이런 현상들을 지배하는 규칙과 원리들을 찾는데 있다. 그런데 위에서 관찰한 현상들 모두가 의미론의 대상이 되지는 않는다. 특히 문장이 의사소통을 위해서 사용될 때 '문맥'을 고려해야 하는 문제는 문장 단위가 아니라 '담화(discourse)'의 영역에 속하기 때문에 이런 현상에 대한 연구는 의미론이 아닌 '화용론(pragmatics)'에서 이뤄지고 있다. 우리는 의미론을 크게 '어휘 의미론(lexical semantics)'와 '문장 의미론(sentential semantics)'으로 구분하여 낱말과 문장의 의미 현상들을 분석을 하는데, 섹션 3과 4를 통해서 이런 의미론의 연구 결과들을 관찰할 것이다.

2.2. 의미의 정의와 종류

우리는 일상생활 속에서 '의미'란 말을 많이 사용한다. 예를 들면, '교육부는 "사교육에 의존하는 논술·적성·구술고사보다는 학생부·대학수학능력시험(이하 수능) 등 대다수 학생이 부담 없이 준비할 수 있는 방법으로 대학들이 학생을 선발하도록 유도하겠다는 의미"라고 설명했다'나 '현대·기아차의 국내 상황은 지난달 내수 점유율, 69.1%가 단적으로 대변한다. 꺾일 줄 모르는 수입차들의 점유율 상승 행진에 줄을 이은 품실 논란, 노조의 부분파업 등으로 인해 5년 만에 70% 아래로 추락한 것이다. 현대·기아차는 "부분파업으로 인한 일시적 현상"이라며 애써 의미를 축소하고 있다.'와 같은 언론 기사 속에서, 우리는 '의미'라는 말이 흔히 쓰이고 있는 것을 발견할 수 있다. 그런데 이와 같은 두 개의 표현에 나오는 '의미'를 해석해 보면, 교육부 관련 기사에서 이 말은 '의도'를 나타내는 것으로 풀이되지만, 뒤에 나오는 기사에서는 '의의'와 같은 뜻을 나타내는 것으로 두 개의 표현에서 '의미'가 가리키는 바가 서로 다른 것을 볼 수 있다. 한편 '다음 중 이 낱말이 가리키는 의미는 무엇인가?'와 같은 말에 나오는 '의미'는 분명히 앞서 나온 2개의 신문 기사에 등장하는 '의미'와 다른 뜻을 가리킨다는 것을 우리는 느낄 수 있다.

이와 같이 우리가 흔히 사용하는 '의미'가 과연 무엇을 나타내고, 왜 이렇게 다양한 해석을 갖게 되었는가? 이런 질문에 대한 답변을 하는 것이 바로 의미론이 감당해야 할 임무이다. 여러 가지 답이 제시될 수 있지만, 가장 대표적인 이유는 '의미(meaning)'란 말이 다음과 같이 다양한 관점에서 정의될 수 있기 때문이다. 이제부터 우리는 이런 의미들을 차례로 검토해볼 것이다.

(12)

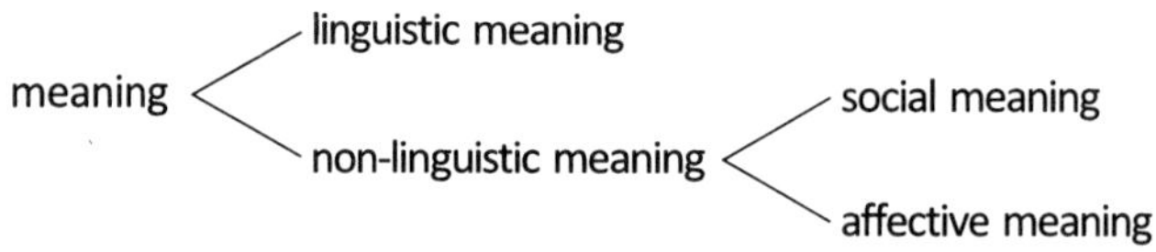

LINGUISTIC MEANING: REFERENCE AND SENSE

'의미'에 대한 연구를 역사적으로 거슬러 올라가보면, 고대 그리스 시대에서부터 시작된 것으로 알려져 있다. 이 시대를 인류 역사상 처음으로 철학의 연구가 시작된 원점으로 보고 있는데, 그 당시에 많은 학자들이 언어에 관심을 두고 있었다. 그 중에서 특히 플라톤과 아리스토텔레스는 의미와 관련된 견해를 피력하게 되어 이들의 이론들이 그 뒤 오랜 세월 동안 '의미론'의 중요한 논점이 되었다. 플라톤은 그의 철학 사상과 상당히 밀접한 '의미관'을 피력했다. 그는 '낱말의 의미는 낱말과 그것이 가리키는 대상 사이에 자연적이며 필수적인 연관성이 있다'는 주장을 하였다. 그래서 그의 이론을 '자연론(naturalism)'이라 부르는데, 그 특징을 좀 더 구체적으로 알아보기 위해서 다음의 예를 보자.

(13) a. apple

b. 

플라톤에 따르면, (13a)의 'apple'은 (13b)의 그림과 같은 사과를 가리키기 때문에 필연적으로 '사과'라는 의미를 나타낼 수밖에 없다. 즉, 이 둘 사이에는 밀접한 관계가 있다는 주장이다. 앞에서 우리가 관찰한 바에 비유해 보면, 플라톤은 '의성어'와 같은 관점, 즉 '낱말'은 '의미'를 모방한 것이라는 관점을 가지고 있다고 볼 수 있다. 그런데 이런 이론에는 중요한 문제가 있다. 왜냐면 의성어도 언어마다 다를 수 있다는 것을 우리는 예들을 통해서 이미 목격하였기 때문이다. 자연론의 이런 문제점을 간파한 아리스토텔레스는 소위 '약정론(conventionalism)'을 제시하고 있다. 그는 사람들이 (13b)와 같은 대상을 'apple'로 부르기로 약속하였기 때문에 그렇게 부르는 것이라고 주장한다. 다시 말해서, 아리스토텔레스는 (13b)를 (13a)처럼 'apple'로 부르는 것은 이 둘 사이에 자연적인 관계가 있는 것이 아니라, 사람들이 임의적으로 약속했기 때문이라고 말하고 있다. 이런 입장은 (2)에 나오는 '개'를 나타내는 여러 언어들의 낱말을 통해서 확인할 수 있듯이 상당한 설득력을 가지고 있다고 할 수 있다.

이와 같이 플라톤과 아리스토텔레스는 서로 다른 주장을 하고 있는데, 여기에서 주의해야 할 점은 이들의 주장은 '낱말과 의미'의 관계이지, '의미' 자체는 아니라는 점이다. '의미' 그 자체를 놓고 볼 때 그들의 주장은 하나의 공통점을 가지고 있다. 그것은 다름이 아니라 낱말의 의미는 그것이 '가리키는 대상(referent)'이라는 점이다. 예를 들어, 다음 문장을 보자.

(14) a. John met Mary, and gave her the book.
b. John met Jane, and gave her the book.

(14a)와 (14b)에 나오는 고유명사인 'John, Mary, Jane'의 의미는 이 단어들이 각각 가리키는 '대상'이고, 'the book'도 마찬가지로 이 세상에 존재하는 사물로서 '책'을 가리킨다. 한편 (14a)와 (14b)에 나오는 대명사 'her'는 명사들과 달리 가리키는 대상이 문장에 따라 달라진다. 그래서 (14a)에서 그것은 'Mary', 그리고 (14b)에서 'her'는 'Jane'을 의미하지만, 그래도 근본적으로 낱말 'her'와 지시대상 사이에는 '가리키는 관계(reference)'가 성립된다. 이런 관점에서 의미를 분석하는 이론을 우리는 '지시의미론(Referential Semantics)'이라 부른다.

이런 관찰을 통해서 우리는 '의미'가 무엇을 가리키는지 어느 정도 파악할 수 있지만, 지시의미론은 몇 가지 문제점을 안고 있는 것으로 나타난다. 무엇보다 근본적인 문제는 명백히 '지시대상'을 통해 의미를 파악할 수 있는 문장에도 다른 의미가 있을 수 있다는 것이다. 이익환(1995)은 다음 문장을 통해 그 현상을 보여주고 있다.

(15) Smith's murderer is insane.

이 문장은 엄밀히 분석해볼 때 '중의적인(ambiguous)' 문장이다. 왜냐면 'Smith's murderer'가 2개의 의미로 해석될 수 있기 때문이다. 첫 번째 경우는 지시의미론의 이론대로 이 명사구가 어떤 특정한 '지시대상(referent)'을 가리키는 것으로 해석하는 것이다. 즉, 문장 (15)는 말하는 사람이 Smith를 죽인 사람이 누구인지 알고 말하는 것으로 볼 수 있다. 또 하나의 가능한 해석은 이 말이 '속성(property)' 나타내는 것으로 해석하는 것이다. 다시 말해서 문장 (15)는 'Smith를 죽인 사람이 누구인지 모르지만 그를 죽인 사람은 미쳤다'라는 의미로 풀이될 수 있다. 이런 2가지 의미는 다음과 같이 분류된다.

(16)

linguistic expression → denotation

linguistic expression → connotation

'denotation'은 보통 '외연 의미'라고 하는데, 이것은 언어적인 표현이 지시하는 의미이다. 한편 '내포 의미'로 번역되는 'connotation'은 그 표현의 '속성(attribute)'을 가리키는 의미이다. 지시의미론은 이런 현상을 설명하지 못하는 한계를 보여준다.

지시의미론에 있어 좀 더 심각한 문제는 언어적인 표현들 가운데 구체적인 지시대상이 없는 표현들이 많이 있는데 이것들의 의미를 설명할 수 없다는 점이다. 다음 예를 보자.

(17) a. The girl did not put the apple on the table.
b. He told a story about the unicorn which lived in the deep forest.

(17a)의 경우 'girl, apple, table'과 같은 낱말들의 의미는 이 단어들이 가리키는 대상을 통해서 설명할 수 있다. 그러나 'the, did, not'과 같은 단어들은 이 세상에서 그것들이 가리키는 대상을 찾을 수 없다. 그런데 문제는 이런 낱말들은 의미가 없다고 단정하기 어렵다는 점이다. 그래서 지시의미론은 관사나 부사 등이 아니라 '명사 상당어(nominal)'들의 의미를 분석할 경우 유용하다는 생각을 할 수 있다. 그러나 이런 주장도 (17b)에 나오는 명사 'the unicorn'을 보면 한계가 있다는 것을 알 수 있다. 왜냐면 '일각수'로 번역되는 'unicorn'은 이 세상에 실제로 존재하는 동물이 아니라 '전설 속의 동물'이라서, 지시의미론에 따르면, 이 말은 '지시대상(referent)'이 없는 말, 즉 의미가 없는 말이 되어야 하기 때문이다. 이와 같이 가리키는 대상이 없는 말은 우리말이나 다른 언어에서도 흔히 볼 수 있다. 예를 들면, 우리가 흔히 쓰는 '봉황'이나 '용'은 물론 이집트의 신화에 나오는 '불사조 (phoenix)'도 마찬가지로 지

시대상이 없는 말들이다.

이런 현상과 관련해서 누구나 몇 가지 질문을 던질 수 있을 것이다. 먼저 우리는 현실 세계 속에 구체적인 지시대상이 없는 말들 모두를 '의미'가 없는 말이라고 할 수 있을까? 그리고, 만약 이런 말들이 의미가 없는 말이라면, 왜 이런 말을 사용하고 있는가? 이밖에도 다른 질문들이 있을 수 있으나, 무엇보다 먼저 이런 문제들을 충분히 설명해 줄 수 있는 적절한 답을 얻을 때 비로소, 우리는 언어의 의미에 대해서 더 깊이 이해할 수 있을 것이다. 지시대상만이 아니라 의미의 다른 국면이 있는지 알아보기 위해서 다음 문장들을 비교해 보자.

(18) a. John likes Mary.
b. John does like Mary.
c. John doesn't like Mary.

영어를 모국어로 사용하는 사람이나 영어를 어느 정도 구사할 수 있는 사람에게 (18a)와 (18b)와 같은 문장들을 제시하고, 두 개의 문장 사이에 어떤 의미적인 차이가 있느냐고 물어보면, 대개 (18b)에는 (18a)와 달리 '강조(emphasis)'의 의미가 들어있다는 반응을 한다. 왜냐면, 평서문에 'does'가 있기 때문이다. 한편, (18a)와 (18c) 사이에도 의미의 차이가 있는데, 그것은 '부정(negation)'의 의미가 (18c)에 있다는 답을 한다.

이런 문답을 통해서 우리는 사람들이 '강조'와 '부정'도 '의미'라는 인식을 하고 있는 것을 알 수 있다. 이런 현상은 다음 기사 속에서도 발견할 수 있다.

(19) 인천공항 새 터미널 '봉황 두 마리'가 뜬다

2018년 문을 열 예정인 인천공항 제2여객터미널 설계안이 모습을 드러냈

> 다. 인천국제공항공사는 26일 공항 제2여객터미널의 국제 설계 공모에서 희림종합건축 컨소시엄의 설계안을 최종 당선작으로 선정했다고 발표했다. 당선작은 태평성대와 음양조화 등을 상징하는 봉황(鳳凰) 두 마리가 만나는 형상을 통해 기존 공항과의 조화, 남북 통일 염원, 세계 화합을 표현한 것이라고 인천공항공사는 밝혔다.
>
> (from Chosun.com)

이 보도문에는 지시대상이 없는 '봉황'이 등장한다. 그런데 기사 내용을 토대로 분석해 보면, '봉황'은 '태평성대와 음양조화 등을 상징하는' 말이라는 것을 알 수 있다. 여기에서도 우리는 '강조'나 '부정'과 같은 '추상적인 의미'를 발견할 수 있다.

이제까지 우리는 지시의미론과 관련해서 2가지 문제가 되는 예를 검토해 보았다. 즉, 먼저 (15)에서 '속성(property)'을 나타내는 경우를 목격했고, (17-19)까지 지시대상이 없는 이런 '추상적인 의미'를 나타내는 표현들이 말 속에 사용되는 경우를 살펴보았다. 지시의미론에 따르면 이런 표현들은 의미가 없는 표현이 될 수밖에 없는데, 과연 이런 표현은 의미가 없는 것인가? 여기에 대한 답을 Frege(1980)의 이론 속에서 찾아볼 수 있다. 그에 따르면, 이런 낱말들은 '실제 세계'가 아니라 인간의 '정신적 표현(mental representation)' 영역에 존재하는 '추상적인 대상'을 가리키고 있다. 즉, 그는 언어가 '나타내는,' 혹은, '지시하는,' 대상은 '실제 세계'뿐만 아니라 '정신 세계' 속에도 존재한다고 생각하는 것이다. 나아가서 그는 정신적인 세계 속에 존재하는 의미를 '지시(reference)'와 구분하고 대비시키기 위해서 '의의(sense)'라고 정의하였다. 이런 설명은 지시의미론에서 다룰 수 없는 추상적인 영역을 의미론 연구의 대상으로 끌어들이는 결과를 초래하게 되었다. 그래서 이제 낱말의 '언어적인 의미(linguistic meaning)'는 'reference'와 'sense'로 구분되고, 의미 연구는 바로 이 둘을 포함하는 연구로 발전하게 되었다. '지시의미론'과 달리 이와 같은 두 가지 의미의 국면을 연구하는 의미론을 '종합 의미론'이라고 부른다.

Exercise B

■ 다음 글에서 referent가 아닌 sense로 의미를 나타내야 하는 명사(구)를 찾아 밑줄을 그으시오.

a. Zeus was the god of the sky and ruler of the Olympian gods. Zeus overthew his Father Cronus. He then drew lots with his brothers Poseidon and Hades. Zeus won the draw and became the supreme ruler of the gods. He is lord of the sky, the rain god. His weapon is a thunderbolt which he hurls at those who displease him. He is married to Hera but, is famous for his many affairs. He is also known to punish those that lie or break oaths. He was the rain god, and the cloud gatherer, who wielded the terrible thunderbolt. His breastplate was the aegis, his bird the eagle, his tree the oak. He is represented as the god of justice and mercy, the protector of the weak, and the punisher of the wicked.

(from http://www.greekmythology.com)

b. Chinese dragons traditionally symbolize potent and auspicious powers, particularly control over water, rainfall, hurricane, and floods. The dragon is also a symbol of power, strength, and good luck. With this, the Emperor of China usually used the dragon as a symbol of his imperial power and strength. In Chinese daily language, excellent and outstanding people are compared to the dragon while incapable people with no achievements are compared with other, disesteemed creatures, such as the worm.

(from wikipedia)

NON-LINGUISTIC MEANING : SOCIAL AND AFFECTIVE MEANING

언어는 우리가 사는 '현실 세계'를 반영하는 거울과 같은 역할을 한다. 왜냐면 언어 표현은 결국 각종 사회적인 현상들을 '말'로 나타내는 역할을 하기 때문이다. 따라서 언어를 통해 전달되는 정보, 즉 '의미' 속에는 앞에서 검토한 '언어적인 의미(linguistic meaning)' 외에 '비언어적인 의미(nonlinguistic meaning)'도 포함되어 있기 마련이다. 그러면, '비언어적인 의미'란 무엇인가? 이것은 다양한 형식으로 나타나는데, 그 실태를 알아보기 위해서 다음과 같이 아주 간단한 예를 검토해 보자.

(20) a. These dismal figures in southern Europe do of course reflect especially dysfunctional labour markets.
b. An asteroid could wipe out a city, a country or possibly even human civilisation.
c. The central bank should cut back on its stimulus as the labor market begins to recover.
d. New discoveries are prompting archeologists to reconsider the origins of the Maya civilization.

'노동'과 '문명'을 내기 위해서, (20a)와 (20b)는 'labour'과 'civilisation'을 사용하고 있지만, (20c)와 (20d)에서는 'labor'과 'civilization'을 쓰고 있다. 이런 철자의 차이를 통해서 우리는 (20a-b)는 '영국식 영어(British English)', 그리고 (20c-d)는 '미국식 영어(American English)'로 구분하고 있다. 또 하나의 예로 Labov(1984)가 제시하는 다음 문장들을 검토해 보자.

(21)	a. It don't all be her fault.	It isn't always her fault.
	b. Hit him upside the head.	Hit him in the head.

c. I'am a shoot you.	I'm g'na shoot you.
d. I wanna be a police.	I wanna be a policeman.

(21)에서 왼쪽에 있는 문장들을 보면, 어법상 잘못된 문장으로 생각할 수 있고, 오른쪽에 있는 문장들은 이런 문장들을 어법에 맞게 정정한 것으로 볼 수 있을 것이다. 그러나 이 문장들 사이에 이런 관계가 있는 것은 아니다. 왼쪽에 있는 문장들은 '흑인(African American)' 청소년들이 사용하는 말이고, 오른쪽의 문장들은 백인들이 쓰는 말들이다. 이렇게 단어나 문장 표현들을 통해서 우리는 그 언어를 쓰는 사람들의 집단에 관한 정보 등을 파악할 수 있다.

이와 같이 언어적인 의미 외에 언어에 나타나는 정보를 통칭해서 '비언어적인 의미'라고 할 수 있는데, 이런 의미는 크게 '사회적 의미(social meaning)'와 '감정적인 의미(affective meaning)'로 좀 더 세분된다. '사회적 의미'를 한 마디로 정의한다면, '언어에 나타나는 사회적인 현상'이라고 할 수 있다. 그래서 이것을 '백과사전적인 의미(encyclopedic meaning)' 또는 '백과사전적인 지식(encyclopedic knowledge)'이라고 부르는 경우도 종종 있다. 이런 의미를 대수롭지 않게 생각할 수도 있지만, 이것은 글을 읽거나 말을 듣고 진정한 의미를 파악하는 데 아주 중요한 역할을 하는 것을 목격할 수 있다. 다음의 예를 보자.

(22) The Arab spring : Has it failed?

Roughly two-and-a-half years after the revolutions in the Arab world, not a single country is yet plainly on course to become a stable, peaceful democracy. The countries that were more hopeful–Tunisia, Libya and Yemen–have been struggling. A chaotic experiment with democracy in Egypt, the most populous of them, has landed an elected president behind bars. Syria is awash with the blood of civil war. No wonder some have come to think the Arab spring is doomed. The Middle East, they argue, is not ready to change. One reason is that it does not have democratic institutions, so people power will decay into anarchy or provoke the reimposition of dictatorship. The other is that the region's one cohesive force is Islam, which–it is argued–cannot accommodate democracy.

(from *the Economist*)

이 기사를 읽어보면, 언어적인 의미만으로 이해할 수 없는 표현들이 있다는 것을 실감할 수 있다. 먼저 제목에 나오는 'The Arab spring'이란 구절을 보자. 사전을 이용해서 해석해 보면, 이 구문은 '아랍의 봄'을 의미한다. 그런데 이 구문을 문자 그대로 '아랍 지역의 따뜻한 계절인 봄'으로 이해하면, 이 구가 가리키는 '진정한 의미'를 파악할 수 없다. 이 말은 오랜 기간 동안 독재 정치에 시달린 아랍권 민중들이 약 2년 반 전에 독재자들을 축출하고 민주주의 체제를 세우기 위해서 일으킨 'the revolutions in the Arab world'를 상징적으로 나타내는 말이다. 이런 사회 현상에 대한 지식이 필요한 경우는 비단 이 문구에만 해당되는 것은 아니다. 예를 들면, 이집트의 정세에 대한 설명 가운데 볼 수 있는 'an elected president'도 단순히 '선출된 대통령'이 아니라 그가 누구를 가리키는지 분명히 알아야 의미가 파악할 것이다. Syria의 civil war도 마찬가지로, '내전'으로 해석되지만, '누구와 누구 사이의 내전'인가를 알아야 이 말이 가리키는 바를 알 수 있다. 또한 마지막 문장에 나오는 말을 요약해 보면, 'Islam cannot accommodate democracy'와 같이 정리할 수 있는데, Islam 종교의 특성을 알지 못하면, 왜 종교인 Islam이 정치체제인 democracy와 조화를 이룰 수 없는지 이해할 수 없을 것이다.

이렇게 '사회적인 의미' 혹은 '백과사전적인 지식'이 필요한 경우는 위의 기사와 같은 특수한 경우에만 해당하는 것이 아니다. 말이나 글이란 결국 우리의 현실 사회를 반영하는 것이기 때문에 어디에서든지 찾아볼 수 있다. 다음 예를 보자.

(23) Lessons from Lagarde :
When the euro crisis began in 2010, Germany insisted that the IMF should be brought in as an enforcer: to be tough with the ill-disciplined Greeks and put steel into the soft-hearted European Commission. Three years later the fund is dispensing tough love not just to bailed-out countries but to the euro zone itself. This week in Brussels Christine Lagarde, the IMF's self-assured boss, was every bit the polite but firm school inspector.

(from *the Economist*)

예를 들면, 'Greeks' 앞에 수식어로 붙어있는 'ill-disciplined'을 보자. 이 단어는 '잘 훈련되지 않은, 교육을 잘 받지 못한, 규칙을 따르지 않는'을 의미한다. 이런 의미를 토대로 해석해 보면, 이 말이 무엇을 의미하는지 분명하지가 않다. 이 말은 '인기주의(populism)에 치우쳐서 과도하게 많은 공무원을 고용하여 정부의 재정을 건전하게 유지하지 못하고, 또 외채에 지나치게 많이 의존하며, 경기의 불황으로 인해 만기가 되어도 외채를 갚지 못하고, 유럽 연합에서 요구하는 개혁을 충실히 이행하지 않는' 그리스의 사회 현상을 나타내고 있다. 이런 뜻을 파악할 때 비로소 이 복합어가 나타내는 '진정한 의미'를 파악할 수 있을 것이다.

(23)의 기사에서 우리는 이제까지 검토한 '사회적 의미' 외에 다른 종류의 의미도 관찰할 수 있다. 먼저 'soft-hearted'를 보자. 3년 전부터 그리스, 스페인, 포르투갈에서 시작된 유로화의 위기는 이태리와 프랑스로 확대될 수 있는 가능성이 있을 뿐만 아니라 유로화권 전체는 물론 세계적인 경기불황의 주요한 원인이 되었다. 그런데 European Commission은 이런 위기에 적극적으로 대처해야 할 의무가 있음에도 불구하고 손을 놓고 있는 실정이다. 그래서 이 글을 쓴 사람은 'soft-hearted'를 통해서 그들을 비판하고 있다. 또 하나의 예는 이 글의 마지막 문장에서 찾아볼 수 있다. 유럽연합 국가들의 공동 화폐인 유로화가 2010년 위기에 봉착하자 독일은 IMF의 개입을 강력히 요청했다. 그러나 IMF는 적극적인 역할을 하지 않다가 3년이 지나 점점 더 위기가 심화되기 때문에 이제 겨우 개입하는 모습을 보이고 있다. 그래서 '자기만족에 빠진(self-assured)' IMF의 총재 Christine Lagarde를 'every bit the polite but firm school inspector'로 묘사하고 있다. 언어적인 의미로 해석하면, 이 표현은 '모든 면에서 예의 바르지만 엄격한 학교 장학사'라는 뜻이 된다. 그런데 이 말은 언어적인 의미 그대로 이해하면, 이 글의 진정한 의미를 정확하게 파악할 수 없다. 왜냐면 이 표현을 통해서 글쓴이는 Lagarde를 '현실 인식이 부족한 책상물림'이라고 비꼬고 있기 때문이다.

이런 의미들은 단순히 '언어적인 의미'나 '사회적인 의미'만으로 파악할 수 없는 것들이다. 왜냐면 이런 표현들은 글을 쓴 사람의 감정이나 느낌을 알아야 이해할 수 있기 때문이다. 그래서 이런 의미를 '감정적인 의미(affective meaning)'라고 한다. 이런 종류의 의미는 때때로 의사소통에서 아주 중요한 역할을 하는 경우가 있다. 예를 들어, 다음 남녀 간의 전화 대화를 보자.

(24) a. M: Hello. Tony's Shopping Mall.
b. W: Finally. I've been put on hold for the past twenty minutes.

c. M: How may I help you?
d. M: I'm very sorry. We've been getting a lot of calls today. How may I help you?

e. W: I'm calling to check on the order that I placed two weeks ago.

전화 대화의 내용으로 볼 때 (24a)에 나오는 남성은 Tony's Shopping

Mall의 직원이고, 여성은 고객이다. 남성이 응답을 하자 여성은 (24b)와 같은 말을 한다. 여성의 이 말을 단지 '20분간 대기하고 있었다'를 의미하는 '언어적인 의미'로 해석하고, 남성이 곧바로 (24c)처럼 말한다면, 여성은 무척 화가 날 것이다. 대신 (24d)처럼 응답하여야 (24b)의 진정한 의미를 파악한 것이 되고, (22e)와 같은 말로 자연스럽게 연결될 수 있다. 왜냐면 'Finally'로 시작하는 (24b)에는 바로 여성의 '감정적인 의미'가 포함되어 있기 때문이다. 상대방의 언어 표현 속에서 이런 의미를 파악하는 것도 원활한 의사소통의 필수적인 요건이 된다.

Exercise C

1. 다음에서 밑줄 친 부분이 이 글의 문맥 속에서 나타내는 의미를 설명하시오.

In "STAR TREK", a television series of the 1960s, no matter how far across the universe the Starship Enterprise travelled, any aliens it encountered would converse in <u>fluent Californian English</u>. It was explained that Captain Kirk and his crew wore tiny, computerized Universal Translators that could scan alien brainwaves and simultaneously convert their concepts into appropriate English words. <u>Science fiction, of course</u>. But the best sci-fi has a habit of presaging fact. Many believe the flip-open communicators also seen in that first "Star Trek" series inspired the design of clamshell mobile phones. And, on a more sinister note, several armies and military-equipment firms are working on high-energy laser weapons that bear a striking resemblance to phasers. How long, then, before automatic simultaneous translation becomes the norm, and <u>all those tedious language lessons at school are declared redundant</u>?

(from *The Economist*)

2. 다음 두 사람의 대화를 읽고, 밑줄 친 문장 (1)과 (2)의 의미적인 차이를 설명하시오.

[Daughter is looking in the refrigerator]

Daughter: (1) There's like nothing edible in here ...

Mom: Don't be ridiculous sweetie. That thing is crammed full of stuff, let me look. (looks for herself) ... (2) there's like nothing edible in here. Okay um, well do you want me to bring you to the hospital or do you just want to go to school?

Daughter: Oh, well, I ...

Mom: Whatever you want sweetie, your mom says that it's up to you..

Daughter: I guess, I guess, school.

3. 어휘 의미론(Lexical Semantics)

언어를 구성하는 요소들 가운데 낱말은 의미를 전달하는 가장 중요한 수단이자 기초 단위이다. 다양한 종류의 어휘를 결합하고 나열하여 우리는 의사소통을 한다. 어휘 의미론은 바로 낱말의 의미를 다루는 분야이다. 따라서 모든 낱말들이 어휘 의미론의 대상이 될 수 있으나, 어휘 의미론은 하나씩 개별적으로 다루기보다는 낱말들을 2개의 부류, 즉, '내용어(content word)'와 '기능어(function word)'로 구분하여 다루고 있다. 그 이유는 이런 2종류의 낱말들은 의미가 상당히 다른 특징을 보여주기 때문이다. 다음 글을 분석해 보자.

(25) Sensitive information : A peek inside the next IPCC assessment
"That report is going to scare the wits out of everyone," said Yvo de Boer recently. He is a former United Nations chief climate negotiator and was talking about the forthcoming fifth assessment by the Intergovernmental Panel on Climate Change (IPCC). With two months to go before the assessment is to be published, however, one sign suggests it might be less terrifying than it could have been. The sign in question is about climate sensitivity.

(from *the Economist*)

예를 들면, 'sensitive'나 'information, peek, assessment, report, climate, negotiator, sensitivity' 등과 같은 낱말들은 '내용어'로 분류된다. 이런 말들은 그 자체로서 '언어적인 의미(linguistic meaning)'을 갖는 낱말들이다. 그러나 다음의 낱말들을 이런 것들과 다른 특징을 보여준다.

(26) a. the, a, and, about, than
b. is going to scare ...
c. was talking ...
d. might be less terrifying ...
e. could have been ...

예를 들면, (26a)에 나오는 관사와 접속사, 전치사, 접속사 같은 것은 물론 나름대로 '의미'가 있지만, 이것들은 다른 낱말들과 결합하여 '문법적인 정보(grammatical information)'을 전달하는 기능을 한다. 또한 (26b)에서 'is going to'는 '가고 있다'를 의미하는 것이 아니라 'scare'와 결합하여 '미래'를 나타내고 있으며, (26c)에서 'was'는 과거의 상태를 나타내는 be동사의 과거형이 아니라 'talking'과 함께 '과거에 진행되었던 어떤 일'을 나타내고 있다. 한편 (26d)와 (26e)에서 'might'와 'could'도 단순히 'may'와 'can'의 과거형으로 취급할 수 없는 문법적인 기능을 하고 있다. 그래서 이런 낱말들을 '기능어'라고 한다.

바로 이런 2가지 종류의 낱말들이 글이나 말 속에서 적절히 결합할 때 화자가 의도하는 '의미'를 전달하게 되고, 청자는 그것을 파악하여, 웬만한 의사소통이 이루어진다. 다음 섹션에서는 차례로 이런 2종류의 낱말들을 의미론적인 관점에서 분석할 것이다.

Exercise D

■ 다음 글에 나오는 낱말들 가운데 content word에 해당하는 것은 'C', function word에 해당하는 것에 'F'를 표기하시오.

In October 2008, President George W. Bush asked Congress for $700 billion to bail out the nation's big banks and financial firms. It didn't seem fair that Wall Street had enjoyed huge profits during the good times and was now asking taxpayers to foot the bill when things had gone bad. But there seemed no alternative. The banks and financial firms had grown so vast and so entwined with every aspect of the economy that their collapse might bring down the entire financial system. They were "too big to fail."

(from *Justice* by M. Sandel)

3.1. 내용어(content word)와 의미 관계(semantic relation)

18세기는 인류의 역사상 과거의 시대와 여러 가지 다른 특징을 보여주고 있다. 유럽에서 산업혁명이 이루어지고, 교통수단이 발달함에 따라 구대륙과 신대륙 사이의 교류는 물론 세계 도처에 대한 탐험과 식민화가 이루어지게 되었다. 그 결과 새로운 많은 언어들이 유럽에 알려지게 되었고, 유럽인들은 새로운 언어에서 어학적으로 의미가 있는 현상들을 많이 발견하게 되었다. 예를 들면, 인도에서 활동하던 영국인 판사이자 학자인 William Jones는 1789년 다음과 같은 말을 하고 있다.

(27) The Sanskrit language, whatever be its antiquity, is of a wonderful structure; more perfect than the Greek, more copious than the Latin, and more exquisitely refined than either, yet bearing to both of them a stronger affinity, both in the roots of verbs and the forms of grammar, than could possibly have been produced by accident; so strong indeed, that no philologer could examine them all three, without believing them to have sprung from some common source, which, perhaps, no longer exists ...

그는 인도의 고대 언어인 Sanskrit가 동사의 어근(root)과 문법의 형태에서 그리스어와 라틴어와 아주 닮았다는 사실을 언급하면서, 이 언어들은 'some common source'에서 나온 것으로 추정하고 있다.

이런 발견은 그가 처음 한 것은 아니었다. 인도에서 살았던 프랑스의 예수회 선교사인 Gaston-Laurent Coeurdoux는 1767년에 이미 그리스어와 라틴어 외에 German과 Russian과도 닮았다는 점을 보여주었다. 다음 몇 개의 단어들은 이런 사실을 입증해주고 있다.

(28)

English	Sanskirt	Greek	Latin
father	pita	pater	pater
foot	pad	pod	ped
three	trayas	treis	tres
thin	tanus	tanaos	tenuis

예를 들면, 영어의 'father'와 'foot'에 해당하는 낱말들의 경우 'f' 대신 'p'가 있는 것을 볼 수 있다. 나머지 단어들도 음성적으로 유사한 특

징을 보여주고 있다. 이런 발견들은 19세기 언어 연구의 방향을 자연스럽게 '비교 연구(comparative studies)' 쪽으로 유도하게 되었다. 또한 Willams Jones가 말한 'some common source'에 대한 어휘 의미론적 연구는 자연스럽게 '어원적인(etymological) 연구'로 이어지게 되었다.

그러나 Saussure에 따르면, 이런 연구는 일종의 '통시적(diachronic)' 연구라 할 수 있을 것인데, 1930년대 이후는 이런 연구보다 '동시적인(synchronic)' 연구에 초점을 맞추게 되었다. 이런 연구 방향 전환의 결과로 다양한 견해들이 나오게 되었지만, 특히 많은 사람들의 관심을 끈 이론은 '의미장 이론(semantic field theory)'이다. 이 이론의 가장 큰 특징은 낱말들 사이의 의미적인 관계를 규명하는 것이었다. 예를 들어 다음 단어들을 검토해 보자.

(29) violin, piano, drum, xylophone, guitar, flute, clarinet

여기에 열거되어 있는 단어들은 모두 다른 '대상(referent)'을 가리키는 낱말들이다. 그러나 이들에게는 하나의 공통점이 있는데, 그것은 이것들이 모두 '악기(musical instrument)'를 가리키는 말이라는 점이다. 이렇게 몇 개의 낱말이 모여 하나의 범주를 이룰 때 이것을 '의미장(semantic field)'라고 한다. 이런 것을 통해서 낱말들 사이의 의미 관계를 분석하는 이론이 바로 의미장 이론이다.

이렇게 의미장을 나누는 근거는 소위 '성분 분석(componential analysis)'에 있다. 이것은 낱말의 의미를 구성하는 요소를 통해서 분석하는 방식을 가리킨다. 예를 들어 다음 낱말들을 보자.

(30)

a.	man	woman	boy	girl
b. human	+	+	+	+
adult	+	+	−	−
male	+	−	+	−

(30a)에 열거되어 있는 낱말들은 모두 '사람(human beings)'을 가리키는 말이다. 이 말들을 'human, adult, male'과 같은 성분으로 분석하면 (30b)와 같은 표를 얻을 수 있고, 이 표에 나타난 '+'와 '–'의 '가치(value)'를 통해 이 낱말들 사이에 의미상 닮은 점과 다른 점을 구분할 수 있다. 이런 성분들을 '의미 자질(semantic feature)' 혹은 '의미 원소(semantic primitive)'라고 부른다. 이것들을 통해서 낱말들 사이의 의미적인 관계를 밝히는 것이 바로 '성분 분석'의 목표이다. 이런 이론을 기반으로 학자들은 내용어를 연구하였고, 내용어들 사이에서 존재하는 다양한 관계들을 밝혔는데, 이제부터 이런 관계들을 차례로 검토해 보기로 한다.

HYPONYMY

공통의 속성을 가지고 있는 낱말들이 하나의 의미장을 형성할 때 이들을 통합할 수 있는 개념이 있는 경우가 있다. 즉, 몇 개의 낱말이 하나의 집합에 속한 원소로 분류될 때 그 집합을 가리키는 개념이 있는 경우를 가리키는데, 다음의 (31)이 바로 대표적인 예들 가운데 하나이다.

(31)

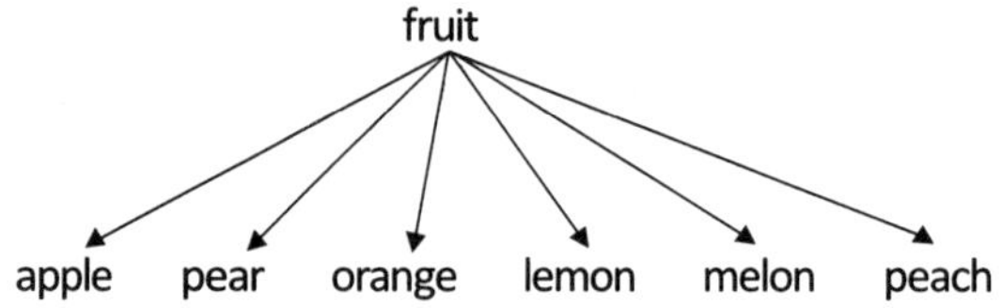

여기에 나열된 'apple, pear, orange, lemon, melon,' 그리고 'peach'는 각각 다른 의미를 나타내는 낱말들이다. 그러나 이것들을 하나의 집합으로 통합할 수 있는데, 이유는 이것들은 'fruit'의 예이기 때문이다. 이 때 'fruit'를 'superordinate term(상위 개념)', 그리고 6개의 낱말은 '하위어(subordinate word)'라고 부른다. 때로는 'subordinate word'라는 말 대신 'hyponym'을 쓰는데, 이것이 바로 하위어를 가리키는 개념이다. 즉, 'apple'은 'fruit'의 'hyponym'이라고 말할 수 있다. 그리고 이런 낱말들은 상위어에 대해서 'hyponymy'의 관계를 가지고 있다고 할 수 있다.

MERONYMY

hyponymy와 유사하지만, 다음 (32)의 예를 검토해 보면, 약간 다른 관계도 발견할 수 있다. 잘못하면 'bicycle'과 'saddle, frame, handle, tyre, chain, pedal' 사이의 의미 관계를 '상하 관계'로 오인할 수 있지만, 이들 사이에는 그런 관계가 있는 것이 아니다. 왜냐면 6개의 낱말들은 모두 'bicycle'의 '부품'들을 나타내기 때문이다.

(32)

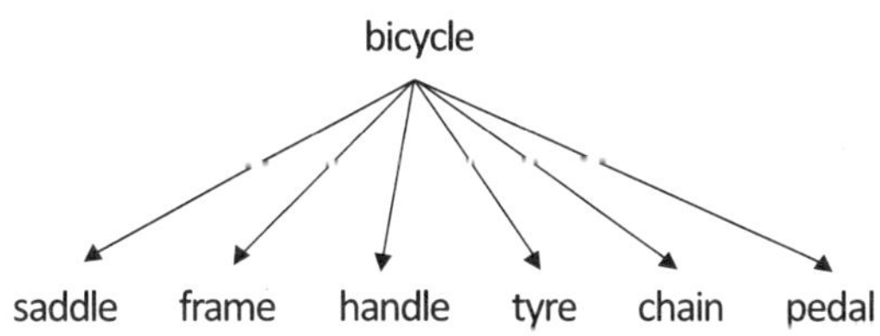

이런 관계를 '부분과 전체 관계(part/whole relationship)'라 하는데, 'part'를 의미하는 그리스어 'meros'를 이용하여 'meronymy'라고 부르기도 한다.

SYNONYMY

영어의 글을 읽어보면, 말과 다른 독특한 특징을 하나 발견할 수 있다. 그것은 바로 유사어를 많이 사용하고 있다는 점인데, 다음의 글에서도 이런 현상을 쉽게 찾을 수 있다.

(33) The Wall Street That Cried Wolf

The headlines have been nothing short of dazzling: "Bank of America profits soar"; "Citigroup's profits surge"; "Bank boom continues." In fact, the six biggest Wall Street banks all beat their profit expectations. If you're thinking that these numbers don't at all square with the ominous warnings of bank executives and lobbyists, who have been saying non-stop that new regulations meant to safeguard the financial system and prevent a repeat of the 2008 financial crisis are going to irreparably harm their ability to do business, you're right. But that hasn't stopped the banks' griping. The latest iteration of this argument played out after regulators recently announced new rules regarding bank capital – the financial cushion banks must keep on hand to guard against a downturn. A lobbyist said that the new rules "will make it harder for banks to lend and keep the economic recovery going."

(from *US News & World Report*)

이 글에서 'soar'과 'surge'는 비슷한 뜻을 나타내고 있다. 또한 'regulations'와 'rules', 그리고 'repeat'와 'iteration'과 같은 쌍에서도 이런 현상을 관찰할 수 있다. 이런 낱말들을 보통 '동의어(synonym)'라고 부르는데, 이런 말들을 많이 사용하는 이유는 영어에 '같은 말의 반복(tautology)'을 피하는 성향이 있기 때문이다.

우리는 '동의어'란 용어를 보통 Oxford English Dictionary에서 정의한 바와 같이 "a word or phrase that means exactly or nearly the same as another word or phrase in the same language"를 가리키는 것으로 생각하는 경향이 있다. 즉, 만약 2개의 낱말이 동의어라면, 이 두 단어의 의미가 같다고 생각하는 것이다. 그런데, 이것은 언제나 맞는 말은 아니다. 영어는 물론 어떤 언어에서도 의미가 정확하게 일치하는 낱말들이 존재하는 경우는 거의 없다. 이를 확인해 보기 위해 '동의어·반의어 사전(Thesaurus)'에 나오는 'beautiful'의 동의어를 살펴보자.

(34) beautiful의 동의어
admirable, alluring, angelic, appealing, beauteous, bewitching, charming, classy, comely, cute, dazzling, delicate, delightful, divine, elegant, enticing, excellent, exquisite, fair, fascinating, fine, foxy*, good-looking, gorgeous, graceful, grand, handsome, ideal, lovely, magnificent, marvelous, nice, pleasing, pretty, pulchritudinous, radiant, ravishing, refined, resplendent, shapely, sightly, splendid, statuesque, stunning, sublime, superb, symmetrical, taking, well-formed, wonderful

(from http://thesaurus.com)

이 사전은 우리가 동의어라고 생각하지도 않는 말들, 예를 들면, 'delicate, graceful, radiant' 등과 같이 말들을 'beautiful'의 동의어라고 분류하고 있다. 그래서 이런 것들이 비록 동의어로 분류되고 있지만, 'beautiful'은 의미적인 차이가 있다는 것쯤은 쉽게 느낄 수 있다. 이와 반면에 'pretty'의 경우는 약간은 망설여질 수 있다. 그러나 다음 예문들을 비교해 보자.

(35) a. She says beautiful flowers make us feel good.
b. She says pretty flowers make us feel good.
c. I think this is the beginning of a beautiful friendship.
d. ??? I think this is the beginning of a pretty friendship.

'beautiful'과 'pretty'는 (35a-b)의 문장에서처럼 'flowers'를 수식하는 할 때 둘 사이에 의미적인 차이도 거의 없는 것으로 보인다. 그러나 (35c-d)를 보면, 'beautiful'은 'friendship'을 수식할 수 있으나 'pretty'는 그렇지 못한 것을 관찰할 수 있다. 왜 이런 현상이 일어나는가? 바로 2개의 낱말 사이의 의미적인 차이 때문이다. 'beautiful'은 추상명사인 'friendship'과 양립할 수 있는 의미가 있지만, 'pretty'에는 이런 것과 어울리는 의미가 없기 때문이다.

그래서 의미적으로 '정확히(exactly)' 일치하는 동의어는 없다는 말을 한다. 위의 경우와 유사하지만 약간은 다른 다음 예들을 비교해 보자.

(36) a. He is a famous writer.
b. He is a notorious writer.

여기에 쓰인 'famous'와 'notorious'는 '대중들에게 널리 알려져 있다는 의미'에서 볼 때 일종의 동의어라고 할 수 있다. 그러나 이 둘은 아주 다른 의미를 함축하고 있다. 'famous'는 좋은 의미를 나타내고 'notorious'는 부정적인 의미를 나타내기 때문이다. 이런 함축적인 의미는 다음 예문에서도 관찰할 수 있다.

(37) a. The patient's temperature came down.
b. The patient's temperature went down.

2개의 문장의 '명시적 의미'는 '환자의 체온이 떨어졌다'이다. 왜냐하면 동의어로 취급할 수 있는 'came down'과 'went down'이 '같은 현상'을 나타낼 수 있기 때문이다. 그러나 이 문장들의 '함축 의미'는 다르다. 'came down'은 정상 이상으로 올랐던 체온이 정상적인 체온 쪽으로 내린 것을 의미하는 것으로 해석할 수 있다. 이와 반면에 'went down'은 정상보다 나쁜 쪽으로 내려간 것을 의미한다. 이런 의미는 'come'과 'go'의 차이에서 기인한다. 예를 들면, 좋은 경우는 'come'을 쓰지만, '대머리가 되다(go bald)'와 우유가 '시어지다(go sour)'와 같이 좋지 않은 경우는 'go'가 쓰이는 현상과 결코 무관하지 않다는 것을 알 수 있다.

ANTONYMY

'반의어 관계'는 어떤 낱말들이 '의미적으로 대립되는 경우'를 가리킨다. 이런 반의어에 속하는 낱말들은 다음과 같이 4가지 유형으로 구분할 수 있다.

(38) a. male / female
b. young / old
c. above / below
d. push / pull

4가지 예에 나와 있는 단어들을 보면, 모두 비슷한 것으로 보이지만 의미적으로 차이가 있다. 먼저 (38a)의 'male'과 'female'은 소위 '순수한 반의어(simple antonyms)'라고 불리는데, 이 단어들의 특징은 대립되는 2개의 낱말 사이에 중간에 해당하는 말이 없다는 점이다. 예를 들면, 어떤 동물이 'male'이라고 하면, 그와 대립되는 동물은 'female'이 될 수밖에 없다. 왜냐면 '수컷'도 아니고 '암컷'도 아닌 동물이 없기 때문이다. 이런 종류에 속하는 예는 많이 있는데, 다음과 같은 경우도 대표적인 예라고 할 수 있다.

(39) a. He is dead.
b. *He is dead but he luckily is alive.

(39a)를 해석해 보면 이 문장은 'he is not alive'를 의미한다. 그래서 이것과 모순이 되는 말인 alive가 나오는 (39b)가 어법에 맞지 않는 말이 된다. 이와 같이 어떤 말이 긍정적인 의미를 나타내면, 다른 말은 그것과 대립되는 부정적인 의미를 나타내는 쌍을 '2개의 낱말로 이루어진 쌍(binary pair)' 또는 '상보적 쌍(complementary pair)'이라고 부른다.

두 번째 유형은 (38b)에 나오는 'young / old'의 경우이다. 이 낱말들의 특징은 위의 'male / female'의 쌍과 달리 중간 단계를 나타내는 말이 있을 수 있다는 점이다. 즉, '젊거나(young), 늙지(old)' 않은 '중년(middle-aged)'과 같은 말이 있다는 것이다. 이런 유형의 대표적인 반의어 쌍인 'hot/cold'의 경우도 마찬가지이다.

(40) a. It is hot today. → b. It is warm today. → c. It is cool today. →
d. It is cold today.

(40a)의 문장을 부정으로 나타낸 'It is not hot today'는 'dead/alive' 쌍과 달리 (40d)처럼 'It is cold today'를 의미하지 않는다. (40b)와 (40c)처럼 'warm'과 'cool'의 경우도 있기 때문이다. 그래서 이런 종류의 반의어를 '등급적인 반의어(gradable antonym)'라고 한다. 이런 유형에 속하는 예에는 다음 (41a)에 열거된 것과 같은 것들도 포함되는데, 이런 반의어들에는 또 다른 특징들이 있다.

(41) a. fast/slow, long/short, rich/poor, thick/thin, near/far, interesting/boring
b. This train is fast but that one is slow.
c. Those fast trains are slower than the airplane.
d. How long is it? / ??? How short is it?

문장 (41b)는 2대의 기차를 비교하여 하나는 빠르고 다른 것은 느리다는 것을 나타낸다. 그러나 (41c)처럼 기차들을 비행기와 비교할 때 'slower'로 묘사할 수 있다. 이와 같이 '빠르고, 느림'은 '상대적(relative)'인 것이 하나의 특징이 된다. 두 번째의 특징은 2개의 쌍 중에 하나의 낱말이 일상적인 언어 표현에서 선호되거나 '기본적인(basic)' 것으로 취급된다는 점이다. 물론 이런 쌍에 속한 낱말들이 모두 이런 현상을 보여주는 것은 아니지만 (41d)에서 볼 수 있듯이 '길이'를 물을 때는 'short'가 아니라 'long'으로 표현해야 적절한 말이 되는 경우가 있는 것을 볼 수 있다.

세 번째 유형에 속하는 대표적인 예는 (38c)의 'above/below'이다. 이런 유형에 속한 낱말들의 특징은 예를 들어 다음 문장들처럼 서로 대치해서 사용할 수 있다는 점이다.

(42) a. My bedroom is above his.
b. His bedroom is below mine.

(42a)에서 볼 수 있는 것처럼 '내 침실이 그의 침실 위(예를 들면, 위층)에 있다'는 말은 (42b)처럼 '그의 침실은 내 침실 아래에 있다'로 '바꿔 쓰기(paraphrase)'가 가능하다. 이런 반의어의 관계를 '역의 관계(converseness)'라고 한다. 이런 유형에 속하는 것으로 'husband / wife, give / receive, own / belong to' 등이 있다.

마지막 유형의 특징은 (38d)에 나오는 쌍인 'push / pull'에서 찾아볼 수 있다. 이 두 단어는 어떤 대상을 '밀어낸다는 점'에서는 같은 의미를 나타내지만, 다만 그 방향이 다른 점을 알 수 있다. 그래서 이런 유형에 속한 낱말들은 서로 반대적인 '동작의 방향(the direction of movement)'을 나타내기 때문에, 이런 낱말들의 관계를 '역방향이 관계(reverseness)'라고 한다. 이런 관계는 'come / go'에서도 확인할 수 있다.

(43) a. He came to me.
b. *He went to me.
c. She went away from me.
d. *She came away from me.

이 두 개의 낱말은 '공간적인 이동'을 나타내는 점에서는 같은 의미를 나타낸다. 그러나 이 둘의 차이점은 '말을 하거나 글을 쓰는 사람'을 향해서 올 때는 'come'을 쓰고, 멀어질 때는 'go'를 쓴다. 그래서 (43a)는 어법에 맞는 문장이지만, (43b)는 어법에 어긋나는 문장이 된다. (43c)에서는 'me'로부터 멀어지기 때문에 'went'가 쓰여 어법에 맞는 문장이 된다. 이와 대조되는 'came'이 나오기 때문에 (43d)가 틀린 문장이 된다. 이런 유형에 속하는 말에는 'ascend / descent'와 같은 동사는 물론 'up /down'과 같은 전치사, 그리고 'right / left'와 같이 방향을 나타내는 낱말도 포함된다.

Exercise E

■ 다음 반의어들 사이의 의미적인 관계를 4가지 유형으로 구분하시오.

a. pass / fail:
b. go / return:
c. clever / stupid:
d. employer / employee:
e. in / out:
f. lend / borrow:
g. beautiful / ugly:
h. hit / miss:

HOMONYMY와 POLYSEMY

낱말들 사이의 관계를 나타내는 용어들 가운데 하나인 'homonym'은 우리말로 '동음이의어(同音異義語)'로 번역된다. 즉, '소리는 같지만 뜻이 다른 말'이라는 것이다. 그러나 이런 풀이는 '영어의 homonym'을 충분히 설명해 주지 못하는 것으로 보인다. 정확한 의미를 알아보기 위해, 다음과 같이 Oxford English Dictionary에 정의되어 있는 내용을 살펴보자.

(44) Definition of homonym in English
Pronunciation: /ˈhɒmənɪm/
Noun: each of two or more words having the same spelling or pronunciation but different meanings and origins

이 사전에 따르면, 'homonym'은 '서로 다른 의미를 가지고 있지만, 철자가 같거나 소리가 같은 낱말들'을 가리키는 말이다. 즉, 영어의 경우 '철자'가 같은 경우도 'homonym'의 범주에 속하는 것으로 간주되기 때문에 '동음이의어'가 포함하는 대상은 좀 더 넓어질 수 있다. 다음 예를 보자.

(45) a. pole[1] (/poul/: 막대기, 장대) vs. pole[2] (/poul/: 극(極), 극지, 북극성)
b. lead (/liːd/: 이끌다) vs. lead (/led/: 납)
c. bow (/bau/: 경례, 절) vs. bough (/bau/: 큰 가지)

(45a)에 나오는 2개의 낱말은 바로 좁은 의미에서의 '동음이의어'를 보여주는 대표적인 예들이다. 왜냐면 철자도 같고 발음도 같은데, 뜻이 다르기 때문이다(철자 뒤에 나오는 1, 2와 같은 위첨자는 서로 다른 단어라는 것을 나타냄). (45b)의 경우는 뜻이 다르고 발음도 다르지만, 철자가 같다. 그래서 이런 낱말들은 '철자가 같은 낱말(homograph)'이라고 부르기도 한다. 반면에 (45c)의 'bow'와 'bough'는 뜻과 철자가 다른데, 발음은 같다. '소리가 같은 낱말(homophone)'이란 용어는 바로 이런 낱말들을 가리키는 말이다. 'homonym'은 이상에서 검토한 3가지 경우에 해당하는 낱말들 모두를 나타내는 대표적인 용어이다.

영어 단어들을 분류할 때 다소 어려운 이유는 이와 같이 '발음'뿐만 아니라 '철자'가 포함되기 때문이다. 그래서 낱말들 가운데 어떤 것들은 'homonym'으로 분류하고 싶은 경우들이 종종 있다. 예를 들면, 'bar'라는 낱말에 대한 한컴사전의 정의를 보자.

(46) bar [bɑːr]

① 막대기; 방망이; 쇠지레.
② 방망이 모양의 물건.
③ 빗장, 가로장; 창살.
④ 장애, 장벽; (교통을 막는) 차단봉.
⑤ (항구·강 어귀의) 모래톱.
⑥ 줄, 줄무늬, (색깔 등의) 띠.
⑦ (술집 따위의) 카운터; 술집, 바.
⑧ (법정 안의) 난간; 피고석; 《영국》 (의회 안의) 일반인 출입 금지 난간.
⑨ 법정, 심판.

이 정의에 따르면, 'bar'는 ①처럼 '막대기; 방망이; 쇠지레'를 의미하고, 동시에 ⑨처럼 '법정, 심판'을 의미하는데, 이 둘 사이의 뜻이 아주 다르기 때문에 'bar'를 (45a)처럼 2개의 다른 낱말로 구분하고 싶은 생각이 들 수 있다. 그래서 'bar'의 경우도 'bar[1]'과 'bar[2]'로 분리하여, homonym, 즉 서로 다른 낱말로 취급하는 것이 적절하지 않느냐는 의견을 제시할 수 있다.

그러나 이것은 적절한 분류는 아니다. 이런 말을 2개의 낱말로 구분하는 데는 몇 가지 조건이 있다. 다음의 예를 보자.

(47) a. bank[1] /bæŋk/

① a long pile or heap; mass: a bank of earth; a bank of clouds.
② a slope or acclivity.
③ Physical Geography. the slope immediately bordering a stream course along which the water normally runs.
④ a broad elevation of the sea floor around which the water is relatively shallow but not a hazard to surface navigation.
⑤ Coal Mining. the surface around the mouth of a shaft.
⑥ Also called cant, superelevation. the inclination of the bed of a banked road or railroad.
⑦ Aeronautics . the lateral inclination of an aircraft, especially

during a turn.

⑧ Billiards, Pool. the cushion of the table.

b. bank[2] /bæŋk/

① an institution for receiving, lending, exchanging, and safeguarding money and, in some cases, issuing notes and transacting other financial business.

② the office or quarters of such an institution.

③ Games.

a. the stock or fund of pieces from which the players draw.

b. the fund of the manager or the dealer.

④ a special storage place: a blood bank; a sperm bank.

⑤ a store or reserve.

⑥ Obsolete.

a. a sum of money, especially as a fund for use in business.

b. a moneychanger's table, counter, or shop.

(from http://dictionary.reference.com/)

'bank'를 (47a)와 (47b)처럼 다른 2개의 단어로 구분하는 이유는 첫째, 이 둘 사이에 의미적으로 연관 관계가 없고, 둘째, 이 둘은 어원이 아주 다르기 때문이다. 'bank[1]'은 토착 영어 단어이지만, 'bank[2]'는 15세기경에 영어에 들어온 '금융기관'을 나타내는 프랑스어 'banque'에 기원을 두고 있는 말이다. 또 프랑스어는 이태리어로서 'moneychanger's table'을 의미하는 'banca'에서 왔기 때문에 2개의 단어는 어원적으로 전혀 관계가 없는 말이다. 그래서 이 단어들을 따로 분류하게 되었다.

그런데, 서로 다른 것처럼 보이지만, (46)에 나오는 'bar'의 ⑨번 의미는 ①의 의미와 관련되어있다. 왜냐면, ⑧의 의미에서 볼 수 있듯이 '막대기'가 '(법정 안의) 난간; 피고석'을 구분해주는 역할을 하기 때문에 이 의미가 확대되어 ⑨와 같은 의미를 나타내게 되었다. 그래서 이런 낱말은 2개의 단어로 구분하지 않는데, 이처럼 연관된 뜻이 많은 단어를 '다의어(polysemy)'라고 부른다.

Exercise F

■ 다음 낱말들의 쌍들을 homograph와 homophone으로 구분하시오.

a. chase(to pursue)	vs.	chase(to ornament metal)
b. raw	vs.	row
c. sound(noise)	vs.	sound(healthy)
d. sew	vs.	saw
e. bear(to carry)	vs.	bear(animal)
f. there	vs.	their
g. pair	vs.	pare
h. desert(to abandon)	vs.	desert(arid region)
i. two	vs.	too
j. steal	vs.	still

3.2. 기능어(function word)

'기능어(function word)'들은 글을 쓰거나 말을 할 때 '내용어(content word)'만큼 많이 사용하는 단어들이다. 이 낱말들은 내용어들을 도와서 '구(phrase)'와 '문장(sentence)'을 만드는 역할을 할 뿐만 아니라, 내용어들의 의미적인 관계를 문법적으로 맺어주는 기능도 하고 있다. 그래서 이런 낱말들이 없다면, 의사소통은 물론 적절한 의미를 전달하는 것이 불가능할 정도가 된다. 예를 들어, 다음 글에서 내용어들을 표시해 보자.

(48) How did India surpass China in leading-edge technology? One explanation may be the Indian elites' familiarity with English, the language of the Web and technology. Another might be the large Indian migrant communities in the West, especially North America, who excel in education and entrepreneurship and have learned how to profit from linking new knowledge to the old country. But these are only partial explanations. Taiwan and South Korea, which are far ahead of the rest of Asia in Internet use, lack widespread familiarity with English. As for China, it has been sending tens of thousands of students each year to the West since 1978, while being able to draw on Taiwan and Hong Kong expertise in its IT industries. For the past two decades it has encouraged private business and joint ventures with foreigners. These have generated a great deal of industrial activity. But invention? World-class companies? Even passably efficient local concerns? The record is not good.

(from *the Economist*)

누구나 상당수의 기능어들이 낡는다는 사실을 발견할 수 있을 것이다. 기능어의 특색을 알아보기 위해서 이 글에 나오는 'has been sending'을 보자. 내용어인 'sending'의 앞에 나오는 'has'는 '소유(possession)'의 의미를 나타내는 말이 아니다. 이것은 이 구문에서 '현재'를 의미할 뿐만 아니라 마찬가지로 '존재(existence)'의 의미 대신 '완료'를 나타내는 'been'과 함께 '현재완료형'이란 문법적인 기능을 한다. 이 2개의 요소들이 'sending'과 결합하여 소위 '현재완료진행형'을 만들게 된다.

또 하나 기능어의 대표적인 예로 이 글의 2번째 문장과 3번째 문장에 나오는 'may'와 'might'를 비교해 보자. 과연 이 2개의 단어들 사이에는 어떤 의미적인 차이가 있는가? 이것을 단순히 '현재형'과 '과거형'이라는 대비를 통해서 설명할 수 있는가? 또한 이 글에는 기능어인 'these'가 2개 나오는데, 이들의 의미는 무엇이고, 이들은 모두 같은 것을 가리키는가? 아니면, 서로 다른 것을 가리키는가? 이와 같은 질문들에 대한 답을 할 수 있을 때 우리는 비로소 이 글이 의미하는 바를 정확하게 이해할 수 있을 것이다.

이 섹션에서는 이와 같이 글이나 말에서 중요한 역할을 하는 기능어들의 의미를 다루게 될 것이다. 특히 'has been sending'과 같은 말을 통해서 나타나는 '시제(tense)'와 '상(aspect)'의 의미를 알아볼 것이며, 'may'와 'might' 등으로 나타내는 '법(mood)'을 검토하고, 'deixis'로 분류되는 'these'와 같은 대명사들의 의미를 결정하는 방법 등을 차례로 분석할 것이다.

TENSE

'시제(tense)'와 '시간(time)'은 다른 개념이다. 왜냐면, '시간'은 '현실세계(real world)'에서 쓰는 개념이고, '시제'는 언어, 그 중에서도 '동사에 시간을 나타내는 개념'이기 때문이다. 그런데 이 둘을 혼동하는 경우가 종종 있는 것을 볼 수 있다. 예를 들어 다음 문장을 보자.

(49) a. 그가 어제 영어를 공부했다.
b. He studied English yesterday.

거의 유사한 의미를 나타내는 우리말과 영어로 된 이 2개의 문장에는 '시간'과 관련된 2개의 표현이 있다. 먼저 '공부했다/studied'를 통해서 이 동사들이 과거를 가리키는 것을 알 수 있고, 또 '어제/yesterday'를 통해서 이 문장이 나타내는 사건이 일어난 날짜를 파악할 수 있다. 그러면 이 둘을 모두 '시간'이라고 하는가? 그렇지 않다. '어제/yesterday'와 같은 표현은 '시간을 나타내는 부사어(temporal adverbial)'라고 부르고, 동사에 표현된 시간을 '시제(tense)'라고 한다. 이 둘은 모두 '시간(time)'을 나타내는데, 이 둘의 관계를 다음과 같이 표현할 수 있다.

(50)
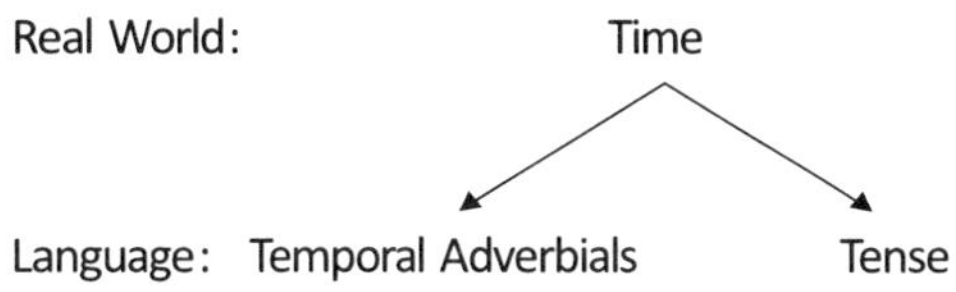

언어는 이 세상에서 일어나는 다양한 현상을 표현하는 도구이다. 그러나 모든 언어들이 똑같은 현상을 똑같은 방식으로 나타내는 것은 아니다. 언어에 따라 어떤 특정한 현상을 언어에 표현할 수도 있고, 또는 그렇지 않을 수도 있다. 또 언어에 표현하는 방법도 언어마다 다를 수가 있다. 이런 현상의 대표적인 예가 '시제'이다. 예를 들면, Comrie (1985)는 '시제'가 없는 언어로 동남아 국가인 미얀마에서 현재 사용하고 있는 Burmese와 호주의 Queensland 북동부의 원주민이 사용하는 언어 Dyirbal을 예로 들고 있다. 즉, 이 언어들은 동사를 통해서 시간을 나타내지 않는다고 지적하고 있다. 그러면 이 두 언어는 언어에 시간을 나타내지 못하는가? 그렇지는 않다. 대신 이 언어들은 '시간을 나타내는 부사어(temporal adverbial)'를 이용하여 시간을 나타내고 있다. Burmese에서 'măneʔhpaň(tomorrow)'과 같은 부사어를 이용해서 시간을 나타내고 있다고 Comrie는 설명하고 있다.

동사에 시간을 표현하는 '시제 시스템(tense system)'도 언어에 따라 다를 수 있다. 특히 시제를 '구분하는 수(number of distinction)', 즉 시제의 숫자가 서로 다른 것으로 나타났다. Comrie는 대부분의 언어는 2~3개의 시제를 가지고 있지만, 아프리카와 호주 등지에서는 5개가 있는 언어도 있고, 탄자니아의 Haya 부족이 사용하는 언어인 Haya와 카메룬의 Bamileke-Dschang어와 같은 경우는 더 많이 있다고 지적하고 있다.

그러면 영어에는 과연 몇 개의 시제가 있는가? 우리나라에서 영어를 학습해본 사람들은 알고 있듯이 어떤 사람은 12개, 또 다른 사람은 9개, 경우에 따라서는 6개라는 주장을 하는 사람이 있는 반면에 2개라고 생각하는 사람도 있는 것을 볼 수 있다. 이렇게 시제의 숫자를 혼동하는 이유는 '시제'라는 개념을 정확하게 알지 못하기 때문이다. '시제가 몇 개냐?'는 질문을 좀 더 쉽게 풀어보면, '동사에 몇 가지 시간을 표현할 수 있느냐?'는 질문과 같은 것이다. 영어에 과연 12가지 시간을 표현할 수 있는가? 그렇지 않다. 영어는 다음과 같이 3개의 시간을 표현할 수 있을 뿐이다.

(51) a. 현재: He studies English.
b. 과거: He studied English.
c. 미래: He will study English.

영어의 동사는 'inflection'을 통해서 '현재'와 '과거'를 나타낼 수 있지만, '미래'의 경우는 '미래형 동사'가 없기 때문에 'will'과 같은 조동사를 이용해서 표현하고 있다. 이와 다른 현상을 다음 프랑스어의 예 속에서 발견할 수 있다.

(52) a. Il étudie l'anglais. 'He studies English'
b. Il étudia l'anglais. 'He studied English'
c. Il étudiera l'anglais. 'He will study English'

프랑스어는 동사 원형인 'étudier'의 '활용형(inflectional form)'들을 이용해서 '현재, 과거, 미래'를 나타낼 수 있다.

이런 현상과 관련해서 영어의 'will study'와 같은 형에 쓰이는 will은 '미래'가 아닌 '의지'를 나타내는 modal auxiliary verb로 취급하고, 진정한 의미에서 미래형은 없다는 주장을 하는 경우도 있다. 그러나 다음 예문을 보자.

(53) It will rain tomorrow.

이 문장은 '내일 비가 올 것이다'를 의미하는데, 과연 여기에서 'will'은 비를 가리키는 '날씨'의 '의지'를 나타내는 것일까? 그렇지 않다. 'will'은 과거 고대 영어에서는 동사로 쓰였지만(그 흔적을 willing과 같은 형태에서 볼 수 있음), 영어가 많은 변화를 겪으면서, '시간을 나타내는 조동사(tense auxiliary verb)'가 되어 이제는 '미래'를 나타내는 역할을 하게 되었다.

'시제'와 관련해서 '정의(definition)' 외에 또 하나 중요한 문제는 '의미'이다. 왜냐면 '어떤 특정한 시제는 어떤 의미를 나타내는가?'와 질문에 대한 답을 통해서 구체적으로 각 시제가 나타내는 바를 정확하게 파악해야 비로소 시제의 '의미'를 알 수 있기 때문이다. 이런 문제에 대해서 별로 대수롭지 않게 생각할 수 있다. 예를 들면, '영어의 현재형은 무엇을 나타내는가?'라고 물으면, 보통 단순히 '현재'를 의미한다고 대답할 수 있다. 그러나 이것은 올바른 답이 되지 못한다. 왜냐면, 영어의 경우 '현재형'은 다양한 의미를 나타낼 수 있기 때문이다. 다음 글을 분석해 보자.

(51) a. When it <u>is</u> announced that Atlanta is on the verge of falling to General Sherman's Northern Army, the population <u>panics</u> and <u>flees</u> from the besieged city. Suddenly, the streets <u>are</u> clogged with marching men and panic-stricken citizens evacuating the chaotic city. Working as an unwilling aide in the Atlanta hospital, filled with the dying and wounded, Scarlett <u>discovers</u> Kennedy who has been wounded in the war. Then, in a memorable operating room scene reflected on Scarlett's horror-stricken face and on the wall, she <u>is</u> repelled when she <u>witnesses</u> one unfortunate soldier whose leg is being amputated without chloroform.

b. He <u>eats</u> breakfast at 7 o'clock every morning.

c. Abraham Lincoln <u>says</u> "A house divided against itself cannot stand."

d. The train departs at five o'clock tomorrow morning.

(54a)의 밑줄 친 동사들이 나타내는 '시제'는 '현재'이다. 이 지문은 영화 '바람과 함께 사라지다'의 내용을 요약하는 글이기 때문에, 현재시제 동사들을 통해 '순차적으로 현재 진행'되는 장면들을 나타내는 역할을 한다. 그러나 (54b-d)의 예들을 보면, 이런 의미를 찾을 수 없다. (55b)에서 현재형 동사 'eats'는 '습관적인 사실'을 의미한다. 다시 말해서, 그는 매일 아침마다 7시에 식사하는 '습관'을 나타낸다. 한편 (54c)의 경우 에이브러햄 링컨이 따옴표 이하의 말을 한 것은 과거의 일이다. 그런데 과거형 동사 'said'가 아니라 현재형 동사 'says'가 쓰이고 있다. 그 이유는 '인용'을 하는 경우 비록 과거의 일이라도 현재형을 사용할 수 있기 때문이다. 또 하나의 독특한 의미를 (54d)에서 발견할 수 있다. 이 문장을 해석해 보면 이 문장은 분명히 미래를 나타내는 말이다. 왜냐면 'five o'clock tomorrow morning'이 바로 '미래'를 나타내고 있기 때문이다. 그러나 'will depart'가 아니라 현재형 'departs'가 쓰이고 있다. 여기에서 현재형은 '예정된 확실한 미래의 사실'을 나타내는 역할을 한다. 왜냐면 교통수단들의 출발이나 도착은 모두 스케줄에 따라 이미 예정된 일이고, 이런 일은 미래형이 아니라 현재형으로 나타내기 때문이다. 이와 같이 현재 시제 동사라 해도 다양한 의미를 나타낸다. 따라서 영어의 시제가 나타내는 의미를 정확히 파악하려면, 현재시제의 다양한 의미와 그것이 쓰이는 문맥을 정확하게 알아야 할 것이다.

ASPECT

영어에서 동사에 표현되는 시제의 수에 대해 혼동이 일어나는 근본적인 이유는 '상(aspect: 相)'이라는 문법적 장치에 대한 오해에 있다. 소위 '진행'이나 '완료'라고 하는 것들은 시제가 아니라 바로 '상'이다. 이것은 동사가 나타내는 '행위(activity)'나 '상태(state)'의 모습을 가리키는 말이다. 영어에서는 다음과 같이 2가지 '문법적인 요소(grammatical feature)', 즉 'progressive'와 'perfective'라는 요소를 갖고 있느냐 없느냐에 따라 다음과 같이 4개의 상이 나타난다.

(55)

	단순형	완료형	진행형	완료진행형
progressive	−	−	+	+
perfective	−	+	−	+

2개의 요소가 모두 없는 것은 '단순형'이 되고, 둘 중 하나만 있는 것은 '완료형'이나 '진행형'이 된다. 그리고 둘 다 가지고 있는 것은 '완료진행형'이 된다. 이런 것을 동사 work에 표현해 보면 다음과 같다.

(56) a. He works for the company.
b. He has worked for the company.
c. He is working for the company.
d. He has been working for the company.

(56a)는 현재 그 회사를 위해 일하는 것을 나타내고, (56b)는 현재까지 일한 것을 의미하며, (56c)는 현재 일하는 중이라는 사실을 나타낸다. 한편 (56d)는 과거에서부터 지금까지 일했고, 지금도 일하고 있다는 것을 의미한다. 여기에서 중요한 점은 이 4가지 형태들은 모두 '현재'라는 시제를 가리킨다는 점이다. 의미적인 차이는 시제가 아닌 '완료, 진행' 등을 나타내는 '상'에 있다. 그런데 이런 4가지 유형을 시제가 다른 것으로 간주하기 때문에 혼동이 발생한다.

이런 관찰을 통해서 우리는 영어에 12시제가 있다는 말이 나오는 이유를 확인할 수 있다. 왜냐면 다음 표처럼 3개의 시제와 4개의 상이 합쳐 12개의 동사 유형이 나오기 때문이다. 다음 표를 보자.

(57)

	단순형	완료형	진행형	완료진행형
현재	works	has worked	is working	has been working
과거	worked	had worked	was working	had been working
미래	will work	will have worked	will be working	will have been working

예를 들면, 주어를 'He'로 하고 'work'를 동사로 할 경우 (57)에 나온 것과 같은 12개의 동사 유형이 나온다. 만약, 이 모두가 시제라면 12개가 될 수 있다. 그러나 다음의 경우를 보자.

(58)

	단순형	완료형	진행형	완료진행형
현재	likes	has liked	×	×
과거	liked	had liked	×	×
미래	will like	will have liked	×	×

잘 알려진 바와 같이 'like'과 같이 '상태(state)'를 나타내는 동사들은 진행형, 즉 'V-ing'형을 만들 수 없다. 그래서 (58)과 같이 6개의 동사형만 나오는데, 그러면, 이런 동사들은 6개의 시제만 있다고 해야 할 것인가?

이와 같이 '시제'와 '상'은 다른데, 영어에서 '시제'와 '상'이 모두 동사에 표현되기 때문에 혼동하는 경우가 발생한다. 그러나 이 둘은 서로 다른 문법적인 요소들이다. 이렇게 '시제'와 '상'은 분리된 것을 입증해 주는 예를 프랑스어에서 찾아볼 수 있다.

(59) a. Il habite toujours á Paris. 'He always lives in Paris'
b. Il habite maintenant á Paris. 'He is now living in Paris'

프랑스어에는 '진행형(progressive form)'이라는 것이 없다. 그래서 (59a)

처럼 습관적인 일이나 진행되는 일이 모두 동사 'habite'로 표현된다. 영어식 의미적인 차이, 즉 단순형과 진행형에 해당하는 의미는 부사 'toujours(always)'와 'maintenant(now)'를 통해서 유추할 수 있다. 또 하나의 예를 보자.

(60) a. Il habite á Paris depuis 2010. 'He has lived in Paris since 2010'
b. Il a habité a Paris. 'He lived in Paris'

영어의 완료형에 해당하는 'has lived'도 (60a)처럼 단순현재형을 사용해서 표현한다. 프랑스어에서도 'have' 동사에 해당하는 동사 'a'와 과거분사인 'habité'를 합친 동사의 형태가 (60b)처럼 있다. 그러나 이것은 영어식 '완료형'의 의미를 나타내는 것이 아니라 '과거'를 의미하는 것으로 'lived'를 나타낸다. 프랑스어의 이런 예들은 '시제'와 '상'이 다른 문법적인 장치들이라는 점을 입증해준다.

Exercise G

■ 다음 문장에 나오는 밑줄 친 동사들의 시제와 상을 표기하시오.

a. Public concern about inflation generally heats up in step with inflation.

b. Kids are always trying to find ways to count in the world, and if they can't count in a positive way, a negative way will surface.

c. The amount of capital trapped in equity markets is so huge that it has given the economic sphere a disproportionately larger say.

d. I have been collecting and analyzing data, writing, and talking about human-wildlife interaction for quite a few years.

e. In its early years, all members joining the IMF undertook to follow the same method of calculating the exchange value of their money.

f. Satellite data indicated that the rate of destruction of the ozone layer over heavily populated latitudes was accelerating.

g. By 1864, French scientist Louis Pasteur had concluded that microorganisms were also present in the air.

h. For decades, he had been trying to explain the force that held celestial bodies in orbit.

i. There is also concern that because of global warming malaria will spread to temperate climates.

j. GDP growth is expected to pick up in the second half of the year, in part because businesses will be building up inventories to meet brisk consumer demand for new cars and other goods.

k. Mr. Annan fervently hoped that by then a large majority of member states will have signed and ratified it.

l. Experts say, by 2020, one third of people in developed countries will have been using computers for education and business.

MOOD

'기능어'들을 통해서 나타내는 의미들 가운데 '시제'와 '상'만큼 중요한 분야로 '법'이 있다. 이것의 특징을 알아보기 위해서 다음 지문을 살펴보자.

(61) Experience of a lifetime is big news for teenagers :
She sounded surprisingly relaxed about appearing on national television. Other 15-year-olds might have been daunted by the prospect, but, having done some acting at school, this was merely "a bit surreal ... I'm getting used to it". You might have spotted Bryony if you were watching ITN's News at Ten last week. She popped up in an advertising break describing her experiences.

(from *The Times*)

이 글에 나오는 동사는 2가지로 구분할 수 있다. 먼저 'sounded'와 'popped up'과 같은 동사이다. 이 동사들은 'sound'와 'pop up'이 가진 언어적인 의미 외에 '과거'를 나타내는 역할을 한다. 그런데 이 동사들을 'might have been daunted'이나 'might have spotted'와 비교해 보면, 하나의 의미가 더 있다는 것을 알 수 있을 것이다. 그것은 'sounded'와 'popped up'은 '사실'을 나타낸다는 점이다. 이와 반면에 'might'와 함께 쓰인 2개의 동사구는 '사실'이 아니라 '가정적인 일'을 나타내고 있다.

이와 같이 동사구는 '사실'과 '사실이 아닌 일'을 나타낼 수 있는데, 이런 것을 문법적으로 '법(Mood: 法)'이라 한다. 영어에는 대표적으로 다음과 같은 3종류의 법이 있다.

(62) a. 직설법(Indicative): He went to the teacher to discuss about his future.
b. 명령법(Imperative): Go to the teacher to discuss about your future.
c. 가정법(Subjunctive): If he goes to the theater, he could see the play.

'사실'을 나타내는 경우는 (62a)처럼 직설법을 쓰고, 어떤 일을 실행하라고 명령을 할 때는 (62b)처럼 명령법을 쓴다. 이런 법과 대조를 이루는 것은 (62c)의 가정법이다. 이 문장은 실제의 일이 아니라 'if' 이하의 '조건'을 충족하면, he could 이하의 '결과'를 얻을 수 있다는 생각을 나타내고 있다.

(61)의 지문에 나온 'might'와 함께 쓰인 표현들은 물론 (62c)의 'could'는 말하는 사람의 '생각'이나 '판단'을 나타내는 기능을 하고 있다. 이런 것을 'modality'라고 하는데, 이것은 '화자가 어떤 말에 대해서 자신의 믿음이나 태도 또는 의무감을 표현하게 하는 것(what allows speakers to express their belief, attitude or obligation to statements)'이다. 이와 같은 표현들은 가정법에만 나오는 것은 아니다. 가정법이 아닌 표현에서도 이런 현상을 관찰할 수 있다.

(63) a. F: Where is John?
M: He <u>may</u> be in his room.

b. F: What am I supposed to do now?
M: You <u>must</u> go home.

(63a)에서 F의 질문에 대한 M의 답변 속에 'may'가 나오는데, 이것은 'be'와 함께 '그가 방에 있을 가능성'을 나타내는 역할을 한다. 한편 (63b)의 대화에 나오는 'must'는 말하는 사람이 판단하기에 상대방이 반드시 가야 한다는 '의무'를 의미한다.

이렇게 '사실'이 아니라 말하는 사람의 '판단'이나 '생각'을 나타내는 조동사들을 'modal auxiliary verb'라고 부른다. 이런 조동사들에는 몇 가지 의미가 있는데, (63)에 나온 것 외에 다음과 같이 다른 것도 있다.

(64) a. Son: Can I go out to play with my friends?
Mother: OK, you <u>may</u>.

b. Visitor: Wow, this health club has great facilities.
Trainer: Yes, it does. All the members really love it.
Visitor: You're in great shape. You must exercise regularly.
Trainer: Thanks, I exercise five times a week.

(63a)에서 'may'는 '가능성'을 나타냈지만, (64a)에서 이것은 이런 의미를 나타내지 않는다. 대신 이 문장에서 'may'는 '허가'를 나타낸다. 한편 (63b)에서 'must'는 일종의 '의무'를 나타냈지만, (64b)에서는 이런 의미가 아니라 '확실한 판단'을 나타낸다. 즉, 'must'가 들어 있는 이 문장은 '당신은 틀림없이 규칙적으로 운동을 하는 군요'와 같은 뜻으로 해석이 된다. 이와 같이 기능어도 문장의 전체적인 의미를 구성하는데 있어서 중요한 요소로 작용한다.

Exercise H

■ 다음 글의 밑줄 친 부분들이 의미하는 바를 설명하시오.

a. The term "ozone hole" is widely recognized although far less widely understood. Most people certainly will have heard of it, though popular usage of the term is barely beyond its teenage years.

b. One area of financing for small businesses is the cash flow benefits of partnering with a large company. If you are suppliers to major companies, you can approach them with the offer to more aggressively promote their product line and perhaps be a test site for one or two of their ideas.

c. The second point is that we, today, would be better off if in 1935, when the Social Security Act was enacted, Congress had created a fully-funded system. If that had occurred, we would have had more national saving and a larger capital stock, and we would indeed be better off today.

d. They hope that bees can be trained to pick up this scanty evidence and bring it home to the hive, thus helping bomb squads defuse those land mines. Should the team and its trained flyers succeed, the world will be a safer place to live in.

e. No person shall be accused, arrested, or imprisoned except in the cases prescribed by law. Any citizen summoned or arrested in virtue of the law shall submit without delay, as resistance constitutes an offense.

f. Prolonged weight loss during adolescence may eventually lead to permanent failure of normal growth and an increased risk of osteoporosis in later life.

DEIXIS

이제까지 우리가 관찰한 기능어들의 특징은 'sense'와 'reference'로 구성된 '언어적인 의미(linguistic meaning)'만으로 그것들의 의미를 알 수 없다는 점이다. 그런 낱말들이 나타내는 의미를 완전하게 파악하려면, '문법적인 의미(grammatical meaning)' 뿐만 아니라 그것들이 나오는 '문맥(context)'도 정확히 알아야 한다. 이런 기능어의 특징과 부합하는 또 다른 예는 '대명사'이다. 다음은 우리나라 수능시험에 거의 고정적으로 나오는 문제 유형의 하나이다.

(65) 밑줄 친 부분이 가리키는 대상이 나머지 넷과 다른 것은?

One day in February 2009, Stephanie called Betty, ① her best friend, who was the only employee of her business Best Wedding. Once again, they discussed the company's expenses and dwindling revenue. But this time, Stephanie knew what she had to do. She gathered up her courage and told ② her friend and colleague: "I have to make this work. I have to let ③ you go." Betty was hurt but wasn't particularly surprised. In a businesslike fashion, the two women began figuring out how to disengage. Betty said she wanted to start her own event-planning business, and Stephanie agreed to let ④ her keep her existing clients, some photography, and documents and forms they had developed together. ⑤ She also gave Betty two months' salary as severance pay.

(2012학년도 대학입학 수학능력시험 외국어)

밑줄 친 'her, she, you'가 나타내는 '언어적인 의미(linguistic meaning)'만 고려한다면, 이 문제는 도저히 해결할 수가 없고, 문맥을 정확히 파악해야 답을 찾을 수 있을 것이다.

이 글에는 밑줄 친 부분 외에도 'this'와 같은 표현들이 나오는데, 이런 것들을 'pointing, indicating'을 의미하는 그리스어의 형용사 'deiktikos'에서 나온 용어인 'deixis'(지시/직시)라고 부른다. 이것들의 의미는 지칭하는 대상에 따라서 달라질 수 있다. 예를 들어 다음 말을 보자.

(66) John: What are you doing now?
Ted: I'am changing the light bulbs. Will you help me?

이 대화에 나온 첫 번째 'you'는 'Ted'를 가리키고, 두 번째 'you'는

'John'을 가리킨다. 이와 같이 문맥에 따라 달라지는 deixis에는 대표적으로 다음과 같은 것들이 있다.

(67) a. Personal Deixis: I, you, he, she, they ...
b. Spatial Deixis: here, there, this, that ...
c. Temporal Deixis: now, then, yesterday, this morning ...
d. Textual Deixis: She suddenly started to cry. That made me even awkward.

'인칭 지시어(personal deixis)'의 대표적인 예는 소위 인칭 대명사와 인칭 형용사 등에서 찾아볼 수 있다. '공간 지시어(spatial deixis)'에는 'here'와 'there' 외에도 'this'와 'that'과 같은 '지시사(demonstrative)'도 포함된다. '시간 지시어(temporal deixis)'에는 주로 'now, then' 등과 같은 부사어가 포함된다. 끝으로 '문맥 지시어(textual deixis)'는 뒤에 나오는 'That'와 같은 것으로 문맥을 가리키는 역할을 하는데, 위에서는 앞에 나오는 문장 'She suddenly started to cry'를 가리킨다.

Exercise I

■ 다음 글에서 deixis를 찾아 표시하시오.

Jamestown is one of many small towns in the middle of the farmland, but Jamestown College makes it an unusual place. First, it is in the center of the town. Each building is in a different architectural style. Second, it employs a large number of professors. Many of them have Ph.D.'s. Also, it has an excellent music school. There are concerts by students or famous musicians almost every night, and you can hear all kinds of music. Finally, it has a huge number of young people between 18 and 22 years old. They come from all over the USA and from many foreign countries to study liberal arts and music. All in all, it is just a dot on the map of Ohio, but it is very different from the other towns nearby.

4. 문장 의미론(Sentential Semantics)

문장은 여러 요소들로 구성되는데, 가장 대표적인 것은 낱말들이다. 그러나 낱말을 무조건 연결시킨다고 해서 '의미 있는 문장'이 되는 것은 아니다. 통사적인 구조에 맞게, 즉 문법적인 규칙을 지키게 나열해야 할 뿐만 아니라 의미적인 요인도 고려해야 한다. 이 섹션에서는 문장의 의미에 중요한 기능을 하는 '의미적인 역할'과 문장이 의미를 가질 수 있는 전제조건 및 문장들 사이의 의미 관계를 검토해 본다.

문장은 다양한 낱말들로 구성된다. 문장의 의미는 각각의 낱말들이 문법적으로 결합되어 얻어진다. 예를 들어 다음 문장을 보자.

(68) a. The man liked the woman.
b. The woman liked the man.

이 두 문장에는 4개의 낱말, 즉 'the, man, woman, liked'가 나온다. 이 낱말들의 언어적인 의미는 동일하다. 그러나 이것들이 모두 등장하는 문장 (68a)와 (68b)는 다른 의미를 가지고 있다. (68a)는 '그 남자가 그 여자를 좋아했다'를 나타내지만, (68b)는 '그 여자가 그 남자를 좋아했다'를 의미한다. 즉, (68a)를 통해서 '그 여자도 그 남자를 좋아했는지'

알 수가 없다. (68b)도 마찬가지이다. 이 문장들은 서로가 좋아하는 것을 의미하는 것이 아니라 한쪽이 다른 한쪽을 좋아하는 것만 나타낸다.

이런 의미가 나타나는 이유는 낱말들 사이의 문법적인 관계 때문이다. 비록 같은 낱말이 등장하지만, 'the man'과 'the woman'이 문장에서 문법적으로 어떤 역할을 하느냐에 따라 의미가 달라진다. (68a)에서 'the man'은 주어이고 'the woman'은 목적어이다, 한편 (68b)에서 'the man'은 목적어가 되고 'the woman'은 주어가 된다. 이와 같이 둘 사이의 '문법적인 관계(grammatical relation)'가 낱말이 문장에서 차지하는 위치에 따라 달라지는데, 이때 각 낱말의 문법적 기능을 '격(case)'라고 한다.

문장에 쓰이는 낱말들, 그 중에서도 특히 명사(구)들은 문법적인 '격' 외에 또 하나의 중요한 특성을 가지고 있다. 다음 문장을 비교해 보자.

(69) a. The hunter killed the monster.
b. The monster was killed by the hunter.

이 두 개의 문장에 나오는 'the hunter'와 'the monster'의 문법적 '격'은 각각 다르다. 즉, 'the man'은 (69a)에서 '주어(subject)'이지만 (69b)에서는 전치사의 '목적어(object)'이다. 마찬가지로 'the monster'는 (69a)에서 목적어이지만 (69b)에서 주어이다. 이렇게 2개의 문장에서 이 두 개의 명사구들은 서로 다른 '문법적 관계(grammatical relation)'를 유지하고 있다. 그러나 이 두 개의 문장은 의미적으로 '유사한(synonymous)' 문장이다. 그 이유는 무엇인가? 이 2개의 문장에서 'the man'은 죽이는 '행위를 하는 사람' 역할을 하고, 'the monster'는 이런 '행위를 당하는 존재'를 나타내는 역할을 한다. 그래서 이 문장들의 의미가 비슷한 것이다.

이와 같이 문장에서 명사구가 하는 의미적인 역할을 'semantic role'이라고 한다. 이런 역할을 나타내기 위해서 '행위를 하는 존재'를 'AGENT'라 하고, '행위를 당하는 존재'를 'PATIENT'라고 부른다. 보통 대문자를 이용해서 이것들을 표기하는데, 이 밖에도 다음과 같은 것들이 있다.

(70) a. He modified the photo with the program for the client.
b. He sent the fish from the ship to the fish market.
c. He put the knife on the table.
d. The woman enjoyed the movie for an hour.
e. The man won the first prize.

(70a)에 나오는 'the program'은 사진을 변화시키는 도구이기 때문에 'INSTRUMENT'라고 하고, 'the client'는 도움을 받거나 수혜를 누리는 사람이기 때문에 'BENEFACTIVE'라 한다. 한편 (70b)의 'the fish'는 장소를 이동하는 것이기 때문에 'THEME'이라고 부른다. 한편 'the ship'은 출처이기 때문에 'SOURCE'라고 하며, 'the fish market'은 'GOAL'이라 한다. (70c)의 장소를 나타내는 'the table'은 'LOCATIVE'라고 부른다. (70d)의 'the woman'은 'AGENT'가 아니라 'EXPERIENCER'이고, 'an hour'는 시간을 나타내기 때문에 'TEMPORAL'이라 한다. 한편 (70d)의 'the man'은 1등상을 받은 사람이기 때문에 'RECIPIENT'라고 한다.

semantic roles에 대한 명칭은 학자에 따라 각기 다른 것들을 사용하고 있는 실정이라서 같은 대상도 때때로 다른 용어를 쓰는 경우를 볼 수 있다. 그러나 'semantic roles'란 개념을 쓰는 기본 전제는 비슷하다. 왜냐면 명사구는 이런 역할을 하고 있고, 이것이 '격(case)'만큼 문장에서 중요한 역할을 하기 때문이다. 예를 들어 다음 문장들을 비교해 보자.

(71) a. The service man opened the door.
b. The master key opened the door.
c. *The service man and the master key opened the door.

d. The service man and his assistant opened the door.
e. The master key and the driver opened the door.

(71a)에서 'the service man'은 'AGENT'이고, (71b)에서 'the master key'는 '사람'이 아니기 때문에 'INSTRUMENT'이다. 이 두 개의 문장들은 모두 어법에 맞는 문장이다. 그러나 이 둘이 주어로 쓰인 문장 (71c)는 어법에 맞지 않는 문장이다. 둘 다 문장의 주어 역할을 하는 데는 문제가 없지만, 등위접속사 'and'는 같은 semantic role을 가진 대상을 연결해야 하는데, 그렇지 못하기 때문이다. 그러나 두 명의 AGENT를 'and'로 연결한 문장 (71d)는 물론 2개의 INSTRUMENT를 연결한 문장 (71e)는 어법에 맞는 문장이 된다. 이와 같이 semantic roles는 명사구의 '역할에 대한 의미'를 나타낼 뿐만 아니라 문장의 문법성에도 영향을 끼친다.

Exercise J

■ 다음 문장에 나오는 명사구들의 semantic roles의 이름을 표기하시오.

a. The magazine is published by the company.

b. The embassy has changed their photo size policy.

c. The girl borrowed the book from one of my friends.

d. Film uses actors to embody fictional characters.

e. The woman is from Canada.

f. We use a lot of ice in the summer.

g. You studied the language last year, didn't you?

h. I'd like to buy a bicycle for my son.

하나의 문장이 '의미가 있는(meaningful)'있는 문장이 되기 위해서는 여러 가지 조건을 갖춰야 한다. 첫째, '언어적인 의미(linguistic meaning)'를 가지고 있는 낱말들이 선택되어야 하고, 둘째 이 낱말들 사이에는 적절한 '문법적인 관계(grammatical relations)'가 유지되어야 한다. 또한 명사구와 같은 것들은 서로 양립할 수 있는 semantic roles를 가지고 있어야 하며, 낱말의 배치도 어법에 맞아야 한다. 이런 조건들을 충족시킬 때 하나의 문장은 '의미가 있는 문장'이 될 수 있다.

그런데 하나의 문장이 의사소통에 있어 '진정으로 의미가 있는 말'이 되려면, 그 문장은 추가적으로 몇 가지 조건들을 갖춰야 한다. 그 중에 가장 대표적인 조건을 다음 예를 통해서 검토해 보자.

(72) a. The man is bald.
b. There exists a man.
c. He is bald.

(72a)의 문장에 나온 낱말들은 위에서 지적한 4가지 조건들을 모두 갖추고 있다. 그러나 실제 세계에 이 말이 유의미한 말이 되려면, (72b-c)와 같은 조건이 충족되어야 한다. 바꿔 말해서, 어떤 사람이 (72a)와 같은 말을 하는데, 실제 세계에 'the man'이 '가리키는 대상(referent)'이 없고, 또 그가 '대머리'가 아니라면, 이 말은 '거짓말 — 의미 없는 말'

이 된다. 이와 같이 어떤 문장이 '진정한 의미'를 갖는 말이 되기 위해서는 (72b-c)와 같은 조건이 충족되어야 하는데, 이런 조건들을 '전제(presupposition)'라 한다.

이렇게 의사소통을 전제로 할 때 어떤 문장이 '의미 있는' 것이 되기 위해서 갖춰야할 다음 조건은 아래의 예들 속에서 찾아볼 수 있다.

(74) a. The hunter killed the beast last month.
b. *The hunter killed the beast last month, but it hurted a hiker yesterday.
c. The beast was dead.

(74a)의 문장이 앞서 언급한 모든 조건을 갖추고 있고, 또 실제 세계에서 이런 일이 벌어졌다면, 이 문장은 '의미 있는 문장'이 된다. 그런데 (74b)와 같은 문장은 말이 안 되는 문장이다. 그 이유는 무엇인가? (74a)가 '참(true)'일 경우 (74c)가 나타내는 일도 '참(true)'되어야 한다. 그런데 (74b)의 'but' 이하는 '지난달에 죽은 짐승이 어제 도보 여행자를 해친 것'을 의미하기 때문에 (74b)가 어법에 맞지 않는 문장이 된다. 즉, 문장 (74a)는 문장 (74c)를 '함의(entailment)'해야 하는데, (74b)에서 이런 관계가 성립되지 못하기 때문에 이런 현상이 나타난다. 이런 의미적인 관계도 의미를 이해하는데 있어 중요한 하나의 요소가 된다.

이밖에도 다른 몇 가지 관계가 관찰되는데, 그 예들을 다음의 문장들 속에서 발견할 수 있다.

(75) a. His brother is a bachelor.
b. His brother has never married.
c. His brother has married.

(75a)에 나오는 'bachelor'는 '독신자'이기 때문에 (75b)의 문장과 비슷한 의미를 나타낸다. 이런 경우 문장 (75a)와 (75b) 사이에는 의미적으

로 '유사한(synonymous)' 관계가 있다고 한다. 한편 문장 (75c)는 결혼한 것을 의미하기 때문에 이것과 문장 (75a)는 '모순된(contradictory)' 관계를 가지고 있다고 한다.

Exercise K

■ 다음 문장들이 '의미 있는(meaningful)' 문장이 되기 위한 전제와 이 문장들이 함의하는 바를 설명하시오.

a. The man assassinated the president.

b. Three passengers were killed in the traffic accident that occurred at the cross road.

c. His brother passed the hard examination.

Supplementary Exercises

■ 다음 b는 지문 a를 자동번역기인 'bing (Beta)'이 번역한 내용이다. 두 개의 글을 비교해 보고, 자동번역의 문제점들을 분석하시오.

a. Could we believe the statement that the population of England has decreased since the Industrial Revolution, it would appear that the effectual funds for the maintenance of labor had been declining during the progress of wealth in other respects. For I conceive that it may be recognized as a general rule that if the effectual funds for the maintenance of labor are increasing, that is, if the territory can maintain as well as employ a greater number of laborers, this number will quickly spring up, even in spite of such wars as experts enumerates. And, consequently, if the population of any country has been stationary or declining, we can safely infer that, however it may have advanced in manufacturing wealth, its effectual funds for the maintenance of labor cannot have increased.

b. 자동번역 예

우리는 산업 혁명 이후 영국 인구는 감소 계산서를 믿을 수, 그것은 노동의 유지 보수에 대한 효과적인 자금했다. 다른 측면에서 재산의 진행하는 동안 감소되어 나타날 것입니다. 일반적인 규칙을 노동의 유지 보수에 대한 효과적인 자금 증가하는 경우로 인식될 수 있습니다. 즉, 만약 영토 유지뿐만 아니라 수 고용 노동자의 큰 숫자, 이 번호 신속하게 들어설 것입니다, 임신에 대한 전문가 서 같은 전쟁 불구도 열거합니다. 그러나 그리고, 따라서, 경우에 어떤 국가든지의 인구의 정지 또는 감소, 우리가 안전하게 추론할 수 있습니다, 그것

수 있습니다 고급 제조부, 노동의 유지 보수에 대한 그것의 효과적인 자금 수 증가.

References and Supplementary Readings

이익환. (1995). 의미론개론(제2판). 서울: 한신문화사.

Comrie, B. (1985). *Tense*. Cambridge. Cambridge University Press.

Cruse, D. (1986). *Lexical Semantics*. Cambridge. Cambridge University Press.

Fillmore, C. (1968). The case for case. in *Universals in Linguistic Theory* edited by E. Bach and R. Harms. Holt, Rinehart and Winston, Inc.

Gruber, J. (1976). *Lexical Structures in Syntax and Semantics*. Amsterdam. North-Holland Publishing Company.

Labov, W. (1984). *Language in the Inner city: Studies in the Black English Vernacular*. Philadelphia. University of Pennsylvania Press.

Lyons, J. (1977). *Semantics*. Cambridge. Cambridge University Press.

Russell, B. (1974). "On Denoting", in Zabeeh et al., eds. (1974), 141-158.

Saeed, J. (1997). *Semantics*. London. Blackwell Publishers.

Sapir, E. (1921). *Language*. New York. Harcourt Brace Jovanovich, Publishers.

Strawson, P. (1974). "On Referring," in Zabeeh et al., eds. (1974), 159-192.

Zabeeh, F, E. Klemekeand A. Jacobson, eds. (1974). *Readings in Semantics*. Urbana : University of Illinois Press.

Chapter 7

화용론(Pragmatics)

1. '화용론(Pragmatics)'이란 무엇이가?
2. 문장(Sentences)과 발화(Utterances)
3. 직시(Deixis)와 직시적 표현(Deictic Expressions)
4. 화행(Speech Acts)과 화행의 종류
5. 함축(Implicature)과 격률(Maxims)
6. 요약

1. 화용론이란 무엇인가?

화용론(pragamtics)에서 다루는 내용들은 우리의 언어생활과 매우 밀접한 관련을 맺고 있다. 예를 들어, 누군가 아침 식탁에 차려진 음식을 보고 다음과 같이 말한다고 가정해 보자.

(1) 빵이다!

이때 '빵이다!'라는 말은 일차적으로 식탁에 차려진 음식이 '빵'의 부류에 속한다는 뜻을 담고 있지만, 경우에 따라 여러 가지 의미로 해석할 수 있다. 화자가 아침마다 지겹게 빵을 먹어왔다면 이 말은 궁극적으로 '싫다/지겹다'는 의미가 될 것이고, 아침마다 계속 쌀밥을 먹다가 좋아하는 빵이 아침 식사로 나온 경우라면 이 말은 궁극적으로 '좋다/기쁘다'는 의미가 될 수도 있다.

화용론이란 이렇게 언어 표현을 사용할 때 언어적 의미(linguistic meaning) 이외에 주어진 상황이나 맥락(context)으로부터 얻게 되는 언외적 의미(extralinguistic meaning)를 포함한 다양한 의미를 탐구하는 분야이다. 특히, 한 표현이 맥락에 따라 어떻게 다양한 의미로 해석될 수 있고 어떤 규칙과 원리가 작용할 수 있는지를 연구한다. 따라서 영어화용론에서는 맥락/상황에 따른 영어 표현의 다양한 의미들과 그런 의미들을 얻는 과정에 작용하는 규칙과 원리를 다룬다.

먼저 2절에서는 문장과 발화 등 화용론을 학습하는 데에 필요한 주요한 개념들을 살펴본다. 3절에서는 I, here, now, 등과 같이 맥락에 따라 의미가 달라지는 직시현상과 그 표현들을 다룬다. 4절에서는 말함과 동시에 행함을 뜻하는 화행에 대해서 알아본다. 5절에서는 우리의 일상 대화에서 자주 발생하는 함축과 그 과정에 작용하는 대화의 격률을 살펴본다. 6절에서는 살펴본 내용을 요약한다.

2. 문장과 발화

우리는 앞서 둘 이상의 낱말들을 가지고 문장을 만드는 문법규칙에 대해서 살펴보았다. 그래서 '(나는) 감기에 걸렸다'는 의미의 영어 문장을 만들어 보라고 한다면 아래와 같이 쓰거나 말할 것이다.

(2) I have a cold.

즉, 문장의 3형식이나 관련된 구구조 규칙에 따라 필요한 낱말들을 조합하여 정문을 만들어 '감기에 걸렸다'는 의미를 나타낼 수 있을 것이다. 이렇게 문장의 형식으로 만들어진 언어적 의미를 문장 의미(sentence meaning)라고 한다.

하지만 우리의 언어생활은 단지 낱말을 가지고 문장을 만드는 일에만 국한되지는 않는다. 오히려 다른 사람과의 대화 속에서 자신의 의사를 전달하기 위해 그와 같은 문장을 '사용'한다. 그러다 보니 똑같은 의미의 문장이라 하더라도 그 문장이 사용되는 맥락이나 상황에 따라 서로 다른 의미나 정보를 전달할 수 있게 된다. 예를 들어 아래와 같이 의사와 환자의 대화와 두 친구 사이의 대화를 비교해 보자.

(3) 의사: What seems to be the trouble with you? (어디가 편찮으신가요?)
환자: I have a cold. (감기에 걸렸어요)

(4) 친구 A: Let's go swimming now. (지금 수영하러 가자.)
친구 B: I have a cold. (감기에 걸렸어.)

(3)에서 환자의 말이나 (4)에서 친구 B의 말이나 똑같이 '감기에 걸렸다'는 문장 의미를 담고 있다.

하지만 (4)에서 제시된 I have a cold는 '감기에 걸렸다'는 문장의 의미 외에 주어진 상황에 맞추어 뭔가 다른 의미를 전달한다. 즉 (3)에서 환자의 말은 의사의 질문에 대한 대답으로 감기에 걸렸다는 증상을 '진술'하고 있지만, (4)에서 친구 B의 말은 친구 A의 제안에 대한 응답으로 감기에 걸렸다는 이유로 '거절'하고 있다. 이렇게 서로 다른 맥락이나 상황에 따라 화자의 의사나 의도를 전달할 목적으로 말하는 행위를 발화(utterance)라고 하고, 발화를 통해 얻게 되는 '진술', '거절' 등의 함축된 의미를 발화 의미(utterance meaning)라고 한다.

서로 다른 발화는 서로 다른 발화 의미를 낳는다. 단적인 예로 (3)과 (4)에서 사용된 1인칭 대명사 'I'를 들 수 있다. 이 대명사의 의미는 그것이 가리키는 대상이 되는데 그 지시대상(referent)이 맥락이나 상황에 따라 다를 수 있다. (3)에서는 'I'가 말하는 화자, 즉 '환자'를 가리키지만 (4)에서는 'I'가 '친구 B'를 가리킨다.

하지만, 지시대상이 같다고 해서 발화의 의미도 항상 같은 것은 아니다. 예를 들어 아래와 같이 John이 Mary에게 말하는 상황이 있고 그 말을 들은 '화자'가 제 삼자에게 말하는 상황이 있다. 이 두 상황을 비교해 보자.

(5) I thank you for helping me. (John이 Mary에게 하는 말)

(6) He thanked her for helping him. (화자가 제 삼자에 하는 말)

이 두 발화에서 'I'와 'He'가 똑같이 'John'을 가리키고, 'you'와 'her'가 똑같이 'Mary'를 가리키고 있다. 하지만 실제 발화의 의미는 상당히 다르다. (5)에서는 청자가 도와준 것에 대해 화자가 직접 청자에게 '고마움'을 전하고 있지만, (6)에서는 그렇지 않다. (6)에서는 오히려 화자(혹은 지금 이 문장을 읽고 있는 독자)가 새로운 청자(혹은 독자)에게 'John이 Mary에게 도와줘서 고마워했다'는 내용을 '진술' 혹은 '묘사'하고 있는 것으로 볼 수 있다. 이와 같이 문장의 의미는 그 문장을 발화하는 맥락이나 상황, 즉 '누가', '언제', '어디서', '무엇을', '어떻게', '왜' 말을 하느냐에 따라 발화의 의미가 상당히 달라질 수 있다.

Exercise A

1. 다음 문장이 각각의 맥락에서 사용된다고 가정하고 아래 물음에 답하시오.

문장	Keep off the grass.
맥락 1	한 공원의 잔디밭 앞에 세워져 있는 푯말의 내용.
맥락 2	잔디와 관련된 피부질환을 앓고 있는 아이가 엄마와 함께 잔디밭 근처를 거닐고 있을 때 아이 엄마가 아이에게 하는 말.

a. 맥락 1에서 주어진 문장의 발화 의미는 무엇인가?

b. 맥락 2에서 주어진 문장의 발화 의미는 무엇인가?

c. 각각의 발화 의미(혹은 의도)는 결국 누구를/무엇을 보호하고자 하는 것인가?

2. 영어 문장이 서로 다른 맥락에서 서로 다른 발화 의미를 갖는 한 가지 예를 적고 그 이유나 상황을 간단히 기술하시오.

3. 직시와 직시적 표현

영어의 표현 중에는 구체적이고 충분한 맥락이나 상황이 주어지지 않으면 그 의미를 이해하기 힘든 경우가 많다. 예를 들어 모 대학의 김 교수가 일주일간 출장을 갔다 왔다고 가정해 보자. 김 교수가 자신의 연구실로 걸어가다가 연구실 근처 복도에서 바닥에 떨어져 있는 쪽지를 발견하고 주어서 읽고 있는 상황이다. 그 쪽지의 내용은 다음과 같다.

(7) I'll call you tomorrow.

이 글은 완전한 문장이기는 하지만 매우 이해하기 힘들다. 우선, 이 쪽지가 김 교수의 연구실문에서 떨어졌는지 아니면 다른 교수의 연구실 문에서 떨어져서 김 교수의 연구실의 문 앞까지 왔는지 모르기 때문이다. 설사 김 교수의 연구실 문에서 떨어진 쪽지라고 하더라도 1인칭 대명사가 'I'가 누구인지 알 수가 없다. 또한, 쪽지를 남긴 날짜가 적혀있지 않아서 'tomorrow'가 정확히 어떤 날(짜)인지도 알 수가 없다.

이와는 반대로 다음과 같은 쪽지가 떨어져 있다고 생각해 보자.

(8)
Dear Prof. Kim,
I'll call you tomorrow.
Best,
Jason. 28/08

여기서는 똑같은 문장이더라도 이해하기가 쉬울 것이다. 왜냐하면 이 쪽지를 누가 누구에게 언제 썼는지에 대한 맥락이 주어졌기 때문이다. 즉, 'you'는 'Prof. Kim'을 가리키고 'I'는 'Jason'을 가리킨다. 또한, 쪽지를 쓴 날짜가 8월 28일이므로 'tomorrow'는 8월 29일을 뜻할 것이다.

게다가, (8)에서 쪽지를 남긴 사람과 날짜를 바꿔보면 'I'의 의미와 'tomorrow'의 의미가 바뀌는 것을 볼 수 있다.

(9)

Dear Prof. Kim,
I'll call you tomorrow.
Best,
Tom. 25/08

그래서 (9)에서 'I'는 더 이상 Jason이 아니고 Tom이며 'tomorrow'는 더 이상 8월 29일이 아니고 8월 26일이 될 것이다. 이렇게 한 언어표현이 문맥이나 상황(의 참여자)에 따라 '가리키는' 의미 혹은 대상이 다를 수 있는데 이러한 현상을 가리켜 직시(deixis)라고 하고 이때 사용되는 'I'와 같은 언어표현을 직시적 표현(deictic expressions)이라고 한다.

직시적 표현의 의미를 결정하는 맥락은 화자(speaker)를 중심으로 형성된다. 그도 그럴 것이 말하는 사람이 화자여서 자신의 처한 상황을 기준으로 말하지 않으면 안 되는지도 모른다. 그래서 화자가 누구이고 언제, 어디서 말을 하느냐에 따라 직시적 표현의 의미가 다르게 해석될 수밖에 없을 것이다. 위의 예에서도 살펴보았지만 누가 언제 쪽지를 남겼느냐에 따라 I와 tomorrow의 의미가 달라지는 것을 볼 수 있었다. 이렇게 화자와 화자가 처한 상황이 직시적 표현을 이해하는 중요한 지표가 되는데 이를 가리켜 직시적 중심(deictic center)라고 한다.

직시적 중심, 즉 화자에 따라 다양한 직시적 표현들을 정의할 수 있다. 먼저, 인칭대명사(personal pronouns)를 살펴보면, 말하는 화자는 I로 표현하고 화자의 말을 듣는 청자(hearer)는 you로 나타내며 그 이외의 삼자(third person)를 가리킬 때에는 he, she, it, they를 사용한다. 또한, 대명사 we는 화자와 청자를 함께 가리킬 때 사용할 수도 있고 청자를 배제하고 화자와 삼자를 함께 가리킬 때도 사용할 수 있다. 이를 가리켜 각각 포함적(inclusive) we와 배타적(exclusive) we라고 한다. 이 둘의 차이는 영어에서 다음과 같이 Let's~와 Let us~의 예에서 볼 수 있다.

(10) a. Let's go swimming.
b. Let us go swimming.

(10a)에서는 화자가 청자와 함께 수영하러 가는 것을 청자에게 제안하고 있지만, (10b)에서는 화자가 삼자와 함께 수영하러 갈 수 있도록 청자에게 허락을 구하고 있다. 즉, (10b)의 경우 청자는 수영하러 갈 사람들의 집합에 포함되지 않는다.

직시적 중심으로서 화자 I의 위치는 공간을 나타내는 직시적 표현들을 구분하는 중요한 기준이 되기도 한다. 특히, 화자로부터 '가까운(proximal)' 곳과 그곳의 사람이나 사물을 가리키는지 아니면 화자로부터 '먼(distal)' 곳과 그곳의 물건을 가리키는지에 따라 직시적 표현이 달라진다. 화자가 있는 곳이나 화자로부터 가까운 곳을 지칭할 때는 here를 사용할 것이고 화자로부터 먼 곳을 지칭할 때에는 there를 사용할 것이다.

(11) [교사가 학생들의 좌석을 배정할 때] Sam, you sit here, and Meg, you sit over there.

또한, 화자로부터 가까운 곳의 물건은 this/these로, 화자로부터 먼 곳의 물건을 that/those로 나타낼 수 있다.

(12) [와인 가게 점원이 고객에게 와인을 설명할 때] This (wine) is sweet, but that (wine) is dry.

화자가 말하는 시간도 화자로부터 가까운 시간인지 아니면 동떨어진 시간인지에 따라 직시적 표현이 달라질 수 있다. 화자가 말하고 있는 시간이나 가까운 시간을 now로 표현할 수 있고 지금 말하고 있는 날을 today로 나타낼 수 있다. 이와는 반대로 화자가 말하는 지금으로부터 떨어져 있는 과거나 미래는 then으로 나타낼 수 있고 화자가 말하고 있는 오늘의 이전 날은 yesterday로, 오늘의 다음 날은 tomorrow로 표현할 수 있을 것이다.

(13) a. I'll talk to you now.
b. I'll see you then.
c. I couldn't reach him yesterday, so I'll call him again tomorrow.

화자의 위치는 동사의 의미를 결정하기도 한다. 그래서 화자의 위치로 가까워지는 이동이라면 come이나 bring을 쓸 수 있고 화자의 위치로부터 멀어지는 이동이라면 go와 take를 쓸 수 있을 것이다. 이러한 동사들을 가리켜 특별히 직시적 동사(deictic verbs)라고 한다.

(14) a. You must go now.
b. You must come now.

지금까지 살펴본 직시적 표현들을 정리하면 다음과 같다.

직시적 표현의 종류

- 인칭대명사: I, you, we, he, she, it, they 등
- 공간적 표현: here, there 등과 this/these, that/those 등의 지시한정사(demonstrative determiners)/지시대형사(demonstrative pronouns)
- 시간적 표현: now, today, then, yesterday, tomorrow 등
- 직시적 동사(deictic verbs): come, go, bring, take 등

이렇게 직시적 표현들은 화자를 중심으로 공간적 시간적 거리에 따라 달리 사용되기 때문에 둘 이상의 직시적 표현을 조합하여 사용할 때에는 그 의미들을 충분히 고려해야한다. 만약 그렇지 않으면 보통은 적절하지 않은 표현이 된다.

(15) a. Please come to me/*go to me.
b. Please come here/*come there.

(15a)에서는 이동의 목적지가 화자 me가 되므로 화자로부터 멀어지는 이동을 나타내는 go보다는 화자에게 가까워지는 이동을 나타내는 come이 바람직하다. 마찬가지로 (15b)에서도 come은 화자에게 가까워지는 이동을 뜻하므로 그 이동의 목적지로서 화자로부터 먼 장소를 가리키는 there보다는 화자에게 가까운 장소를 가리키는 here가 좋다.

하지만 서로 다른 의미의 직시적 표현들이 함께 사용되는 경우도 있다. 이런 경우 직시적이라기보다는 비직시적(non-deictic)이라고 보아야 할 것이다. 예를 들면 아래와 같이 등위접속사 and로 묶여진 관용적 표현(idiom)들이 있다. 이 표현들은 고정된 표현이기 때문에 어순을 바꿀 수 없다.

(16) a. The pain may come and go. (*go and come)
b. They visit the place now and then. (*then and now)
c. The tourists were sightseeing here and there. (*there and here)

(16a)는 그 통증이 반드시 '화자에게 가까워지고 화자로부터 멀어질' 수 있다는 뜻이라기보다는 그 통증이 '생기다가 곧 사라질' 수 있다는 뜻이다. (16b)도 그들이 그 장소를 꼭 '화자가 말하는 시간과 그 이전이나 이후의 특정한 시간'에 방문한다는 뜻이기보다는 '(불규칙하게) 이따금(sometimes)' 방문한다는 뜻이다. 만찬가지로 (16c)도 그 여행객

들이 꼭 '화자에게 가까운 곳과 화자로부터 먼 곳'을 구경하고 있었다는 뜻이라기보다는 '여러 장소'에서 구경하고 있었다는 뜻이다. 따라서 언어표현의 직시적, 비직시적 사용을 구분할 수 있어야 한다.

지금까지 영어의 직시적 표현에 대해 살펴보았다. 이 표현들은 화자를 기준으로 그 맥락에 따라 크게 두 부류로 분류할 수 있었다. 직시적 중심에서 가깝거나 가까워지는 의미의 표현들과 그 중심으로부터 멀거나 멀어지는 의미의 표현들을 살펴보았다. 하지만 화자의 직시적 중심이 어디에 있느냐에 따라 직시적 표현의 구체적인 의미나 지시대상이 달라짐을 살펴보았다.

Exercise B

1. 다음에 짝지어진 문장들은 서로 다른 맥락/상황에서 사용될 수 있다고 한다. 각각의 맥락/상황을 기술하시오.

(1) a. I can't come (to the party).
b. I can't go (to the party).

(2) a. Did you bring an umbrella?
b. Did you take an umbrella?

2. 다음은 Ernest Hemingway의 단편 소설 The Killers의 시작 부분이다. 읽고 다음 물음에 답하시오.

The door of Henry's lunchroom opened and two men came in.
They sat down at the counter.
"What's yours?" George asked them.
"I don't know," one of the men said. "What do you want to eat, Al?"
"I don't know," said Al. "I don't know what I want to eat."

a. 이 소설의 직시적 중심(즉, 화자/나레이터(narrator))는 현재 어디에 있고 그 이유는 무엇인가?

b. 위의 글에서 직접화법에 쓰인 I, you, yours가 가리키는 대상/사람은 누구인가?

c. 위의 글에서 마지막 줄에 나와 있는 첫 번째 직접화법을 간접화법으로 고칠 때 밑줄 부분에 들어갈 알맞은 표현을 적으시오.

"I don't know," said Al. → Al said (that) ______________.

3. Kreidler(1998: 145)에 따르면 다음 밑줄 친 부분은 직시적으로 사용되지 않은 경우라고 한다. 그 이유를 간단히 적으시오.

a. <u>Today</u>'s costly apartment buildings may be <u>tomorrow</u>'s slums.

b. <u>You</u> can lead a horse to water but <u>you</u> can't make him drink.

c. <u>They</u> say that an ounce of prevention is worth a pound of cure.

4. 화행과 화행의 종류

앞서 '감기에 걸렸다'는 의미의 영어 문장 'I have a cold'가 주어진 맥락이나 상황에 따라 발화의 의미가 달라짐을 살펴보았다. '감기에 걸렸다'는 말을 하면서 증상에 대해 진술하거나 제안에 대해 거절하는 의미로 사용될 수 있다. 이렇게 무엇을 말함과 동시에 무엇을 행하는 것을 가리켜 화행(speech act)이라고 한다.

Austin(1962)에 따르면 화행은 크게 세 가지로 구성된다고 한다. 발화의 언어적 의미를 전달하는 발화행위(locutionary act)와 이 발화행위와 함께 발화의 목적을 전달하는 발화수반 행위(illocutionary act), 그리고 이 발화 행위와 발화수반 행위를 통해서 어떤 효과나 결과를 이끌어내는 발화효과 행위(perlocutionary act)로 구분된다고 한다. 예를 들면, 'I have a cold'의 발화 행위는 화자를 가리키는 주어 'I'와 '감기에 걸리다'는 의미의 술부 'have a cold'가 결합된 문장의 의미를 전달하는 행위를 뜻한다. 발화수반 행위는 '감기에 걸렸다'는 발화행위와 함께 증상에 대한 진술이나 제안에 대한 거절 등의 특정한 목적이나 기능을 전달하는 행위를 뜻한다. 이러한 발화수반 행위가 성공적인 의사소통을 이루기 위해서는 발화효과 행위로 이어져야 한다. 예를 들면, 의사에게 증상을 진술하는 발화수반 행위를 통해 의사의 처방을 이끌어 낼 수 있을 것이다.

위 세 가지 행위 중 발화수반 행위를 보통 화행의 핵심으로 여긴다. 그 이유 중 하나는 발화 행위를 통해서 전달되는 언어적 의미 외에도 맥락에 따라 다양한 발화 의미를 전달하기 때문이다. 이러한 발화 의미를 가리켜 발화수반력(illocutionary force)라고 한다.

발화수반 행위는 발화수반력에 따라 아래와 같이 다섯 가지로 요약할 수 있다(Searle 1979).

■ 묘사형(representatives): 진술, 단언, 결론 등 사태를 묘사하는 발화수반 행위이다.

(17) a. Two and two make four.
b. John was born in New York.
c. Mary didn't steal the money.

■ 지시형(directives): 명령, 요청 등 청자로 하여금 어떤 행위를 하도록 지시하는 발화수반 행위이다.

(18) a. Open the window please.
b. Don't smoke here.
c. Could you carry my bag for me?

■ 언질형(commissives): 약속, 위협, 거절 등 화자가 미래에 어떤 행위를 하겠다고 언질을 주는 발화수반 행위이다.

(19) a. I'll get back to you soon.
b. We're going to stay in Busan next week.
c. I won't do that.

■ 표현형(expressives): 기쁨, 즐거운, 고통 등 화자의 감정을 표현하는 발화수반 행위이다.

(20) a. Thank you very much!
b. I'm so sorry!
c. Congratulations!

■ 선언형(declaration): 판정, 선포, 판결 등 사태나 세상을 변화시키려는 발화수반 행위이다.

(21) a. You're out! (야구 심판이 하는 말)
b. I now pronounce you husband and wife. (혼인식 주례의 말)
c. I sentence you to two years in prison. (판사의 말)

하지만 똑같은 발화 행위가 위와 같은 발화수반력을 갖는 것은 아니다. 발화 행위가 의도한 발화수반력을 갖기 위에서는 알맞은 정보, 즉 적절한 맥락과 상황, 그리고 그 발화를 행하는 화자에게 그러한 자격/권한이 주어져 있어야 한다. 예를 들어 위의 선언형 발화수반 행위에서 (21a)를 심판이 아닌 상대팀 감독이 발화한다면 유효한 '판정'이 될 수 없다. (21b)도 주례가 아닌 하객이 발화한다면 유효한 혼인 '선포'가 될 수 없으며 (21c)를 판사가 아닌 변호사가 발화한다면 유효한 '판결'이 될 수 없다. 이렇게 어떤 발화가 의도한 발화수반력을 갖고 유효한 발화수반 행위가 되기 위해서는 여러 가지 조건이 필요하다. 이를 가리켜 적절성 조건(felicity condition)이라고 한다.

적절성 조건에 따른 발화수반 행위는 종종 해당 행위를 나타내는 동사에 의해 명시적으로 표현되기도 한다. 예를 들어, 아래 발화는 맥락에 따라 각각 '부인', '약속', '요구'의 발화수반 행위로 볼 수 있다.

(22) a. I didn't steal the money.
b. I'll get back to you soon.
c. Open the window.

그런데 이런 발화수반 행위는 아래와 같이 각각 deny, promise, insist 등의 동사를 직접 사용하여 발화할 수 있을 것이다.

(23) a. I deny that I stole the money.
b. I promise I'll get back to you soon.
c. I insist you open the window.

이런 쓰임의 동사를 가리켜 수행동사(performative verbs)라고 하고 (23)과 같이 수행동사가 사용된 발화수반 행위를 명시적 발화수반 행위(explicit illocutionary act)라고 하며 (22)과 같이 수행동사가 사용되지 않은 발화수반 행위를 비명시적 발화수반 행위(non-explicit illocutionary act)라고 한다.

하지만 이들 동사가 항상 의도한 수행동사로 사용되는 것은 아니다. 위의 예를 긍정문이 아닌 부정문을 사용한다거나 현재시제가 아닌 과거시제를 쓴다거나 1인칭 대명사 'I'가 아닌 3인칭 대명사를 사용하면 의도한 발화수반 행위를 수행할 수 없게 된다. 그래서 (24a)는 더 이상 '부인'하는 행위가 아니라 오히려 사실을 '인정'하는 행위가 되고 (24b)는 더 이상 '약속'하는 행위가 아니라 약속했던 과거의 사실을 지금 '진술'하는 행위가 되며 (24c)는 더 이상 '경고'하는 행위가 아니라 경고의 내용과 출처를 '진술'하는 행위가 된다.

(24) a. I don't deny that I stole the money.
b. I promised I'd get back to you soon.
c. They insist you open the window.

발화수반 행위는 발화의 문형(sentence form)들과도 관련이 있다. 묘사형, 언질형, 선언형 발화수반 행위를 위해서는 평서문(declarative)을 사용할 수 있을 것이다. 또한, 지시형 발화수반 행위를 위해서는 명령문(imperative)을 사용할 수 있으며 표현형 발화수반 행위를 위해서는 감탄문(exclamative)을 사용할 수 있을 것이다.

(25) a. John was born in New York. (묘사형-평서문)
b. I won't do that. (언질형-평서문)
c. I now pronounce you husband and wife. (선언형-평서문)
d. Open the window, please. (지시형-명령문)
e. How sorry I am! (표현형-감탄문)

이와는 다르게 다른 문형을 사용하여 동일하거나 유사한 발화수반 행위를 수행할 수도 있다. 예를 들어 '창문을 열어 달라'는 지시형 발화수반 행위를 명령문을 사용하여 'Open the window, please'라고 말할 수도 있지만 아래와 같이 의문문과 평서문을 사용하여 말할 수도 있을 것이다.

(26) a. Could you open the window? (지시형-의문문)
b. I was wondering whether you could possibly open the window. (지시형-평서문)

이와 같이 발화수반 행위가 전형적인 문형을 통해서 수행될 수도 있고 다른 문형을 통해서 수행될 수도 있는데 전자를 가리켜 직접적 발화수반 행위(direct illocutionary act)라고 하고 후자를 가리켜 간접적 발화수반 행위(indirect illocutionary act)라고 한다.

지금까지 '창문을 열어 달라'는 발화의 의미(혹은 목적)를 전달하기 위해 명령문뿐만 아니라 의문문이나 평서문을 사용하는 예를 살펴보았다. 이 경우 open, window 등과 같은 낱말을 이용하여 명령문의 형식으로 'Open the window'라고 말할 수 있는 경우와 의문문의 형식으로 'Could you open the window?'라고 말할 수 있는 경우를 살펴보았다. 또한 동일한 목적으로 평서문을 사용하여 'I was wondering whether you could possibly open the window.'라고 말할 수 있는 경우도 살펴보았다.

이와는 다르게 '창문을 열어 달라'는 목적으로 다르게 표현할 수도 있을 것이다. open이나 window와 같은 핵심 어휘를 사용하지 않고도 동일한 목적을 위해 다음과 같이 표현할 수 있다.

(27) a. It's so hot in here. (지시형-평서문)
b. Isn't it so hot in here? (지시형-부정의문문)

이 경우 의도한 의미와 직접적으로 관련이 있는 핵심 어휘가 없으니 그런 의미를 언어 표현으로부터 직접 얻을 수는 없다. 따라서 언어 표현이 아닌 그 언어 표현이 사용된 맥락을 통해 그런 정보를 얻을 수밖에 없을 것이다.

Exercise C

1. 다음 각각의 예들이 어떤 발화수반 행위에 해당하는지를 괄호 안에 있는 맥락 정보를 활용하여 적으시오.

   a. I'll clean the room as soon as I finish my homework.

   b. That's very kind of you.

   c. The earth moves round the sun.

   d. Clear the ball! (축구 경기에서 수상이 하는 말)

   e. Technical foul on number 22! (농구 심판의 말)

2. 다음은 각각 비명시적 발화 행위이다. 적절한 수행 동사를 사용하여 명시적 발화수반 행위의 표현을 나타내시오.

   a. You should read this book.

   b. I'll invite you to my birthday party.

c. I broke into my neighbor's house last night.

3. 다음은 직접적 발화수반 행위를 나타내는 표현이다. 각각을 괄호 안의 지시 내용에 따라 간접적 발화수반 행위로 고치시오.

a. Please fill out this form. (의문문)

b. I can help you with the washing-up. (의문문)

c. Please help me with the washing-up. (평서문)

4. 다음 세 가지 예들을 명시적 발화수반 행위, 비명시적 발화수반 행위, 직접적 발화수반 행위, 간접적 발화수반 행위로 분류하시오.

a. I ask you where you are from.

b. Where are you from?

c. And you are from ....

5. 함축과 격률

앞서 살펴본 (27)의 예는 그것이 사용된 맥락을 통해서 의도한 의미를 얻을 수 있다. 예를 들어, 한 여름에 화자가 에어콘도 없고 창문이 닫혀있는 찜통같은 방안에 있다고 가정해 보자. 이 맥락으로부터 '여기 (방) 안이 덥다'는 화자의 말을 '창문을 열어 달라'는 의미로 추론(inference)할 수 있을 것이다. 이렇게 주어진 맥락에 따라 추론의 과정을 거쳐 얻은 발화의 언외적 의미를 가리켜 Grice(1975)는 대화함축(conversational implicature)이라고 불렀다.

사실 함축에는 대화함축 외에서 고정함축(conventional implicature)이 있다. 고정함축은 발화 표현이 갖는 '고정된 의미'에 의해서 발생하는 함축을 뜻한다. 예를 들면 아래 예에서 A의 '(자신이) 매우 피곤하다'는 말에 대해 B가 그와 같은 표현을 사용하고 있지는 않지만 그의 말도 '(자신도) 매우 피곤하다'는 의미를 전달하고 있다. 따라서 B의 말은 넓은 의미에서 함축이 되고 이 함축은 too의 고정된 의미('~도 또한')에 의해 발생하기 때문에 고정함축이라고 할 수 있다.

(28) A: I'm so tired.
B: Me too.

여기서는 주로 대화함축, 즉 맥락을 통해 추론된 언외적 의미를 살펴볼 것이고 이런 대화함축을 간단히 함축(implicature)이라고 부를 것이다.

함축은 일상 대화에서도 쉽게 찾아볼 수 있다. 이를 위해 앞서 언급한 예를 다시 살펴보자.

(29) 친구 A: Let's go swimming now. (지금 수영하러 가자.)
친구 B: I have a cold. (감기에 걸렸어.)

이미 언급했듯이 친구 A의 입장에서 보면 친구 B의 발화는 친구 A의 제안에 대한 거절로 볼 수 있다. 이때 발화된 문장 'I have a cold' 그 자체에는 그런 '거절'의 의미가 없다. 이 경우 친구 A는 감기에 걸리면 수영 등의 물놀이는 피해야 한다는 사회·문화적 통념에 따라 친구 B의 말로부터 그 말의 궁극적인 의미/의도를 추론할 것이다. 그렇게 얻은 의미가 함축이 된다.

하지만 이런 함축을 얻기 위해서는 우선적으로 전제되어야할 조건이 있다. 즉, 친구 B의 발화가 친구 A의 제안에 대한 '응답'임을 인식하고 있어야 한다. 친구 A는 자신의 발화를 통해 친구 B가 응답해 주기를 기대해야 할 것이고 (물론 친구 A의 입장에서는 자신의 제안에 대해 '긍정'의 대답을 기대했을 것이지만) 친구 B도 자신의 발화를 친구 A가 제안에 대한 응답으로 이해해 주기를 기대해야 할 것이다. 이렇게 대화자들이 서로가 기대하는 방향으로 도와야 원활한 대화가 이루어질 수 있는데 이를 가리켜 Grice는 협조 원리(cooperative principle)라고 부른다.

■ 협조 원리

> Make your contribution such as is required, at the stage at which it occurs, by the accepted purpose or direction of the talk exchange in which you are engaged(Grice 1975: 47).

즉, 협조 원리는 대화가 이루어지는 단계에서 대화의 목적과 방향에 따라 필요한 만큼 대화에 기여하라는 뜻이다.

Grice에 따르면 이 협조 원리는 다시 양(quantity), 질(quality), 관계(relation), 방법(manner) 등의 네 가지 격률로 구분되고 이는 다시 아홉 가지 하부 격률로 구분된다. 그 내용은 다음과 같다.

■ 양의 격률(maxim of quantity)

1. Make your contribution as informative as is required.
2. Do not make your contribution more informative than is required.

■ 질의 격률(maxim of quality)

1. Do not say what you believe to be false.
2. Do not say that for which you lack adequate evidence.

■ 관계의 격률(maxim of relation)

1. Be relevant.

■ 방법의 격률(maxim of manner)

1. Avoid obscurity of expression
2. Avoid ambiguity.
3. Be brief.
4. Be orderly.

다시 정리해 보면 양의 격률은 대화자는 대화에 기여하는 바를 필요한 만큼만 제보성을 갖게 하고 필요한 것 이상으로 제보성을 갖지 않도록 하라는 것이다. 질의 격률은 거짓이라고 믿는 것은 말하지 말고 적절한 근거가 부족한 것도 말하지 말라는 것이다. 관계의 격률은 화자의 발화가 주어진 상황에 관련성이 있도록 하라는 것이다. 방법의 격률은 모호하고 중의적인 표현은 피하고 간결하고 순서에 맞게 말하라는 것이다.

우리가 대화를 할 때 이러한 격률들을 따른다고 해서 반드시 직접적으로 따른다는 것은 아니다. Grice에 따르면 대화자는 오히려 이러한 격률들을 (염두에 두고) 어기는 방식으로 그 격률들을 (간접적으로) 따르고 그 과정에서 추론을 통하여 함축된 의미를 이끌어낸다는 것이다. 즉, 언외적 의미를 위해 의도적으로 격률을 위반(flouting)하고 그렇게 함으로써 추론적 의미를 도출한다는 것이다. 그러면 위의 격률을 위반함으로써 어떤 함축이 발생하는지 살펴보자.

먼저, 양의 격률과 관련하여 어떤 대학의 고급영어회화 과목의 첫 수업을 생각해 보자. 원어민 교수는 학생들을 처음 만났고 학생들도 서로 모른다고 가정해 보자. 원어민 교수는 어색한 수업 분위기를 바꿔보기 위해 학생들에게 서로 인사하며 통성명을 하는 활동을 주문하였고 학생들은 그 활동을 하는 상황이다. 아래는 이 수업 학생들 중 함께 활동을 하고 있는 A와 B가 나눈 대화의 일부이다. 이 경우 A는 B가 사는 곳을 묻고 B는 A의 질문에 대해 대답한다.

(30) 학생 A: Where do you live?
학생 B: Somewhere in Korea.

이 경우 B의 대답에서 함축이 발생한다. A는 B가 어디에 사는지 궁금해서 질문을 한 것이어서 자신의 질문에 대해 B가 적어도 구체적인 시/구/동 등의 정보를 제공해줄 것으로 기대했을 것이다. 하지만 B는 'Somewhere in Korea'라고 누구나 뻔히 알 수 있는 (그래서 제보성이 떨어지는) 정보를 제공하여 A가 필요로 하는 정보의 양보다 적게 주고 있다. 즉, B의 발화는 양의 격률을 어긴 것이다. 따라서 A는 B의 말을 듣고 자신이 필요로 하는 정보보다 적게 준 이유가 있을 것으로 생각할 것이고 이에 B가 낯선 사람에게 사적인 정보를 제공하는 것을 원하지 않는다는 의미로 추론을 할 것이다.

질의 격률과 관련해서는 한 고급영어회화 수업에서 원어민 교수가 학생들에게 미국의 여러 도시에 대해 질문하는 상황을 생각해 보자. 먼저, 원어민 교수는 우리나라에 온지 10년이 넘어서 우리말뿐만 아니라 우리나라의 문화와 지리에도 정통한 외국인이라고 가정해 보자. 아래는 원어민 교수의 어떤 질문에 대해 한 학생이 대답하고 원어민 교수가 다시 그 대답에 논평하는 대화이다.

(31) 학생: Chicago is the capital of the United States.
교수: Yeah, Busan is the capital of Korea.

이 경우 원어민 교수의 대답에서 함축이 발생한다. 원어민 교수는 한국의 수도가 부산이라고 말하지만 자신의 말이 거짓임을 잘 알고 있다. 즉, 질의 격률을 어긴 것이다. 따라서 학생은 원어민 교수가 뻔한 '거짓말'을 한 이유가 있을 것으로 생각할 것이고 이에 따라 앞서 대답한 자신의 말이 틀렸다고 추론할 수 있을 것이다.

다음은 관계의 격률과 관련된 예이다. 두 친구 A와 B가 대화하는 상황을 생각해 보자. A는 급히 쓸 돈이 필요해서 B에게 돈을 꾸려고 하는 상황이다.

(32) 친구 A: Can you lend me some money?
친구 B: Did you have lunch?

이 경우 B의 발화에서 함축이 발생한다. A는 B에게 돈을 꾸어달라고 요청하면서 최소한 가타부타 대답을 기대했을 것이지만 B는 엉뚱하게도 '점심 먹었니?'라고 되물음으로써 얼핏 보기에는 주어진 상황에 전혀 관련이 없는 말을 하고 있다. 즉, B의 말은 관계의 격률을 어긴 것으로 볼 수 있다. 따라서 A는 B가 그렇게 말한 이유가 있을 것으로 생각할 것이고 이에 B의 말로부터 자신의 요청에 대한 '회피'나 '거절' 등의 언외적 의미를 추론할 수 있을 것이다.

마지막으로 방법의 격률과 관련해서 아직 영어 알파벳을 모르는 아이를 두고 있는 한 가족이 여행을 떠난 상황을 생각해 보자. 목적지로 가는 도중에 고속도로 휴게소에서 잠시 쉬면서 남편과 아내는 아이의 간식을 정해주는 상황이다.

(33) 남편: Let's get the kids something.
아내: Okay, but I veto I-C-E-C-R-E-A-M-S. (Levinson 1983: 104)

이 경우 아내의 발화에서 함축이 발생한다. 남편의 입장에서 보면 아내가 말하는 방식이 간단·명료하지 않다. 왜냐하면 ice cream을 [아이스크림]이라고 말하지 않고, 그 단어의 철자들을 하나씩 따로따로 말하고 있기 때문이다. 즉, 아내의 말은 방법의 격률을 어긴 것으로 볼 수 있다. 아내의 말을 들은 남편은 아내가 이렇게 말한 이유가 있을 것으로 생각할 것이고 맥락을 통해 옆에 있는 아이가 엄마(즉, 아내)의 말을 이해하지 못하기를 바라는 것으로 추론할 수 있다.

Exercise D

■ 다음에 짝지어진 A와 B의 대화에서 (A의 입장에서) B의 말이 어떤 (함축적) 의미를 나타낼 수 있고 어떤 격률을 어기게 되었는지 간단히 기술하시오.

(1) **상황**: 어느 날 남녀 친구인 A와 B가 함께 영화를 본 후 저녁을 먹으러 가려고 영화관을 나오는 길이다. 남자 친구 A가 여자 친구 B에게 영화가 어땠는지 묻고 있다.

A: What did you think of the movie?
B: Let's go home.

(2) **상황:** Mary와 그녀의 급우인 A와 B가 다른 친구들과 함께 교실에 있다. Mary가 다른 친구들과 이야기하고 있는 동안 그녀가 듣지 못하도록 A가 B에게 Mary의 생일 선물에 대해 조용히 묻고 있다.

A: What would you get Mary for her birthday?
B: I've been thinking of the thing that I got you last year.

(3) **상황:** 엄마(A)가 장을 보고 집에 와서 부엌에 들어갔을 때 식탁에서 무엇인가를 먹고 있는 아들(B)에게 무엇을 먹고 있는지 묻고 있다.

A: What are you eating?
B: Food.

(4) **상황:** 학교에서 돌아온 날(A)이 엄마(B)에게 성적표를 보여주며 말을 하고 있다.

A: Mom, I'm sorry I got an F on the exam.
B: You did a good job, darling.

6. 요약

화용론은 기본적으로 언어 표현이 사용되는 맥락으로부터 얻게 되는 여러 가지 의미 현상을 연구하는 분야이다. 즉, 비록 한 표현의 의미가 고정값을 갖더라도 그 표현이 어떤 맥락에 사용되느냐에 따라 다르게 해석될 수 있는 의미 현상을 다룬다. 이런 점에서 화용론은 의미론과 구별되고 주요 연구대상은 크게 직시, 화행, 함축으로 압축될 수 있다.

직시는 화자를 중심으로 형성된 맥락, 즉 직시적 중심을 통해서 얻게 되는 의미를 뜻한다. 따라서 직시적 중심에 따라 다양한 영역의 직시적 표현들을 크게 둘로 구분할 수 있다. 화자와 화자의 말을 듣는 청자와 이외의 삼자로 구분할 수 있고 화자로부터 가까운 장소와 시간이나 화자에게 향하는 이동과 화자로부터 먼 장소와 시간이나 화자로부터 멀어지는 이동으로 구분할 수 있다. 이런 구분에 따라 직시적 표현들을 조합하여 사용해야 한다. 하지만 어떤 표현들은 비직시적으로 사용되는 경우도 있다.

화행은 말함과 동시에 행함을 뜻한다. 화행은 크게 발화 행위와 발화수반 행위와 발화효과 행위로 구분되지만 좁은 의미에서 발화수반 행위를 뜻하기도 한다. 발화수반 행위에는 기본적으로 적절성 조건에 따라 결정이 되고 수행동사의 사용과 문형에 따라 분류할 수 있다. 수행동사의 수행 의미가 그대로 사용되는 경우 명시적 발화수반 행위라고 하고 그렇지 못한 경우 비명시적 발화수반 행위라고 한다. 또한 발화수반 행위가 통상적인 문형으로 수행된 경우를 직접적 발화수반 행위라고 하고 그렇지 못한 경우를 간접적 발화수반 행위라고 한다.

함축은 맥락에 따라 추론한 언외적 의미를 뜻한다. 기본적으로 함축은 협조 원리에 따라 대화자들이 서로가 기대하는 방향으로 대화에 기여하는 가운데에 발생한다. 특히, 양의 격률, 질의 격률, 관계의 격률, 방법의 격률을 염두에 두고 이러한 격률을 마치 어기는 방식으로 대화에 기여한다. 그리고 이때 함축이 발생한다.

흔히들 우리가 영어를 배우는 가장 중요한 목적은 의사소통에 있다고 말한다. 영어 표현의 의미를 잘 이해하고 잘 전달하는 것이 무엇보다도 중요하다는 뜻도 된다. 그렇다면 영어 표현이 맥락을 통해서 얻게 되는 다양한 의미를 잘 이해하고 사용하는 것이야 말로 영어 학습의 중요한 목적이 될 수 있을 것이다. 왜냐하면 일상의 대화에서 맥락에 따라 다양한 의미를 전달하는 경우가 많아서 그러한 의미를 이해하고 전달하지 못한다면 원활한 의사소통이 이루어질 수 없기 때문이다. 따라서 주어진 상황에 맞게 영어 표현을 이해하고 적극적으로 활용할 수 있도록 학습해야 할 것이다.

References and Supplementary Readings

Austin, J. L. (1962). *How to Do Things with Words*. Oxford: Clarendon Press.

Grice, H. P. (1975). Logic and conversation. In Cole, P. and J. Morgan (eds.), *Syntax and Semantics Vol. 3: Speech Acts*. New York: Academic Press.

Kreidler, C. W. (1998). *Introducing English Semantics*. NY, New York: Routledge.

Levinson, S. (1983). *Pragmatics*. Cambridge: Cambridge University Press.

Parker, F. and K. Riley. (2010). *Linguistics for Non-Linguists (5th ed.)*. MA, Boston: Pearson.

Searle, J. (1979). *Expressions and Meaning: Studies in the Theory of Speech Act*. Cambridge: Cambridge University Press.

Yule, G. (1996). *Pragmatics*. Oxford: Oxford University Press.

임종성

서울시립대학교 영어영문학과 교수
뉴욕주립대학교 언어학박사

윤태진

성신여자대학교 영어영문학과 교수
일리노이주립대학교 언어학박사

장경철

부산대학교 영어영문학과 교수
케임브리지대학교 영어학박사

현대 영어학의 이해

1판 1쇄 발행 _ 2014년 2월 5일
1판 4쇄 발행 _ 2018년 3월 5일

저　　자 • 임종성 · 윤태진 · 장경철
발 행 인 • 정 현 걸
발　　행 • 신 아 사
인　　쇄 • 예지인쇄
출판등록 • 1956년 1월 5일 (제9−52호)
주　　소 • 서울특별시 은평구 통일로 59길 4 (2F)
전　　화 • (02)382−6411 • 팩스 (02)382−6401
홈페이지 • www.shinasa.co.kr
E−MAIL • shinasa@daum.net

ISBN: 978−89−8396−840−1 (93740)

정가 *15,000*원